Der Mann, der Manhattan kaufte

W0378050

Clemens Reinders

Der Mann, der Manhattan kaufte und andere Geschichten vom Niederrhein

Mercator-Verlag

Die Deutsche Bibliothek – CIP-Einheitsaufnahme
Ein Titelsatz für diese Publikation ist bei der
Deutschen Bibliothek erhältlich.

© Copyright 2000 by
GERT WOHLFARTH GmbH
Verlag Fachtechnik + Mercator-Verlag, Duisburg

Gestaltung: Horst Hackstein

ISBN 3-87463-286-5

Inhalt

Vorwort

Hinter jedem Denkmal verbirgt sich eine Geschichte

Es gibt mehr von ihnen als man vermutet, überall stehen sie in Dörfern und Städten, auf großen belebten Plätzen, in Parkanlagen, aber auch versteckt an stillen Orten, die heute niemand mehr besucht. Einige werden geliebt und beachtet, andere scheinen vollkommen vergessen zu sein. Viele von ihnen aber verweisen auf eine Geschichte, die erzählt zu werden verdient und im besten Sinne des Wortes „denkmalwürdig" ist.

Um Denkmäler und die mit ihnen verbundenen Geschichten soll es hier gehen. Ein Denkmal kann vieles sein. All das, was uns bei der Erinnerung von Geschichte behilflich ist, gehört wohl dazu, wie Bundespräsident Richard von Weizsäcker zum Schülerwettbewerb Deutsche Geschichte 1992/93 formulierte. Aus dem griechischen Wort Mnemosynon folgernd, bedeute Denkmal „... auch Gedächtnishilfe, Merkzeichen, Mahnung und letztlich sogar Narbe", [1]) betonte er. Eine Definition des Wortes, dem auch diese Darstellung folgt. Allerdings geht es hier ausschließlich um Denkmäler im engeren Sinne, nämlich um solche, die gerade für ihre Erinnerungsfunktion erst geschaffen wurden. „... zur Erinnerung an Personen oder Ereignisse errichtete Werke der Bau- und Bildhauerkunst", gehören laut Brockhaus-Lexikon dazu. Um sie ranken sich die folgenden Denkmal-Geschichten. Standbilder, Porträtbüsten und Gedenktafeln sind also gemeint. Aber auch religiös-kultische Monumente wie das Straelener Hagelkreuz gehören in diese Kategorie oder politische Denkmäler wie die Kalkarer Gerichtslinde. Denkmäler ehren Fürsten und Könige, Autoritäten, Persönlichkeiten und Helden, auch große Leistungen, Anstrengungen und Wagemut. Manchmal erinnern sie an Katastrophen oder sogar Wunder. Großes Leid und der Tod stehen oft hinter ihnen. Nicht wenige handeln von Dingen des Lebens, wie Macht, Erfolg und Untergang. Der Alltag arbeitender Menschen wird schon seit längerer Zeit in Denkmälern thematisiert. Vergessene Handwerkstraditionen oder Stadtoriginale, vieles mehr als uns die klassischen Porträtbüsten und Kaiserstandbilder zum Gedenken anbieten, ist für die Menschen heute denkmalwürdig.

Denkmäler sollen Dinge unvergessen machen, einen Menschen, eine Tat, ein Ereignis. Vor dem Schicksal der Vergänglichkeit wird etwas gerettet, um es festzuhalten und zu bewahren. Es soll Vorbild für die nach uns lebenden oder auch eine Mahnung für sie sein. Aber die Botschaft ist veränderlich; was als Ehrung und Bekräftigung gemeint war, kann uns heute fragwürdig erscheinen. Die Bedeutung des Denkmals wandelt sich stetig und auch die Geschichten über Denkmäler ändern sich mit dem Wechsel der Betrachter-Perspektive oder mit dem Geist der jeweiligen Zeit.

„Denkmal: Erinnerung - Mahnung - Ärgernis" lautete das Thema des Schülerwettbewerbs „Deutsche Geschichte". Das Problematische von Denkmal-Betrachtungen klingt schon in diesem Motto mit an. Die Zeit nach der „Wende", als das Stürzen von Marx- und Lenin-Monumenten und die Umbenennung von Straßennahmen in der ehemaligen DDR noch im vollen Gange war, hatte den Blick für das politischbrisante des Umgangs mit Denkmälern sicher besonders geschärft. „Wir brauchen die kritische Aufmerksamkeit der Bürger und die öffentliche Diskussion, wenn es um Merkzeichen und Narben unserer Geschichte geht" [2]), hatte von Weizsäcker gefordert.

Die Spurensuche der Schüler solle dabei, erklärte er: „... unser Wissen über Denkmale mehren und unser Bewußtsein über ihre Bedeutung schärfen." [3]) Nichts anderes möchte diese Arbeit versuchen. Oft sind die Geschichten um Denkmäler schlecht greifbar, sie liegen verstreut in der Literatur; manchmal verstecken sie sich in Schriften und unter Überschriften, wo man sie nicht gleich vermutet hätte. In einigen Fällen gibt es umfangreiche Monographien oder Ausstellungskataloge, die eine rasche Unterrichtung des Interessierten nicht zulassen. Hier soll auf knappem Raum das geschildert werden, was man Botschaft, Inhalt oder Geschichte des Monumentes nennen könnte.

Ich habe mich auf Spurensuche begeben in Bibliotheken und Archiven, in Museen, bei Heimatforschern, Historikern und Zeitzeugen. Was ich gefunden und zusammengetragen habe, ist hier zusammengefaßt in kurzen Artikeln. Geschöpft habe ich vor allem aus der einschlägigen regionalen Geschichts-Literatur, aus Artikeln in Jahrbüchern und Heimatkalendern, Briefen, Zeitungsberichten etc. Alle die Werke, auf die sich meine Texte stützen, sind in der Literaturliste des Anhanges genannt. Ganz besonders den Autoren, deren Darstellungen ich hier frei bearbeitet habe, möchte ich an dieser Stelle herzlich danken. Dem an einzelnen Themen interessierten Leser seien die zugrunde liegenden Veröffentlichungen zur weiteren Beschäftigung mit dem Stoff empfohlen.

Es sind nicht die wichtigsten Monumente, die hier Berücksichtigung gefunden haben, nicht die schönsten und nicht die bemerkenswertesten in ihrer äußeren Erscheinung, sondern solche, von denen ich glaube, daß die in ihnen verborgenen Geschichten auch dem heutigen Betrachter und Leser etwas zu sagen haben. Wer sich mit Denkmälern beschäftigt, wird merken, daß oft eine Menge gelebtes Leben in ihnen steckt. Etwas davon sichtbar machen, möchte die folgende „Bilder- und Geschichten-Sammlung".

Clemens Reinders

1) aus dem: Aufruf des Bundespräsidenten Richard von Weizsäcker zum „Schülerwettbewerb Deutsche Geschichte um den Preis des Bundespräsidenten". In: Magazin: Spuren suchen, 6. Jg. 1992, „Der neue Wettbewerb! Denkmal: Erinnerung, Mahnung, Ärgernis...", Herausgeber: Körber-Stiftung Hamburg
2) ebd.
3) ebd.

Siegfried – ein deutscher Mythos

Die Siegfried-Figur des Ehrenmals auf dem Kaiserberg für die während des Ersten Weltkriegs in Duisburger Lazaretten gestorbenen Soldaten. Bildhauer: Hubert Netzer, 1915.

In den Dichtungen des Nibelungenliedes wird von dem Helden Siegfried berichtet, einem Königssohn, dessen väterliche Burg in Xanten am Rhein stand. Sein Vater König Siegmund herrschte über das Reich der Niederlande. Als Siegfried zu einem schönen und starken Jüngling herangewachsen war, lief er von zu Hause fort, um sich in der Welt umzusehen und das Abenteuer zu suchen. In einem Wald erschlug er einen Drachen und badete danach in dessen Blut, das ihm eine schützende Hornhaut gab. Nur eine Stelle an seiner Schulter, auf die ein Lindenblatt fiel, blieb verwundbar. Auch erschlug Siegfried den bösen Schmied Mime. Im Lande der Nibelungen bezwang er die Söhne des Königs Nibelung und bemächtigte sich des gewaltigen Nibelungenschatzes. Zurück in Xanten hörte Siegfried von der schönen Jungfrau Kriemhild, die am Hofe der Burgunder lebte. Darauf zog der Held mit zwölf Recken ins Burgunder-Land nach Worms, kämpfte gegen die Könige von Sachsen und Dänemark, die mit ihren Heeren das Reich bedrohten, und gewann Kriemhilds Gunst. Ihre Hand erwarb er jedoch erst, nachdem er dem Burgunderkönig Gunter zur Vermählung mit der wilden Schönheit Brunhild von Isenland verholfen hatte. Nachdem Siegfried und Kriemhild ein Paar geworden waren, zogen sie heim nach Niederland und Vater Siegmund übergab seinem Sohn das Reich und die Königsburg in Xanten. 10 Jahre lang lebten sie dort in großem Glück. Als sie jedoch zu einem Fest nach Worms reisten, begann das Schicksal sich zu wenden.

Im Streit verriet Kriemhild ihrer Schwägerin Brunhild, die nun die Frau des Burgunderkönigs Gunter war, daß in Wahrheit Siegfried sie gewonnen hatte, und kränkte Brunhild damit schwer. Um Brunhilds verletzte Ehre zu rächen und Siegfrieds Machtstellung am Hofe in Worms auszuschalten, beschloß Hagen von Tronje, der Ratgeber der Burgunderkönige, mit Hilfe Gunters, Siegfried zu ermorden. Als sich der ahnungslose Held während einer Jagd im Odenwald an einer Quelle laben wollte, traf ihn Hagens tödlicher Speer an der verwundbaren Stelle. Kriemhild aber schwor, Rache an den Mördern ihres Mannes zu nehmen. Nach einiger Zeit jedoch erreichte Hagen die Versöhnung Kriemhilds mit ihrem Bruder Gunter. Der Nibelungenschatz, das Erbe Kriemhilds, wurde ins Burgunderland gebracht, wo ihn Hagen später im Rhein versenkte, um Kriemhilds Zugriff auf das Gut zu verhindern. Nun, da die Burgunder den Nibelungenschatz besaßen, nannten sie sich selbst nach seinem Namen „Nibelungen“. Hier endet der erste Teil des Epos. Im zweiten Abschnitt wird von der Vermählung Kriemhilds mit dem Hunnenkönig Etzel berichtet. Durch Kriemhilds Haß und Rachsucht geraten am Ende der Erzählung die Nibelungen am Hofe des Hunnenkönigs in den Strudel eines Kampfes, bei dem alle Helden aus dem Burgunderland ihr Leben verlieren. Zuletzt enthauptete Kriemhild Hagen, den Mörder Siegfrieds, und wurde selbst durch den „alten Hildebrand“ mit dem Schwert gerichtet.

Das Epos wurde zuerst um 1200 im Passauer Raum von einem unbekannten Dichter niedergeschrieben. Zehn vollständige und 22 fragmentarisch erhaltene Handschriften haben uns den Sagenstoff überliefert. Doch lange Zeit waren die Heldentaten Siegfrieds, die das Nibelungenlied schildert, aus dem Bewußtsein deutscher Leser und Zuhörer verschwunden; sie überdauerten in aller Stille in den Bücherschränken von Klöstern und Fürstenresidenzen. Erst in der zweiten Hälfte des 18. Jahrhunderts wurde eine der mittelalterlichen Handschriften in der Bibliothek des Grafen von Hohenems (Voralberg) wiederentdeckt, stieß jedoch zunächst noch nicht auf breites Interesse. Das begann sich aber zu regen, als die Zeit der Befreiungskriege gegen Napoleon Anlaß zur Suche nach nationalen Vorbildern gab.

Und die Streitmacht der Nibelungen, wie sie im Epos geschildert wird, schien das ersehnte Vorbild einer wehrhaften Nation zu verkörpern. So entstand in der beginnenden Epoche der Romantik eine neue Begeisterung für das Nibelungenlied, das den Deutschen nun ein ruhmreiches Bild der eigenen mittelalterlichen Vergangenheit bieten konnte. Die Siegfried-Figur wurde im Verlaufe des Jahrhunderts, ähnlich wie die Person des Cheruskerführers „Arminius“, zur Idealgestalt eines „germanischen Befreiers“ erhoben.

Siegfried badet im Drachenblut, Filmszene aus dem Stummfilmklassiker „Siegfrieds Tod" (1923) von Fritz Lang.

1909 formulierte Reichskanzler von Bülow im Reichstag das Schlagwort von der „Deutschen Nibelungentreue" gegenüber Österreich-Ungarn. Und als der Erste Weltkrieg begann, forderte der deutsche Kaiser eben jene „Nibelungentreue" von seinen Soldaten, die das Volk der burgundischen Nibelungen im Heldenlied bis zum bitteren Ende durchlebte. „Siegfriedlinie" wurde damals ein Verteidigungswall getauft, der auch im Zweiten Weltkrieg die heranrückenden Alliierten Truppen vor ein unüberwindliches Hindernis stellen sollte. Mit trotzigem Spott sangen englische Infanteristen im Frühjahr 1945 beim Vorstoß auf den Rhein: „Wir hängen unsere Wäsche an der Siegfriedlinie auf!"

Bereits in den Jahren der Weimarer Republik erschien Siegfried „... in einer Fülle von Schriften als Verteidiger des Deutschtums gegen Judentum und Kommunismus, als Befreier vom Joch der Siegermächte und als beispielhafter Kraftquell in trauervoller Gegenwart". [1]) Und schon der monumentale Nibelungenfilm, den Fritz Lang 1923/ 24 realisierte, hatte das Selbstbewußtsein der im Ersten Weltkrieg geschlagenen Nation heben sollen, doch nach 1933 wurde der Mythos vom Heldentum Siegfrieds nun verstärkt in den Dienst völkisch-nationalistischer Ideen gestellt. Nationalsozialistische Ideologie und Propaganda verzerrten die Siegfried-Figur, die mehr und mehr losgelöst aus ihren literarischen Bezügen betrachtet und dargestellt wurde, schließlich zu einem „rassisch-nordischen Übermenschen". Aus dem blonden germanischen Drachentöter formten sie ein „Urbild teutonischer Männlichkeit". Vor dem Hintergrund des fortdauernden Krieges aber entfalteten die aus den Dichtungen des Nibelungenliedes hergeleiteten Werte, wie „unbedingte Gefolgschaft", „Opferwille" und „Todesmut" ihr verhängnisvolles Potential. Nach dem Untergang der 6. Armee verglich Hermann Göring in seiner Rede im Berliner Sportpalast am 30. Januar 1943 den Kampf der deutschen Wehrmachtssoldaten in Stalingrad mit dem Heldentod der Nibelungen-Ritter. Damit hatte die Pervertierung des Nibelungenliedes durch die Nationalsozialisten, wie Ulrich Schulte-Wülwer schreibt, einen Höhepunkt erreicht. [2])

Aber auch Xanten, das in den sagenhaften Erzählungen des Nibelungenliedes als Geburtsort Siegfrieds gilt, wurde spätestens seit der Mitte der dreißiger Jahre vom „Nibelungenfieber" ergriffen. „Siegfriedstadt" nannte sich nun der Ort am Rhein und die Reste des römischen Amphitheaters vor den Toren Xantens hießen jetzt „Jung Siegfried-Kampfbahn der HJ". Historische Zeugnisse aber, die auf einen einst in Xanten residierenden König Siegfried verwiesen hätten, gab es nicht. Als Archäologen nach 1934 begannen, den Boden der Römerstadt „Colonia Ulpia Trajana" zu erforschen, zerschlugen sich endgültig die Hoffnungen der „Deutschtumsforscher" hier auch Überreste von Siegfrieds Königsburg zu finden. Die „Suche nach Siegfrieds Edelsitz", wie eine Zeitung das Grabungsunternehmen betitelte, endete mit der Feststellung, daß „Xanten" als eine rein römische Sache zu bewerten sei.

In der Zeit nach dem Zweiten Weltkrieg hat Xanten das problematische Siegfriedstadt-Image bewußt nicht mehr aufrecht erhalten. Erst jetzt, 55 Jahre nach dem Zusammenbruch des Dritten Reiches und dem Ende des faschistoiden Siegfried-Kults, scheint ein unbefangenerer Umgang mit dem Epos und seinem Heroen wieder möglich zu werden. Bislang hatte man auf ein Denkmal für Siegfried in Xanten verzichtet, nun aber

Hagen von Tronje tötet Siegfried hinterrücks an einer Quelle im Odenwald, Zeichnung von Prof. C. Häberlin.

Siegfried und Xanten, Mitte der zwanziger Jahre, Zeichnung: Guido Lancelle.

soll dort ein erstes Monument entstehen. Das Relief der Alpener Künstlerin Erika Rutert wird bald in dem Niederrheinstädtchen an den sagenhaften Königssohn erinnern.
Nichts vom einstigen Pathos des „strahlenden Germanenhelden" ist im neuen Denkmalentwurf mehr zu finden. Der martialische Heros auf dem Duisburger Kaiserberg allerdings entspricht ganz diesem Bild, das uns heute fragwürdig erscheinen muß. 1921 wurde der bronzene Siegfried des Düsseldorfer Akademieprofessors Hubert Netzer als Mittelpunkt einer Ehrenmal-Anlage aufgestellt. Er verkörpert jene „arisch-nordische Idealgestalt", zu der Siegfried bis zum Ende des Dritten Reiches stilisiert wurde; mit den literarischen Botschaften des Nibelungenliedes selbst aber hat das Standbild nur wenig gemeinsam.

1) Kleesiek, Von der „Siegfriedsgrabung"..., S. 154.
2) Schulte-Wülwer, S. 176.

Siegfrieds Tod, Motiv einer 1921 in Xanten erschienenen Serie von Notgeldscheinen.

Peter Minuit-Denkmal in Wesel, 1963 enthüllt. Bildhauer: Hermann Kunkler.

Der Mann, der Manhattan kaufte

Als in den ersten Jahren des 17. Jahrhunderts in Wesel ein junger Mann mit dem Namen Peter Minuit heranwuchs, war die heutige Kleinstadt keineswegs ein verschlafenes Provinznest. Im Gegenteil, noch hatte sie das Flair eines geschäftigen Handelszentrums und war ein Ort, „von dem aus man einen weiten Teil der Welt im Blick hatte." [1]) Seit 1350 schon war die Stadt an der Lippemündung Mitglied im Hansebund und im späten Mittelalter hatte sie Reichtum und Ansehen erlangt, enge Handelsbeziehungen bestanden zu Flandern und Brabant. Selbst noch in der zweiten Hälfte des 16. Jahrhunderts, als die Eltern Peter Minuits aus den südlichen Niederlanden nach Wesel flohen, herrschte auf den Straßen ein munteres Treiben. Warenströme aus den Hansestädten Antwerpen und Amsterdam gelangten über Wesel ins Landesinnere, und die Kaufmannschaft der Stadt konkurrierte sogar mit dem mächtigen Köln.
Als 1544 die ersten wallonischen Auswanderer an die Stadttore Wesels klopften, wurden sie ihnen geöffnet, und man nahm die Fremden bereitwillig auf. Nach und nach folgten weitere Flüchtlinge; es waren, so schätzt man, mehrere tausend calvinistische Niederländer, die in Wesel eine neue Heimat fanden. Zeitweilig nannte man die Stadt sogar „Klein-Antwerpen". Mit dem Flüchtlingsstrom kamen auch die Minuits. Deren Heimatstadt Valenciennes an der heutigen französisch-belgischen Grenze war 1568, kurz nach Ausbruch des „spanisch-niederländischen Krieges", von den Truppen des spanischen Königs verwüstet worden. Nach einem ersten Aufenthalt in Antwerpen oder in einer anderen Stadt wurde Jean (Johan) Minuit im Januar 1584 in die Weseler Bürgerschaft aufgenommen. Als erfolgreicher Kaufmann pflegte Johan von Wesel aus Handelsbeziehungen mit niederländischen Unternehmern.
Das Geburtsdatum seines berühmt gewordenen Sohnes steht nicht ganz sicher fest. Wahrscheinlich erblickte (Pierre) Peter Minuit zwischen 1585 und 1589 in Wesel das Licht der Welt. Er muß ein angesehener Mann gewesen sein, denn er wurde einige Male zum Vormund eines Kindes bestimmt und hatte als Diakon der reformierten Kirche die Aufgabe, für die Armen der Gemeinde zu sorgen. 1613 heiratet Peter Minuit Gertrud Raet, eine Bürgerstochter aus einer der führenden Klever Patrizierfamilien.
Nachdem sich 1614 unter Spinola spanische Söldnertruppen in Wesel einquartierten, herrschten in der Stadt Not und Bedrängnis. Aber es war nicht der Druck der spanisch-katholischen Besatzungsmacht in Glaubensfragen, sondern eine ökonomische Überlegung, die Peter Minuit bald nach dem Einrücken der Spanier bewegte, Wesel zu verlassen. Wahrscheinlich sah der junge Kaufmannssohn Peter Minuit am Niederrhein, der in die Kriegswirren geraten war, für sich keine berufliche Zukunft. Im September 1615 ist Minuit jedenfalls als Einwohner von Utrecht bezeugt. Dort hatte er die Kunst des Diamentenschleifens erlernt, die er nach seiner Vermählung dort als selbständiger Meister betrieb. Noch war er des öfteren in Wesel zu Gast, aber im Frühjahr 1624 übersiedelte er nach Amsterdam und traf dort bereits Vorbereitungen für eine große Seereise. Seit 1625 gehörte Peter Minuit schließlich zur Direktorenversammlung der „Niederländisch-Westindischen-(Handels)-Kompanie" in Amsterdam. In deren Auftrag segelte er 1625 zum erstenmal nach Nordamerika, um die niederländische Kolonie „Nieuw Nederland" am Hudson River „auf Bodenqualität, Bodenschätze und Handelsmöglichkeiten zu untersuchen". [2]) Noch vor Jahresende kehrte das Schiff Minuits mit reichen Pelzvorräten beladen nach Amsterdam zurück.
Minuit hatte bald den Ruf eines geschickten Unterhändlers und galt als Mann von aufrechtem Charakter, so daß ihn die die Direktoren der „Westindischen Kompanie" für eine besondere Mission auserkoren. Zu Beginn des Jahres 1626 sollte er zu einer neuen Reise nach „Nieuw Nederland" aufbrechen, möglicherweise, um das zu tun, was ihn später als Gründer New Yorks in die Geschichte eingehen ließ.
Schon 1614 waren auf der Felseninsel Manhattan zwischen Hudson- und East-River die ersten Blockhütten der Holländer gebaut worden. Ein Mann aus Kleve,

oben: Wesel um 1600.

unten: Die Manhattan-Halbinsel um 1626.

Hendrik Christiansen, hatte den Hudson gründlich erforscht, das Gebiet „Nieuw Nederland“ (Neu-Niederland) getauft und am Südende der Manhattan-Insel den ersten Handelsposten angelegt. Aber das Verhältnis der holländischen Kolonisten zu den Eingeborenen hatte sich zunehmend verschlechtert. Sollte der Handel also neuen Aufschwung bekommen, so mußten dort sichere Verhältnisse geschaffen werden, auch für die nachfolgenden Siedler. Wahrscheinlich bestand die Aufgabe Peter Minuits nun vor allem darin, eine friedliche Einigung mit den Indianern zu erreichen.
Am 9. Januar 1626 verließ er mit zwei Segelschiffen den Hafen der Insel Texel in Richtung Amerika. In den leider wenig gesicherten Forschungsergebnissen des Weseler Autors H. Peitsch erfahren wir über den weiteren Verlauf der Ereignisse folgendes. Im englischen Kanal kamen schwere Unwetter auf, so daß die Schiffe im Hafen von Plymouth Schutz suchen mußten. 155 Tage dauerte die gesamte Überfahrt. Schließlich erreichte die kleine Flotte im Mai 1626 Manhattan-Island, die noch waldbedeckte Felseninsel, an deren Südspitze die wenigen Häuser der Niederländer lagen.

Keramik-Teller zum Gedenken an Peter Minuit.

Schon bald nach ihrer Ankunft begannen die Leute Minuits mit dem Bau einer Festung, die durch Bastionen und Gräben geschützt wurde. (Auf einem zeitgenössischen Holzschnitt ist das Fort Minuits gut erkennbar.) Dann kam der Tag, an dem Minuit mit den Indianern verhandelte, so jedenfalls überliefern es viele Geschichtsbücher. Niemand aber weiß was bei diesem Ereignis wirklich geschah, ja selbst die Frage, ob es Minuit war, der da mit den Indianern zusammentraf, oder sein Vorgänger Willem Verhulst, ist bis heute ungeklärt. Sicher scheint nur zu sein, daß die Manhattan-Halbinsel „für einen Wert von 60 Gulden“ [3]) aus dem Besitz der Indianer in den der holländischen Kolonisten überging, wie der Bericht des Amsterdamer Stadtschreibers im November 1626 festhielt. Folgen wir aber den einschlägigen Darstellungen, dann kaufte Peter Minuit, der Mann aus Wesel, in diesem Jahr von den Indianern Manhattan-Island. Er gründete die Stadt Neu-Amsterdam und letztlich damit auch New York.
Und könnte sich dieses legendäre Ereignis nicht so abgespielt haben, wie es sich der Weseler Minuit-Bewunderer Heinrich Peitsch nach dem Vorbild von Abenteuerromanen im Jahre 1963 ausmalte: „Sehnsüchtig befingerten sie (die Indianer) die Glasperlen, Becher und Stoffe, die ihnen die Bleichgesichter aus einer schweren eisenbeschlagenen Kiste vorlegten. Dann wurde … der Vertrag unterzeichnet. Ein Segen des Medizinmannes und allgemeines Rauchen der Friedenspfeife.“ [4])? Oder hatte Minuit den „Wilden“ sogar mit Feuerwasser die Sinne vernebelt? Genaues werden wir wohl nie erfahren. Wahrscheinlich ist aber, daß unter Peter Minuit, den die Amsterdamer Direktoren noch im Herbst 1626 zum Gouverneur von Neu-Niederland ernannten, für die Kolonie eine positive Entwicklung einsetzte. Der Handel mit den Eingeborenen erlebte damals einen Aufschwung.
Das Schiff, mit dem Peter Minuit Anfang November 1626 für kurze Zeit nach Amsterdam zurückkehrte, hatte 7246 Biberfelle, 675 Otterfelle, Mink- und Katzenfelle und vieles mehr an Bord. In der Siedlung auf dem Südzipfel Manhattans stieg die Zahl der Kolonisten unter dem Regiment Minuits, so daß 1628 bereits 270 Personen dort lebten, die Pelzausfuhr verfünffachte sich während seiner Statthalterschaft.
Fort und Siedlung auf der Halbinsel taufte er nun nach dem Willen der „Westindischen-Kompanie“ „Neu Amsterdam“. Aber Minuits Glück als Gouverneur der Kolonie währte nicht sehr lange. Als das Land am Hudson-River an niederländische Patronatsherren vergeben wurde, so schrieb Peitsch, sicherten sich die Direktoren der Handelsgesellschaft rasch die wertvollsten Landstriche. Neid, Eifersucht und Streitereien waren die Folge. Die Anklagen gegen den Gouverneur Minuit häuften sich. Beschuldigungen und Intrigen führten schließlich zu seinem Sturz. 1631, nur fünf Jahre nach dem legendären Kauf, mußte er seinen Posten auf Manhattan-Island verlassen und wurde nach Amsterdam zurückbeordert. Im Jahr darauf enthob ihn die „Westindische Kompanie“ nach mehrmonatigen Untersuchungen seines Amtes. Die wahren Gründe für Minuits Bruch mit der Handelsgesellschaft sind bisher nicht geklärt; eine andere Vermutung geht davon aus, daß der Gouverneur unberechtigterweise auf Kosten der „Westindischen Kompanie“ Privilegien an die Patronatsherren vergeben hatte. [5])
Peter Minuit kehrte an den Niederrhein zurück, wohnte kurze Zeit in Emmerich, und 1633 wieder bei seiner Ehefrau in Kleve, wo er zwei Jahre später das Bürgerrecht erwarb. Bald faßte er neuen Mut und bot seine Dienste dem schwedischen Kanzler Oxenstierna an. Zusammen mit zwei Geschäftspartnern gründete er in den Niederlanden eine „Schwedische-Kolonialgesellschaft“ mit dem Ziel, in der „Neuen Welt“ Land zu erwerben. So verließ Peter Minuit am 31. Dezember 1637 mit dem Dreimaster „Calmar-Nyckel“ und dem

Der Kauf der Manhattan-Insel, Gemälde von Alfred Fredericks.

Begleitschiff „Fogel Grip“ wiederum den Hafen von Texel in Richtung Amerika.

Im März 1638 erreichten die Schiffe „Caput May“ an der amerikanischen Ostküste. Bald darauf nahm die kleine Besatzung das Land am Delaware-Fluß für Schweden in Besitz. Wieder handelte Peter Minuit nach dem bewährten Prinzip und kaufte Land, um seine Besitznahme abzusichern. Wie uns der Weseler Chronist schildert, erwarb er von dem „Häuptling Mattahorn“ den Flecken „Hopokahacking“, „das Land innerhalb der sechs Bäume“ [6]). Man mag an den Namen zweifeln, aber als historisch wahr kann gelten, daß Peter Minuit als erster Gouverneur der Kolonie „Neu-Schweden“ Land von den Lenape-Indianern kaufte. Aus dem von ihm gegründeten Fort Christina an der Delaware-Flußmündung entstand später die Stadt Wilmington. Schon bald nach Minuits Ankunft jedoch erhoben auch die Holländer und die im nahen Virginien siedelnden Engländer Ansprüche auf das Land. Doch zunächst blieb es noch ruhig um die neue Kolonie. Sie erstreckte sich von der Mündung des Delaware-Flusses bis zu den Trenton-Fällen und gedieh prächtig.

Aber wieder nahm das Schicksal für Peter Minuit eine unerwartete Wendung. Im Juni des Jahres 1641 war er zur Karibik-Insel St. Christopher gesegelt, um dort mit einem befreundeten Rotterdamer Kaufmann seine Fracht gegen Tabak zu tauschen. Als Minuit das Schiff des Niederländers betreten hatte, fegte plötzlich ein gewaltiger Orkan über die Küste, riß das Schiff aufs Meer hinaus und begrub es in den Fluten. Niemand überlebte. Die Kolonie „Neu Schweden“ aber, die Minuit zuvor gegründet hatte, sollte schon vierzehn Jahre nach seinem tragischen Tod für ihre Gründer verloren gehen. Gouverneur der Siedlung am Delaware wurde nun der energische Niederländer Peter Stuyvesant. Im August 1655 brachte er mit 900 Mann und 60 Kanonen die Kolonie der Schweden in seinen Besitz. Und auch auf der Manhattan-Halbinsel, zweihundert Kilometer nordöstlich von „Christina“ (Wilmington), lenkte Stuyvesant bereits seit 1647 die Geschicke der Siedlung als Gouverneur. 1658 verlieh er der holländischen Kolonistenstadt Neu Amsterdam die Stadtrechte. Aber auch seine Zeit auf der begehrten Insel sollte nicht allzu lange dauern. Im August 1664 eröffneten englische Kriegsschiffe ihr Kanonenfeuer auf die Befestigungsanlagen Neu Amsterdams. Nach elf Tagen mußte Stuyvesant kapitulieren, und die Engländer nannten die Stadt auf der Manhattan-Insel zu Ehren des Herzogs von York – „New York“. [7])

1) O.-Ton: W. Stempel.
2) Pohl, M. In: NDB. S. 549.
3) Amsterdamer Stadtschreibers am 3. Nov. 1626.
Zit. n.: Peitsch, S. 33.
4) Peitsch, S. 64.
5) Encyclopädia Britannica 1979, Zit. n.: Gorissen, S. 116.
6) a.a.O., S. 42
7) Dank an Tobias Arand für Korrekturen.

Der Industriebrunnen am Düsseldorfer Fürstenplatz. Bildhauer: Fritz Coubillier.

Ein Monument für Düsseldorfs blühende Eisenindustrie

Bronzene Stahlarbeiter posieren da am Düsseldorfer Fürstenplatz in idealer Nacktheit wie Gottheiten der griechisch-römischen Antike. In der Mitte der Brunnenanlage thront Vulcanus, der göttliche Schmied auf einem Amboß, links neben ihm auf einem der vorderen Sockel steht der Bergmann mit geschulterter Picke, und auf dem rechten Podest stützt sich ein Hüttenarbeiter auf eine riesige Zange. 1913 wurde dieser Industriebrunnen am Düsseldorfer Rheinufer vor dem Kunstpalast eingeweiht, 1939 erfolgte seine erneute Aufstellung am Fürstenplatz. Geschaffen jedoch hatte der Bildhauer Fritz Coubillier die Figuren der Gruppe schon 1902 für die große „Industrie-, Gewerbe- und Kunstausstellung" der Stadt.

Auf dieser überaus erfolgreichen Schau zu einer Zeit, die von größtem wirtschaftlichen Aufschwung und sich etablierendem Wohlstand geprägt war, wollte die rheinisch-westfälische Industrie die Fortschritte ihrer Produktion präsentieren. Hersteller der verschiedensten Branchen zeigten auf einer riesigen Fläche am Rheinufer ihre Erzeugnisse „vom landwirtschaftlichen Produkt bis zu Großkesseln, Schiffswellen und Riesengeschützen". Die Resonanz der Ausstellung war überwältigend. In nur sechs Monaten kamen über 5 Millionen Besucher, und am Ende belief sich der Gewinn in der Ausstellungskasse auf rund 140 000 Goldmark. Viele Menschen waren von einem ungeheuren Fortschrittsglauben erfüllt. Düsseldorf war nun endgültig zu einer Großstadt herangewachsen, die auch ihren Bewohnern die Annehmlichkeiten eines großstädtischen Lebenswandels bot. Ihr „Reichtum" aber gründete sich vor allem auf eine blühende Industrie.

Diese blühende Industrie fußte nun zu einem guten Teil (wie der Industriebrunnen versinnbildlicht) auf der Herstellung und Verarbeitung von Stahl und Eisen. Um 1900 besaß Düsseldorf allein 2600 Unternehmen der Eisenindustrie mit insgesamt über 27 000 Beschäftigten. Und erst jetzt begann Düsseldorf das zu werden, was in dem Schlagwort „Schreibtisch des Ruhrgebietes" Ausdruck fand. Gemeint war damit die nach 1900 einsetzende Ansiedlung zahlreicher Konzern- und Werksverwaltungen in der jungen weltoffenen Stadt nahe des Ruhrreviers. So verlegten beispielsweise die Mannesmannröhren-Werke bereits 1893 ihre Konzernleitung aus Berlin in die Rheinmetropole. Auch die Verbände der Wirtschaftsunternehmen zog es nach Düsseldorf. Eindrucksvoll dokumentiert das noch heute der monumentale Bau des „Stahlhofes" in der Bastionstraße. Hier residierte der 1904 gegründete „Deutsche Stahlwerksverband", der als Kartell damals über 50 % des inländischen Stahlhandels kontrollierte. „ Düsseldorf wurde damit die wichtigste Verkaufsstadt für Stahl und Stahlprodukte in Mitteleuropa." [1]) Doch bevor die Stadt Sitz der Konzernspitzen und Wirtschaftsverbände wurde, lag eine mehr als ein halbes Jahrhundert während Zeit des Aufbaus einer Eisenindustrie hinter ihr. Stadtarchivar Hugo Weidenhaupt nannte diese Phase „...die Verwandlung einer kleinen gediegenen, kunstsinnigen, aber auch ein wenig behäbigen Residenz- Verwaltungs- und Garnisonsstadt biedermeierlichen Zuschnitts in eine vom Fortschritt begeisterte, sich stetig verändernde bald mondäne Industriemetropole ..." [2])

1852 kamen zunächst zwei Belgier, die Gebrüder Richard, und bauten das erste Stahlwerk im Stadtteil Oberbilk. Sie betrieben zwei Puddelöfen zur Stahlerzeugung, zehn Schmiede- und Schweißfeuer und vier Schmiedehämmer. Andere Landsleute, wie die Industriellenfamilie Piedboeuf, die ein Walz- und Hammerwerk errichtete, folgten ihnen.

1854 entstand eine Kesselschmiede, und bald zog es immer mehr Fabrikanten in die Stadt, die zwar selbst nicht über Bodenschätze verfügte, dafür aber verkehrsgünstig am Strom lag, über ein gutes Eisenbahnnetz verfügte und billiges Bauland besaß. Auch die zentrale Lage der Stadt am Rhein zwischen den entstehenden Montanindustrien an der Ruhr und dem bergischen Industriegebiet ließ den Standort als günstig erschei-

Haniel & Lueg, um 1930, Werk in Düsseldorf-Grafenberg, Teilansicht der mechanischen Werkstatt.

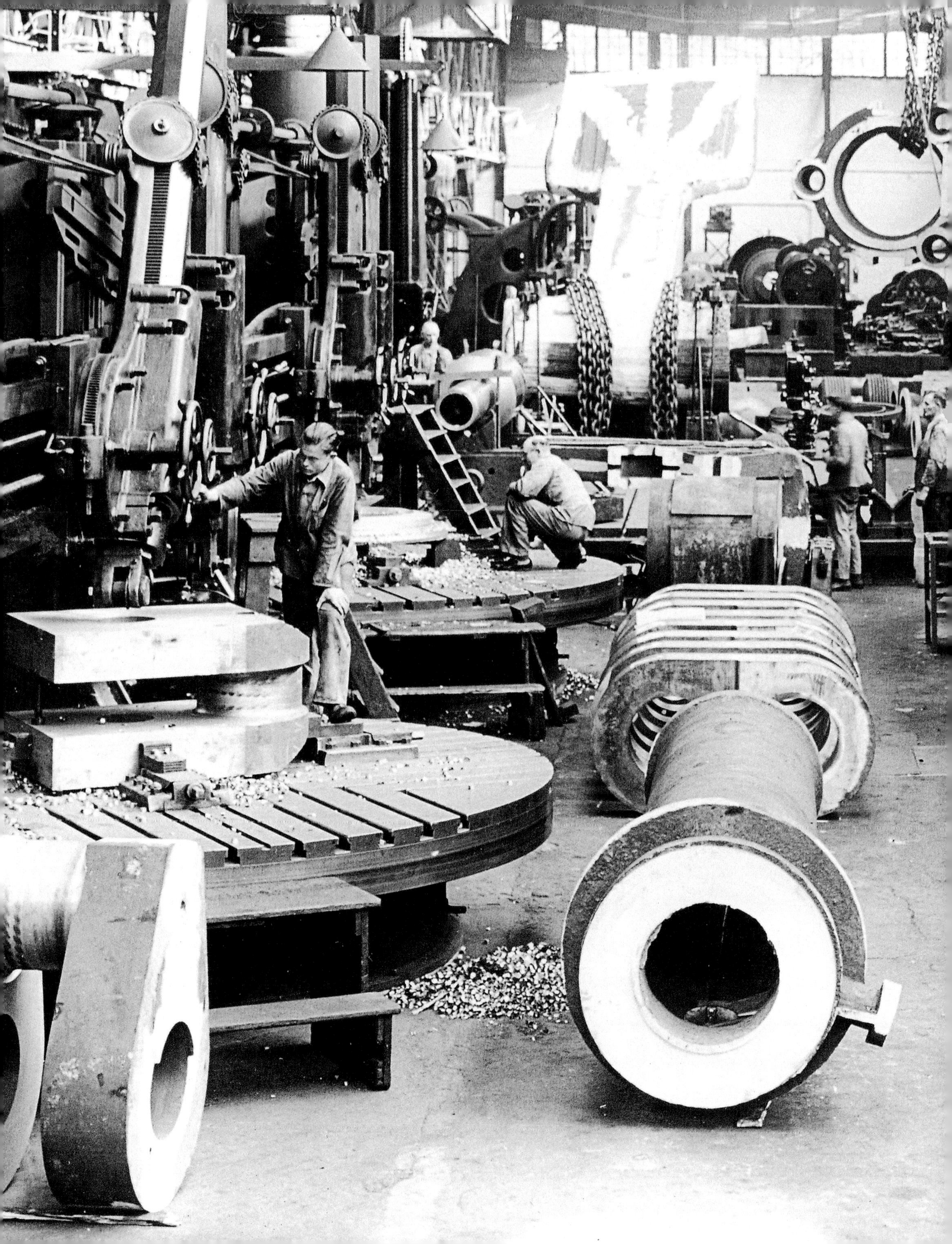

Mannesmann-Schweißwerk in Düsseldorf, Teererei, 1929.

nen. Es waren aber keine Hochöfen und Eisenhütten, die hier entstanden, sondern vor allem Produktionsstätten zur Erzeugung von Halb- und Fertigwaren mit der dazu erforderlichen Stahlherstellung. 1860 errichtete die aus der Eifel zugewanderte Familie Poensgen ein Röhrenwalzwerk und kurze Zeit später ein Stahl- und Drahtwerk. Auch Maschinenfabriken entstanden nun in der Stadt, die wie ein Magnet Industriepioniere, Fachleute und Arbeiter anzog. Nach dem deutsch-französischen Krieg und der Reichsgründung folgten binnen weniger Jahre neue Firmengründungen, wie zum Beispiel: 1872 die Lokomotivfabrik Hohenzollern und 1874 die Fabrik für Bergwerksmaschinen Haniel & Lueg. Bis 1880 hatte die Eisenindustrie in Düsseldorf die ehemals vorherrschende Textilindustrie in ihrer Bedeutung überholt – und die Stadt und ihre Industrien wuchsen weiter. Zu den Neugründungen in den letzten Jahrzehnten des Jahrhunderts gehörte unter anderen auch die „Rheinische Metallwaren- und Maschinenfabrik“ (1889), die unter dem Namen „Rheinmetall“ bekannter ist.

Bis in die fünfziger Jahre des 20. Jahrhunderts dauerte die Blüte der Düsseldorfer Eisenindustrie, von der schließlich nicht nur die Industriellen, sondern auch die Arbeiter selbst profitierten. Viele Arbeiter der Metallbranche verdienten um 1900 so gut, daß ihr Einkommen das damalige Existenzminimum von 900 Mark im Jahr überstieg und sie so zur staatlichen Steuerzahlung herangezogen wurden. Und die Zahl dieser guten Einkommen wuchs jährlich um einige Hundert. Vor diesem Hintergrund eines andauernden rasanten wirtschaftlichen Aufstiegs und eines ungeheuren „Fortschrittsoptimismus“ entstanden 1902 die „mythologisch überhöhten Arbeiter“ des Industriebrunnens.

1) Henning, S. 494.
2) Weidenhaupt, S. 483.

Der Industriebrunnen in Düsseldorf, 1913, Bildhauer: Fritz Coubillier.

Bislich
24. März 1945 - Angriff über den Rhein

Die Pieta am Bislicher Rheindeich, eingeweiht am 24.3.1985.

Am 11. März 1945 war das westliche Ufer des Niederrheins für die alliierten Befehlshaber „feindfrei" geworden. Am Fort Blücher auf der linken Stromseite vor Wesel fielen in den ersten Morgenstunden dieses Tages die letzten hier verbliebenen deutschen Soldaten in die Hände amerikanischer Infanteristen. Die Vorbereitungen der alliierten Streitkräfte für den Vorstoß über den Rhein, die Operation „Plunder" konnten beginnen. Im Norden sollte der Großangriff auf deutsches Territorium zwischen Rheinberg und Rees durch britische, kanadische und amerikanische Einheiten ausgeführt werden. Die 21. Armeegruppe des britischen Feldmarschalls Montgomery erhielt den Befehl, nördlich des Ruhrgebietes in einem ersten Hauptstoß durch die norddeutsche Tiefebene nach Osten vorzudringen.
Am 23. März schließlich begann um 17 Uhr der Angriff auf das östliche Rheinufer im Frontabschnitt zwischen Hönnepel und Büderich. Ein mörderisches Trommelfeuer setzte ein. Mit über 1300 Artilleriegeschützen begannen britische Kanoniere, das Ostufer zwischen Wesel und Rees sturmreif zu schießen. Zur gleichen Zeit begannen Flugzeuge der Royal Air Force, das bereits zerstörte Wesel mit neuen Bombenteppichen zu übersäen.
Bei Rees eröffneten Einheiten der schottischen 51. Hochland-Division die Offensive. Bereits um 21 Uhr begannen westlich der Stadt vier Bataillone mit etwa 2000 Infanteristen, den Strom in schwimmfähigen Panzern zu überqueren. Der Sturm auf das Dörfchen Bislich, nördlich von Wesel, sollte noch einige Stunden dauern. Die Soldaten der 15. schottischen Division hielten sich hier für den Übergang bereit, der am Morgen des 24. März um zwei Uhr beginnen sollte. „Torchlight" (Fackelschein) hieß das Code-Wort für die Schotten, die das Ostufer zwischen Bislich und Haffen zu erobern hatten. Gegen Mitternacht setzte das vorbereitende Artilleriefeuer ein, und um Punkt zwei Uhr glitten vor Bislich die Buffalo-Schwimmpanzer des 6. Bataillons der Royal Scots Fusiliers in den Fluß. Drei Kompanien überquerten hier im Süden von Bislich in 60 Amphibien-Transportpanzern den Strom. Gleichzeitig durchschwammen von Lüttingen aus weitere 60 Buffalos den Rhein, um das achte Bataillon der Royal Scots nordwestlich von Bislich ans rechte Ufer zu bringen.
Sobald die ersten sechs Kompanien das Bislicher Ufer erreicht hatten, kehrten die Schwimmpanzer zurück, um zwei weitere Kompanien über den Fluß zu bringen. Die erste Angriffswelle der Briten traf nur auf geringes Abwehrfeuer der deutschen Soldaten am Ostufer. Es waren lediglich dünne Verteidigungslinien zwischen Wesel und Bislich aufgebaut worden. Die bei Bislich in ihren Stellungen liegenden Wehrmachtssoldaten der 84. Infanteriedivision wußten das. Zudem waren sie durch die voraufgegangenen Kämpfe auf dem Westufer demoralisiert, ihre Bereitschaft zu einem „Kampf bis zur letzten Patrone" war dementsprechend gering. Nur um das Haus Sonnentag, das am Rheinufer vor dem Dorfe lag, entfesselten die Verteidiger ein kurzes aber heftiges Gefecht. Doch die schottischen Infanteristen des 6. Bataillons der Royal Scots hatten die deutschen Stellungen bald niedergekämpft und 40 Wehrmachtssoldaten gefangengenommen. Einige Maschinengewehre feuerten noch hier und da, und die deutsche Artillerie schoß vereinzelte Salven in die Landungszone, aber eine massive Gegenwehr der deutschen Verteidigungslinie erfolgte bei Bislich nicht mehr. Geringe Verluste, die die Briten beim Sturm auf das Dorf erlitten, wurden vor allem durch Schu-Minen verursacht.
Bereits um 2.35 Uhr hatten die Royal Scots Fusiliers das Dorf eingekreist und kontrollierten alle wichtigen Kreuzungen des Ortes. Nun strömten immer mehr britische Infanteristen ins Dorf. Haus für Haus wurde nach deutschen Soldaten durchsucht. Mehr als 200 von ihnen ergaben sich in dieser Nacht den Befreiern der alliierten Armee.
Eineinhalb Stunden nach der ersten Welle des Rheinübergangs überquerte ein weiteres Bataillon in Sturmbooten den Strom. Um 5.45 Uhr folgten 57 schwimmfähige Kampfpanzer, und um Punkt sechs bestiegen die Infanteristen der Seaforth Highlanders die Sturm-

boote, die sie nach Bislich hinüberbrachten. Vier Infanteriebatallione und ein Panzerbataillon standen nun am jenseitigen Rheinufer und hatten die Aufgabe, hier, nahe des Verkehrsknotenpunktes Wesel, einen soliden Brückenkopf zu erkämpfen. Nur noch vereinzelten Widerstand erfuhren die Briten an diesem Morgen des 24. März im Umfeld des Dorfes. Bereits um 9.00 Uhr kämpften sich die ersten Einheiten ins Landesinnere vor.

Die Lehrerin Elisabeth Zöllner aus Bislich beschrieb in ihrem Kriegstagebuch die Nacht des Überganges so: „Gegen sechs Uhr setzt Trommelfeuer ein, das sich maßlos steigert. Nachts zwei Uhr vermischt sich damit Maschinengewehrgeknatter, denn die Engländer sitzen unter der Linde und schießen ins Dorf. Furchtbare Einschläge erfolgen, gewaltige Detonationen lassen Todesängste durchleben... Bislich in seiner ganzen Front am Rhein brennt: (...) Panzer rollen plötzlich in der Nähe. Spannung wächst. Harte Schritte sind hörbar an der Tür. Engländer durchstöbern die Häuser, nach Soldaten und Zivilmenschen suchend. Otto Boers und Maas, die im Urlaub sind, werden als Gefangene weggeführt. Bei Willi Meyboom stecken deutsche Soldaten im Keller: Ein Offizier ruft in den Keller herein: ‚Kampfbereit gegen den Feind!' Sie eilen nach draußen. Ein englischer Panzer streckt sie nieder." [1])

Unter der Zivilbevölkerung jedoch hatten die Bislicher während des Übergangs keine Opfer zu beklagen. Nur eine Frau, die sich in der Umgebung bei Bekannten einquartiert hatte, wurde auf der Flucht zum Luftschutzbunker von Granatsplittern getroffen und verblutete. Ein Mann, „der sich nach Flüren geflüchtet hatte, wurde beim Herauskommen aus dem Keller vom Engländer erschossen." [2])

Um 9.30 Uhr setzte neues Trommelfeuer aus den Geschützen der Alliierten ein, und nach 20-minütigem Beschuß auf deutsche Flak- und Artilleriestellungen näherte sich von Westen her eine riesige Luftarmada. Eine der größten Luftlandungen der Kriegsgeschichte sollte in wenigen Minuten nordöstlich von Bislich beginnen. Um kurz vor zehn war dann der blaue Morgenhimmel über Diersfordt mit olivgrünen, weißen und blauen Fallschirmen übersät. Während des Luftlandeunternehmens „Varsity" wurden innerhalb von zweieinhalb Stunden zwischen Wesel, Mehrhoog und Hamminkeln zwei Luftlandedivisionen mit rund 21.000 britischen und amerikanischen Fallschirmjägern abgesetzt. Mit diesem Einsatz von Luftlandetruppen sollte der Brückenkopf bei Bislich ausgedehnt werden, um einen Vorstoß nach Osten vorzubereiten, und gleichzeitig wollte man so die rückwärtigen deutschen Verteidigungslinien ausschalten. Schon 24 Stunden nach der abgeschlossenen Rheinüberquerung und der Luftlandung begann am Sonntagmorgen, den 25. März, eine alliierte Kampfgruppe durch den Diersfordter Wald vorzurücken. Vom Nordostrand des Waldes aus sollte diese „mobile striking force" sich bis zur Issel zwischen Dingden und Loikum vorkämpfen. Vier Tage nach dem Rheinübergang, am 28. März bereits, gelang alliierten Kampfeinheiten ein weiter Ausfall nach Osten. Über die Reichsstraße 58, die heutige Schermbecker Landstraße, raste ein Panzerbataillon mit aufgesessenen amerikanischen Fallschirmjägern bis in die Nähe Halterns, während eine britische Panzerdivision bereits Borken erreicht hatte. Mit diesen tiefen Vorstößen in deutsches Hinterland war das Unternehmen „Angriff über den Rhein" mit dem Codenamen „Plunder" praktisch erfolgreich abgeschlossen.

Nach dem Rheinübergang in Schwimmpanzern, Sturmbooten und Fähren hatten die Alliierten am Niederrhein so schnell wie möglich mit dem Bau von Pontonbrücken begonnen, um Nachschub und Verstärkung an Truppen für die kämpfenden Einheiten herbeizuschaffen. Noch am Nachmittag des 25. März konnte zwischen Xanten-Beek und Bislich eine Pontonbrücke vom Typ „Bailey-Bridge" in Betrieb genommen werden. Um 16.30 Uhr war die schwere einspurige Brücke einsatzbereit. Gleich am Tage darauf hatten die Pioniere in Bislich allerhöchsten Besuch. Der britische Premierminister Sir Winston Churchill selbst war an den Niederrhein gereist, um seine Truppen an der magischen Rheingrenze zu Deutschland siegen zu sehen. Am Montag, den 26. März, fuhren er und Generalstabschef Lord Alanbrooke im Jeep über die neue Brücke von Xanten nach Bislich. Am Ostufer angelangt, fuhren die Gäste aus London dann am Fluß entlang in nördliche Richtung. Stromabwärts von Bislich entstand die symbolträchtige Fotografie, die Churchill und die Feldmarschälle Montgomery und Alanbrooke sehr gelassen beim Frühstück in den Rheinwiesen zeigt.

Eine Woche nach dem Rheinübergang wurde neben der ersten Bailey-Brücke eine zweite errichtet, über die nun die Konvoys in Richtung Front rollten, während die zurückkehrenden Fahrzeuge die danebenliegende Brücke in Richtung Westen befuhren. Im April schließlich bauten die Briten eine sehr stabile Bailey-Brücke auf hohen Holzpfeilern. Über diese und viele andere Kriegsbrücken am Rhein rollten jetzt Waffen, Munition und Versorgungsgüter für die alliierten Verbände, die die Deutsche Wehrmacht schließlich zur bedingungslosen Kapitulation zwangen. Oben auf dem Rheindeich im Süden des Bislicher Dorfkerns markiert ein Denkmal noch heute jene Stelle, wo die Holzpfeilerbrücke am Ostufer einmal verankert war. Eine farbig gefaßte Pieta aus Eichenholz ruht in einer kleinen gewölbten Backsteinhalle. Schaut der Betrachter durch das schmiedeeiserne Gittertor des kapellenartigen Bauwerks, so blickt er durch ein hinteres Rundfenster über den Rhein und auf die Domtürme von Xanten. Im März 1985, zum 40. Jahrestag der Befreiung, hatten Bislicher Bürger das selbstentworfene und von heimischen Handwerkern gebaute Mahnmal errichtet. Es soll an die Befreiung des Dorfes und das Ende des Zweiten Weltkrieges erinnern. Doch gleichzeitig sei die Mahnung mit dem Denkmal verbunden, nie wieder ein verbrecherisches Regime wie das der Nazis zu dulden und zu unterstützen, erklärten die Vertreter des Heimatvereins in Bislich.

Einweihung der Pieta am Bislicher Rheindeich am 24.03.1985.

1) Zöllner, Zit. n.: Berkel, S. 56 u. 58
2) a.a.O., S. 58

Die erste britische Bailey-Brücke ist fertiggestellt. Blick vom Rheinufer bei Xanten-Beek auf Bislich.

Premierminister Churchill wird von britischen Soldaten vor der Pontonbrücke bei Xanten-Beek begrüßt.

Über das Schicksal der jüdischen Waise aus Dinslaken

Das Denkmal „Der Judenkarren" auf dem Platz d'Agen vor dem Rathaus Dinslaken. Bronzeplastik des Bildhauers Alfred Grimm, Aufstellung im November 1993.

„Erschüttert stand ich am Mittwoch vor dem Mahnmal, das die Bürger der Stadt errichtet haben. Ich konnte meine Tränen nicht unterdrücken. Ich hoffe, daß den Dinslakener Bürgern und ihren Nachkommen das Denkmal helfen wird. Helfen, damit sich die Vorgänge, die zur Errichtung geführt haben, nie wiederholen werden",[1]) sagte Josef Rothschild wenige Tage nach der Denkmal-Einweihung in einem Zeitungskommentar. Er war als einer von 32 ehemaligen jüdischen Einwohnern Dinslakens, die heute in Australien, Amerika und Israel leben, in die Heimat seiner Kindheit zurückgekehrt. Denn die Stadt Dinslaken hatte zusammen mit evangelischem Kirchenkreis und katholischem Dekanat frühere jüdische Bürger des Ortes in aller Welt ausfindig gemacht, um sie für eine Woche in die Stadt einzuladen, aus der sie einst vertrieben wurden. Am Mittwoch, den 10. November 1993, als sich die Pogromnacht des 9. Novembers 1938 zum 55. Mal jährte, wurde der „Judenkarren" des Bildhauers Alfred Grimm der Öffentlichkeit übergeben. Ein bronzener Leiterwagen ist das Zentrum dieses Mahnmals, das an die Vertreibung und die Vernichtung der ehemaligen jüdischen Gemeinde Dinslakens erinnern soll. Ein Leiterwagen scheint ungewöhnlich, doch seine Bedeutung innerhalb der Gedenkstätte ist ganz konkret und führt sehr direkt mitten in jene schrecklichen Ereignisse, mit denen das Ende der jüdischen Gemeinde begann.

In der Neustraße gab es damals ein jüdisches Waisenhaus. Es war ein stattliches Gebäude, das Schmuckstück der Stadt. Nicht nur elternlose Kinder wurden hier unterrichtet, sondern auch solche, denen man eine solide Erziehung unter der Leitung von Dr. Rothschild sichern wollte. Selbst als die Repressionen der Nationalsozialisten gegen jüdische Bürger schärfer und zahlreicher wurden, war das Waisenhaus noch lange Zeit eine recht friedvolle Insel im feindseligen Land.

Zu Beginn des Jahres 38 waren es noch 146 jüdische Einwohner, die in Dinslaken zu Hause waren, einer Stadt, in der Christen und Juden seit Jahrhunderten doch meist in Eintracht und gegenseitiger Achtung miteinander gelebt hatten. In den zwanziger und in den dreißiger Jahren noch betrieben die jüdischen Mitbürger ihren Viehhandel, wie es seit langer Zeit Tradition war. Als angesehene Leute unterhielten sie Textil- und Lederwarengeschäfte. Auch engagierten sie sich in den örtlichen Vereinen, feierten die örtlichen Volksfeste, und wie selbstverständlich wählte ein jüdischer Schützenkönig damals die Frau des christlichen Bürgermeisters zu seiner Königin. Noch konnte man im Jahre 1938 von einer intakten Synagogengemeinschaft in Dinslaken sprechen, doch dann bereiteten die Ereignisse um die „Kristallnacht" diesem Leben ein jähes Ende. Und auch für die Kinder des Waisenhauses begann nun eine Zeit, die von Angst, Unterdrückung, Flucht und Gefangenschaft geprägt war, und die für viele mit dem Tod enden sollte.

Bereits vor dem 10. November 1938 war der Direktor des Waisenhauses, Dr. Leopold Rothschild, zu einer längeren Bildungsreise nach Palästina aufgebrochen. Daraufhin übernahm der ehemalige Journalist Yitzhak Sophoni-Herz die Position des Erziehers und verantwortlichen Leiters im Waisenhaus an der Neustraße. Über den Morgen nach der „Kristallnacht" in Dinslaken berichtet dieser in seinen Erinnerungen: „9.30 Uhr! Starkes Schellen an der Haustüre. Ich öffnete. In diesem Augenblick stürmten etwa 50 Männer … in das Haus. Glücklicherweise begaben sie sich erst in den leeren Speisesaal, um dort mit einer fast wissenschaftlichen Gründlichkeit ein Zerstörungswerk zu beginnen. Furchtbare Angstschreie der Kinder hallten durch das Gebäude. Ich rief mit überlauter Stimme:

„Kinder, geht sofort mit mir auf die Straße!" Diese Anordnung war natürlich gegen den Befehl der Gestapo. Doch ich dachte, auf der Straße ist die Gefahr um Nuancen kleiner als im Hause. Die Kinder kamen sofort eine kleine Hintertreppe heruntergestürmt; die meisten ohne Hut und Mantel, trotz des kalten und nassen Wetters. Ich lief mit ihnen bis zur nächsten Straßenkreuzung, wo sich das Rathaus befand. Dort

nkinder

Das Israelitische Waisenhaus in der Neustraße, zwanziger Jahre.

wollte ich mich in den Schutz der Polizei begeben."[2]) Doch der Hauptwachtmeister schrie der flüchtenden Gruppe schon entgegen: „Die Juden bekommen von uns keinen Schutz!"[3]) und trieb die Kinderschar in eine Seitenstraße und dann auf die Wiese, die hinter dem Waisenhaus lag. Von hier aus konnte Yitzhak Sophoni-Herz beobachten, wie „vor den Augen der Polizei das Inventar des Waisenhauses systematisch zerstört wurde."[4]) Derweil versammelte sich um das Gebäude herum „ein sensationslüsternes Publikum", das „in völliger Passivität" und „ohne jede Gemütsbewegung" die Zerstörungsaktionen der SA-Leute verfolgte. „Gegen 10.15 hörten wir das Geheule von Sirenen. Wir sahen eine riesige Rauchwolke, deren Richtung sogleich verriet, daß sie von der Synagoge kam",[5]) erinnerte sich Sophoni-Herz. Doch die anrückende Feuerwehr kam an diesem Morgen des 10. November lediglich, um ein Übergreifen der Flammen auf die Häuser der nichtjüdischen Nachbarn zu verhindern.

Kurz vor Mittag fanden sich Polizeibeamte am Waisenhaus ein und forderten den Erzieher auf, seine Waisenkinder „für einen Marsch durch das Zentrum von Dinslaken vorzubereiten."[6]) Ein Leiterwagen wurde herbeigeschafft und man pferchte die jüngeren Internatsschüler darin zusammen, während vier ältere Jungen den Karren ziehen mußten. So rollte der „Judenzug" nun durch die Innenstadt Dinslakens. „Die Dinslakener füllten drei oder gar vier Reihen tief die Bürgersteige auf beiden Seiten der Straße, um die Judenprozession zu erwarten. Die meisten dieser Zuschauer unterließen jedwede laute Bemerkungen. Einige Gesichtszüge verrieten klare Verachtung für die Vorgänge",[7]) schrieb Sophoni-Herz.

Dann wurden die Waisenhaus-Bewohner in einen Schulhof nahe der brennenden Synagoge geleitet. Hier schlossen sich nun auch andere jüdische Leute, die zuvor von den „braunen Horden aus ihren Wohnungen getrieben worden waren",[8]) der kleinen Gemeinschaft an. Kurz darauf wurden die unter sechzigjährigen Männer von der Gruppe abgesondert. Sophoni-Herz erzählt, daß man sie sofort nach Dachau deportierte, wie er später erfuhr.

Er selbst jedoch hatte das Glück, von den Nazis zum Sprecher der in Dinslaken verbleibenden jüdischen

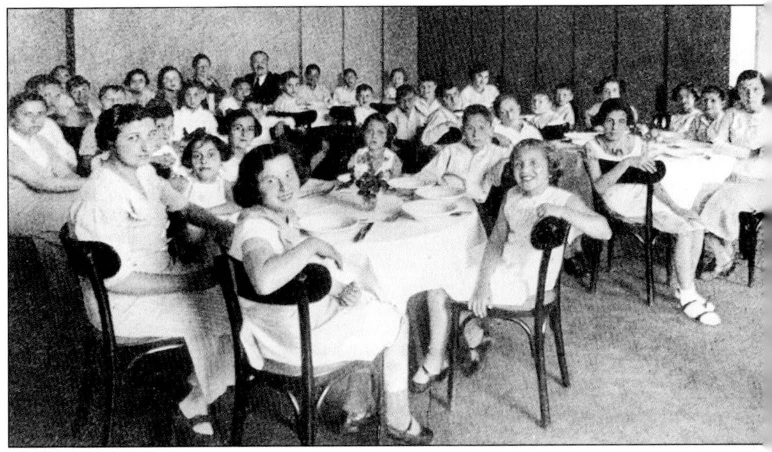

Speisesaal des Israelitischen Waisenhauses, dreißiger Jahre.

Im Garten des Israelitischen Waisenhauses Dinslaken, dreißiger Jahre.

Gruppe ernannt zu werden. Bis zum Abend hatte diese in einem Schulzimmer zu warten, erst gegen halb sieben befahl der „Nazi-Aktionsleiter“ die Verlegung der in „Schutzhaft befindlichen Juden“ in die Halle eines Dinslakener Gastwirtes. Wieder wurden die Kinder in den Leiterwagen gesteckt, der „Judenzug“ rollte ein zweitesmal. In der Halle der Gastwirtschaft erhielt die kleine jüdische Gemeinschaft ein Nachtlager auf dem Fußboden, der mit Stroh und einigen Kissen bedeckt war. Vier Tage harrten die Waisenhausbewohner, einige Frauen mit Kindern und eine Anzahl alter Männer in dem Saal unter strenger Bewachung aus, dann befahl die Polizei die Rückkehr der Juden in ihre alten Häuser. Das war am 15. November 1938.
Jedoch waren jetzt die meisten Wohnungen der jüdischen Einwohner stark zerstört und nahezu unbewohnbar. Sophoni-Herz bezog Quartier in der einst noblen Villa eines schon deportierten Gemeindemitgliedes, doch an einen längeren Aufenthalt war auch hier kaum zu denken.
„Durch die Fenster blies ein eisiger Nordwind. Die Fußböden waren mit Schutt bedeckt. Ich bat einige meiner Schüler, zwei Zimmer etwas zu säubern und nach Karton zu suchen, um die Löcher in den Fenstern zu schließen. Unsere Lebensmittelvorräte hatten einen gefährlich niedrigen Stand erreicht“,[9]) erzählt er in seinem Tagebuch. Ähnlich muß es in den Wohnungen der übrigen Kleingruppen, in die man sich aufgeteilt hatte, ausgesehen haben. Nun wurden auch die Inhaber der Lebensmittelgeschäfte von der nationalsozialistischen Kreisleitung angewiesen, an Juden keine Lebensmittel mehr zu verkaufen und ihnen keine Gefälligkeiten zu erweisen. In dieser aussichtslosen Situation beschloß der Erzieher Sophoni-Herz am folgenden Tag, den 16. November, seine Zöglinge aus Dinslaken herauszubringen.
Telefonisch nahm er Kontakt mit der jüdischen Gemeinde in Köln auf. Deren Reste existierten noch, und hier riet man ihm, seine Internatsschüler in die rheinische Metropole zu überführen. Am Tage darauf, an einem grauen und regnerischen Buß- und Bettag, brachte dann ein Lastwagen die Kinder nach Köln. Nach einer zweiten Fahrt mit dem „offenen Kraftfuhrwerk“ erreichten auch Sophoni-Herz und einige der älteren Jungen in der Nacht vom 17. auf den 18. November Köln. Unterkunft fanden die Dinslakener Flüchtlinge in dem Jüdischen Lehrlingsheim in der Agrippastraße. Von dort aus organisierte Sophoni-Herz die Auswanderung seiner Schüler nach Belgien und Holland. Schließlich, an einem frühen Morgen im Februar 1939, begleitete der Erzieher seine Kinderschar zum Kölner Hauptbahnhof, wo sie gemeinsam den Zug bestiegen, der sie aus Deutschland herausbringen sollte. Als die niederländische Grenze bei Emmerich am Rhein erreicht war, verließ Sophoni-Herz, wie er berichtet, den Zug, um wieder nach Köln zurückzukehren. Danach verliert sich die Spur der Waisenkinder.
Im Frühjahr erhielt Sophoni-Herz dann seine Einreiseerlaubnis nach England, und am 20. Juli 1939 erreichte er mit dem Köln-Express ebenfalls die holländische Grenze. Mit dieser Information endet sein Bericht.
Die Kinder aber waren mit einiger Wahrscheinlichkeit zunächst nach Amsterdam gebracht worden, um sie dann an verschiedene Bestimmungsorte zu bringen. So erzählte eine ehemalige Dinslakenerin, die ebenfalls in die Niederlande emigrierte: „Meine Schwägerin ... schickte ihre beiden Kinder Rosel und Fritz mit dem Kindertransport nach Holland, wo wir gestrandet waren. Auf dem selben Transport kam Erwin Eichgrün nach Holland respektive Amsterdam. Von dort wurden die Kinder verteilt in verschiedene Läger. Erwin Eichgrün war in Gouda, wo wir ihn verschiedentlich besuchten. Er ist von Holland abtransportiert worden, so wie meine Schwägerin. (...) Ich bekam die Bestätigung vom Holländischen Roten Kreuz, daß sie abtransportiert wurden und der Transport sofort nach der Ankunft in Auschwitz vernichtet wurde.“[10])
Viele der Kinder, die im Februar 1939 von Köln aus mit dem Zug nach Holland fuhren, starben später in den Konzentrationslagern, einige überlebten – ihr genaues Schicksal kennt heute niemand. Nach Informationen der Gedenkstätte im niederländischen „KZ Westerburg“, sind mindestens acht der Dinslakener Waisenkinder in deutschen Lagern umgebracht worden oder gestorben[11]). Doch auch von denen, die im November 93 als Gäste eine Woche lang nach Dinslaken kamen, entgingen manche nur knapp den Vernichtungslagern. Der aus New Jersey (USA) angereiste Fred Spiegel war am Tage nach der Pogromnacht mit Mutter und Schwester zu Verwandten in die Niederlande geflohen. Als der 11jährige Fred 1942 aus dem Transitlager Westerburg nach Polen abtransportiert werden sollte, entkam er seinen Mördern durch einen glücklichen Zufall. Bereits zum zweiten Mal seit 1938 wieder in seiner Geburtsstadt Dinslaken, erzählte Fred Spiegel seine Geschichte:
„Jede Woche ging ein Zug nach Auschwitz, und ich und mein Cousin saßen darauf, ich war 11 und hatte Angst, ich hab' geschrien, noch lauter geschrien als andere. Ein SS-Mann kam, fragte einen Holländer: ‚Warum schreit der?' ‚Weil er Angst hat', antwortete dieser. ‚Nimm

Viehmarkt in Dinslaken, zwanziger Jahre.

ihn runter', sagte der SS-Mann. Welches Glück. Mein Cousin durfte auch absteigen, aber für ihn war es nur eine Rettung auf Zeit, er wurde später mit Onkel und Tante umgebracht. Ich kam im Juni mit meiner Schwester nach Bergen-Belsen. Eine furchtbare Zeit. Im April 1945 sollten wir abtransportiert werden. In Viehwaggons ging es los, wohin wußte niemand. Bei Magdeburg wurde der Zug gestoppt. Amerikaner. Wir waren frei." [12])

Sprachlos, ergriffen und tief berührt reagierten die jüdischen Gäste bei der Enthüllung des bronzenen Leiterwagens, berichtete die Rheinische Post am 11. November 1993. Wie ein Schlüssel zu einer Geschichte öffnete er das Tor zu Erlebnissen, wie sie viele Juden nach der „Kristallnacht" durchstehen mußten.

Manche schlossen die Augen, andere sprachen ein Gebet. Als der Schulchor das hebräische Kälbllied anstimmte, „standen manchen Besuchern die Tränen in den Augen". [13]) So schrieb Dr. Werner Hochheimer noch am gleichen Tage nach den Erinnerungsfeierlichkeiten einem Freund. „Es war sehr bewegend und ich werde den Rest meines Lebens davon zehren." [14])

In Dinslaken hatten Gedenkfeiern, Gespräche und das Denkmal dem Vergessen und Verdrängen Einhalt geboten.

Fünf Schachteln, die im bronzenen Leiterwagen stehen, verweisen auf den Holocaust in seiner schrecklichsten Konsequenz. Schuhe, Handtaschen, Gebißteile und Knochenreste, letzte Habe und sterbliche Überreste von Juden in deutschen Konzentrationslagern befinden sich darin. Auch diese sind erschreckend naturgetreu in Bronze nachgebildet. Vor dem Leiterwagen steht eine Bronzeplatte, die die Figur eines bedrohlich posierenden SS-Mannes ausspart. Im Durchblick durch diese Negativ-Form soll sich der Betrachter des Denkmals, so beabsichtigte es der Bildhauer, selbst als Täter sehen können. Mit seinen Hinterrädern steckt der Wagen in einer massiven Bronze-Wand. Auf ihrer Rückseite stehen die Namen der jüdischen Familien Dinslakens. 1927 lebten noch mehr als 300 jüdische Bürger im Stadtgebiet, am Ende des Zweiten Weltkrieges waren es noch drei.

1) Rothschild, NRZ vom 13. 11. 1993. (Josef Rothschild ist der Sohn von Dr. Leopold Rothschild, der bis 1938 Direktor des jüdischen Waisenhauses in Dinslaken war.)
2) Sophoni-Herz, S. 5.
3) a.a.O., S. 6.
4) ebd.
5) ebd.
6) a.a.O., S. 7.
7) ebd.
8) ebd.
9) a.a.O., S. 13
10) Tohermes, S. 76.
11) Die Information, daß acht der Waisenkinder in deutschen Lagern umkamen, erhielt Jürgen Grafen aus Dinslaken durch eine Anfrage bei der Gedenkstätte-Westerburg (Niederlande).
12) Spiegel, Fred: O.-Ton. In: NRZ 10. 11. 1993.
13) Dringenberg, Der Weg. vom 28. 11. 1993.
14) ebd.

Belgische Soldaten in Kleve 1918–1926

Das Besatzungsdenkmal in Kleve-Kellen, vermutlich ein Frühwerk Arno Brekers, Aufstellung um 1928.

Fährt man mit dem Wagen von Emmerich kommend über die Bundesstraße 220 und die schöne Rhein-Hängebrücke nach Kleve, so passiert man hinter dem Örtchen Warbeyen eine denkwürdige Stelle. Kurz vor dem Rokoko-Schlösschen Schmitthausen, das direkt an der Fahrbahn liegt, ragt ein graues, fast unscheinbares Monument aus einer Anlage niedriger Büsche hervor. Ein „schlichter altarähnlicher Block aus Steinquadern" zeigt das Relief eines mit einer Kette an den Greifen gefesselten Reichsadlers. Die Bildsprache ist eindeutig: an das bezwungene Deutschland soll hier erinnert werden. Darunter ist ein Schriftzug in den Stein gemeißelt: „Zur Erinnerung an schwere Besatzungszeit 1918 – 1926". Und auf der gegenüberliegenden Seite des Quaders sieht der Betrachter das Bild einer Fackel, deren Flamme gewaltsam erstickt wird – unzweifelhaft das Symbol für die Ermordung eines Menschen. „Hermann Vingerhoet erschossen – 31. Dezember 1919" ist unterhalb des Bildes zu lesen. Es gibt also eine ganz konkrete, greifbare Geschichte, die sich hinter dem Denkmal verbirgt, ein menschliches Schicksal. Aber nicht nur im Denkmal ist dieses Ereignis dokumentiert worden. Ein Neffe des getöteten Hermann Vingerhoet hat die Geschichte 1979 aus der Erinnerung niedergeschrieben, 60 Jahre nach dem unglücklichen Silvestertag des Jahres 1919. Sie geschah unweit des Denkmals auf dem Aldenhof am alten Rhein in Kellen.

„Es war Ende Dezember 1919! Der Rhein führte Hochwasser. Also war auch die kellensche Fähre bei Schmidthausen unpassierbar, Verkehr nur mit dem Nachen. Auch die jungen belgischen Soldaten, die nach Warbeyen wollten oder mußten, benutzten die Nachen. Meist den vom Aldenhof. (...) Auf dem Hof wird gedroschen. (...) Berta, (eine Tochter des Bauern Vingerhoet) sieht plötzlich, wie Soldaten, die unbemerkt auf den Hof gekommen waren, eine Schlägerei mit dem alten Onkel Heinrich ... beginnen und ihn aus seinem Nachen ins Wasser stoßen! Berta rennt in ihrem Schrecken auf die Scheune zu und schreit: Die Belgier schlagen Onkel Heinrich! Im Nu ist die ganze Dreschmannschaft mit Karrenrunge oder Gabel raus und in Richtung Wasser. Unbewaffnet wie sie waren, denn das stand fest, nahmen sie reißaus. Aus sicherer Distanz schrien sie aber „Wy komen met de Karabiner weer!" Dieser Ruf wird nicht sehr ernst genommen, leider! (...) Wenige Minuten später kommen zwei Frauen auf den Hof gerannt und schreien, sie würden von bewaffneten Soldaten bedroht. Mutter Agnes beruhigt sie, das sei wohl nicht so schlimm, doch da knallt es auch schon. Hermann, der von der Scheune kommt und zu Deel und Kuhställen geht, wird ohne Federlesens niedergeschossen! Schuß quer durch den Mittelbauch, liegt er am Boden und krümmt sich. Heinrich läuft hinzu und wird sofort angeschossen. 1x Ferse, 1x Schienbein, liegt er am Boden und schreit um Hilfe. Ein Pferd schreckt und gallopiert zwischen die ballernden Soldaten und Bauern. Klatsch, der nächste Schuß sitzt im Wohnhaus, in der Wand neben einem Schlafzimmerfenster. Wir haben das Loch dort so gelassen, auch heute noch! – Jetzt erst geht den jungen Banausen auf, was sie in ihrem alkoholisierten Wahnsinn angestellt haben. Sie hauen ab. Zurück bleiben zwei schwerverletzte Männer und eine völlig verstörte Familie. So schnell es geht, transportiert man beide, Hermann und Heinrich, ins St.-Antonius-Hospital nach Kleve, wo sofort operiert wird. Heinrich, der jüngste, behält sein Bein, doch wird er zeitlebens etwas hinken. Hermann, der älteste, aber stirbt Silvester 1919:

(...) Die Beerdigung des sehr bekannten Bauern wird zu einer mehr als deutlichen Demonstration gegen die herrschenden Zustände. Die belgische Armee hat Alarmzustand." [1])

Ohnehin war das Verhältnis zwischen den fremden Truppen und der Klever Bevölkerung deutlich gespannt. Seit über einem Jahr hatten nun belgische Soldaten den linken Niederrhein besetzt. 1200 Mann und rund 120 Offiziere waren am 15. Dezember 1918 in Kleve eingerückt und hatten in Kasernen und Privathäusern Quartier bezogen. Wenige Tage zuvor war im Wald von Compiègne der Waffenstillstandvertrag unterzeichnet worden, der den Ersten Weltkrieg im Westen beendete und der die Besetzung des westlichen Rheinlands durch die alliierten Sieger vereinbarte. Südlich von Mainz standen nun Franzosen, bei Koblenz und Trier die Amerikaner, um Köln, Bonn und Aachen

Scherzaufnahme „Passiver Widerstand“ in Duisburg, 1923.
Französische Besatzungssoldaten vor der Hauptpost in Duisburg, 1921.

die Briten und zwischen Düsseldorf und Kleve wachten die Belgier über den besiegten Feind.
Als eine drückende Last und oft genug als Willkürregiment empfanden viele Klever die belgische Besatzungsmacht. Dazu kam, daß viele die endgültige Niederlage des deutschen Heeres zu diesem Zeitpunkt noch nicht erwartet hatten. Kapitulation und unmittelbar folgende Fremdherrschaft trafen die Bevölkerung in den Besatzungszonen sehr plötzlich und wurden von nicht wenigen als eine Schande empfunden. In Kleve habe die Bevölkerung manche Demütigungen hinnehmen müssen, während die Besatzer im Bewußtsein ihrer Macht und der Rechtlosigkeit der Deutschen von diesen unzumutbare Leistungen verlangt hätten, erklärte der Bürgermeister später in seinem Verwaltungsbericht und führte aus: „Auch kam es in den Läden oft vor, daß belgische Soldaten Gegenstände aller Art ohne irgendwelche Bezahlung mitnahmen und bei Einwendungen des Geschäftsinhabers eine drohende Haltung annahmen. Wer einem Trupp belgischer Soldaten nicht freiwillig in weitem Bogen aus dem Wege ging, lief Gefahr, mit der Reitpeitsche geschlagen, zum mindesten aber angerempelt zu werden. Wer nicht beim Vorbeigehen an der belgischen Fahne die Kopfbedeckung abnahm, dem wurde sie mit der Reitpeitsche heruntergeschlagen.“ [2]) Auch beklagte sich der Bürgermeister über die willkürliche Rechtsprechung des belgischen Majors Montëgnie, der kleinste Vergehen, wie das Nichtgrüßen eines Offiziers, mit 500 Mark Geldstrafe ahndete.
„Ressentiments und Haß auf beiden Seiten“ prägten aber auch in Duisburg das „Zusammenleben“ von belgischen Soldaten und deutscher Zivilbevölkerung. Mit scharfen Kontrollen und drakonischen Strafmaßnahmen versuchten die Besatzer, ihren Anordnungen Nachdruck zu verleihen. So wurde beispielsweise ein ungenehmigter Ausflug über die Hochfelder Rheinbrücke ins nicht besetzte Gebiet mit drei Monaten Gefängnis bestraft.
Während aber die deutsche Bevölkerung in den Besatzungszonen das Regiment der Belgier als eine demütigende Willkürherrschaft empfand, betonten die alliierten Siegermächte die vorausgegangenen Erfahrungen der belgischen Soldaten. Denn zu Beginn des Weltkrieges waren deutsche Truppen unter Verletzung des Völkerrechts in das politisch neutrale Belgien eingefallen und hielten das Land vier Jahre lang besetzt. Nach der deutschen Niederlage schließlich hätten die Besatzungstruppen „in Erbitterung des Kampfes die Grenze überschritten, noch vom Anblick ihrer zerstörten Heimstätten erfüllt und voll Entsetzen über die Behandlung, die ihre Frauen, ihre Eltern und ihre Kinder erdulden mußten“, erklärte der Besatzungsausschuß der Alliierten. [3])
Nach dem Inkrafttreten des Versailler Friedensvertrages im Juli 1919 übernahm eine zivile Behörde, die „Hohe Interalliierte Rheinlandkommission“, anstelle der Militärverwaltungen die Entscheidungsgewalt in den Besatzungszonen. Das Verhältnis zwischen den Truppen und der Bevölkerung besserte sich jetzt etwas, doch in Kleve blieb es bei einer Abneigung gegen die Besatzer. Und diese verstärkte sich noch durch die Erfahrungen des „Ruhreinmarsches“.
Am 11. Januar 1923 waren französische und belgische Truppen ins Ruhrgebiet einmarschiert, weil man den Deutschen einen vorsätzlich herbeigeführten Rückstand an Reparationsleistungen (Holz- und Kohlelieferungen) zur Last legte. Drei Tage später rief Reichskanzler Cuno die Bevölkerung in den Besatzungszonen zum „passiven Widerstand“ auf. Der Ruf wurde befolgt, auch in Kleve. Dort verhaftete die belgische Geheimpolizei am 26. Januar schließlich den Forstmeister Hasken, weil er sich geweigert hatte, Holz aus dem Reichswald an die Besatzer auszuliefern. Als er am gleichen Tage mit dem Zug zur Einlieferung in das Krefelder Gefängnis abtransportiert werden sollte, kam es zum Eklat. Eine aufgebrachte Menschenmenge, die sich versammelt hatte, begann plötzlich laut gegen die Inhaftierung zu protestieren. Die Reichsbahnbeamten verweigerten ihre Dienste, und dann entkoppelte auch noch der Zugführer die Lokomotive, um sie ohne Personenwagen außerhalb des Bahnhofsgeländes zu fahren. Die Menge triumphierte, immer mehr Menschen kamen herbeigelaufen, und so steigerte sich die Demonstration zu einer spontanen vaterländischen Kundgebung. Dabei sangen die Klever patriotische Lieder wie „Deutschland Deutschland über alles“ oder „Die Wacht am Rhein“. Kurze Zeit später wurde dann aber auch der Lokomotivführer Klein verhaftet und mit weiteren Beamten, die „passiven Widerstand“ geleistet hatten, im Auto nach Krefeld gebracht. Bald folgten zahlreiche weitere Verhaftungen, der belgische Ortskommandant beabsichtigte, den Widerstand in Kleve zu brechen. So wurden Landrat, Bürgermeister und sämtliche ihn vertretende Beigeordnete in Gewahrsam genommen und ins unbesetzte Deutschland ausgewiesen. Auch die Zoll-, Forst- und Reichsbahnbeamten waren nicht zur Zusammenarbeit bereit. Etliche von ihnen mußten die Besatzungszone verlassen, und als Ersatz wurden belgische Beamte in ihre Positionen beordert. Der ausgewiesene Eisenbahner Klein fand mit seiner großen Familie Aufnahme in Schleswig-Holstein, wo er zu seinem Bedauern zwei Jahre lang in

kleinen Zimmern hausen mußte. „So sieht Heldentum in der Praxis aus", [4]) kommentierte ein Klever Bürger das Schicksal der Familie Klein. Der Widerstand aber hatte schwere Folgen.

Fehlende Steuer- und Zolleinnahmen und gleichzeitig aufzubringende Ausgleichszahlungen aus dem übrigen Reichsgebiet für die Menschen in den besetzten Regionen verursachten riesige Löcher in den öffentlichen Kassen. Eine „galoppierende" Inflation hatte eingesetzt. Die Fortsetzung des Widerstandes schien auch finanziell nicht mehr möglich. Am 26. September 1923 verkündete die Reichsregierung den Abbruch des „passiven Widerstandes". In der Folgezeit bemühten sich die belgischen Offiziere in Kleve um mehr Zurückhaltung gegenüber der einheimischen Bevölkerung, doch das Verhältnis zwischen Siegern und Besiegten blieb gespannt.

Am 25. August 1925 rückten schließlich die belgischen Soldaten aus Kleve ab, zunächst nur ins Manöver hieß es, doch eine neue Belegung der Quartiere erfolgte nicht mehr. Das offizielle Ende der Besatzung feierten die Klever jedoch erst am 31. Januar 1926 mit einem Festakt und mit Glockengeläut aus allen Kirchen der Stadt. „Vom Schwanenturm erklang über die Lande das feierliche Lied „Großer Gott wir loben dich", gespielt von der Feuerwehrkapelle," schrieb der Bürgermeister in seiner Chronik.[5])

Deutsche Kinder auf dem Schoße eines belgischen Offiziers, um 1920.

Lange Zeit war der graue Steinblock an der Bundesstraße 220 in Kellen ein vergessenes Denkmal. Erst 1988 rückte es wieder in den Blickpunkt der Öffentlichkeit, als der Klever Autor Wolfgang Krebs in einem Aufsatz auf den Urheber des Monuments aufmerksam machte.[6]) Mit einiger Wahrscheinlichkeit handelt es sich um ein Frühwerk des Bildhauers Arno Breker, dessen martialische Heroen später den Nationalsozialisten so gut gefielen. Aber, so fragte sich Krebs, handelt es sich hier um Nazi-Kunst? Dem Entstehungsdatum nach fällt es nicht in die Zeit des Dritten Reiches. Ein genauer Zeitpunkt der Fertigstellung des Monuments konnte bisher nicht ermittelt werden, sicher ist aber, daß die feierliche Enthüllung am 17. Juni 1928 stattfand. Aber auch die verhaltene Würde dieses schlichten horizontal gelagerten Steinblocks widerspreche einer eindeutigen Zuordnung zur Ästhetik der nationalsozialistischen Ideologie, gibt Krebs zu bedenken. Zwar gebe es möglicherweise stilistische Gemeinsamkeiten mit Brekers späteren Werken, aber das Denkmal könne mit gleicher Berechtigung auch als ein typisches Werk der zwanziger Jahre und der damaligen Moderne verstanden werden. Eine genauere Einordnung und Bewertung der Denkmal-Plastik steht allerdings noch aus. Dennoch ist eine skeptische Haltung gegenüber Form und Botschaft des Denkmals, vor allem auch angesichts der Urheberschaft Brekers, angebracht. Die Botschaft des Steines („Erinnerung an schwere Besatzungszeit") wird man ohne Beachtung der Vorgeschehnisse wohl nicht angemessen verstehen können. Dazu gehört sicherlich auch ein Rückblick auf den deutschen Einmarsch in das neutrale Belgien im August 1914 und auf die Zeit der deutschen Besatzung, die unsere Nachbarn erlebten.

1) Vingerhoet, S. 48 - 49.
2) Wulff, S. 59.
3) Hohe Interalliierte Rheinlandkommission, Zit. n.: Eylers, S. 39.
4) Dyckmans, S. 196.
5) Wulff, S. 72.
6) Krebs, S. 38 - 40.
7) Krebs, S. 38.

Das Hagelkreuz in Straelen wurde 1439 errichtet und ist eines der ältesten am Niederrhein.

Von Flurkreuzen und Hageldämonen

An der Straße, die von Straelen nach Walbeck führt, steht zwischen hohen Linden eines der ältesten Hagelkreuze des Niederrheins. Es wurde, wie eine Inschrift am Sockel des Denkmals vermerkt, im Jahre 1439 errichtet. Auf einem stufenartig ansteigenden Unterbau erhebt sich eine ungefähr 3 Meter hohe Säule aus Blaustein; diese trägt eine steinerne Weltkugel, und darauf steht ein schmiedeeisernes Kreuz, das sich für den Betrachter in den weiten niederrheinischen Himmel hineinschneidet. Ehemals war es aus vergoldetem Kupfer, aber in den sechziger Jahren wurde es durch eine robustere Replik ersetzt. Ursprünglich bestand auch eine Hagelkapelle unweit des Kreuzes. 1927/28 hat man jedoch den alten Backsteinbau mit weiß getünchtem Putz und dem gotischen Deckengewölbe durch die noch heute dastehende Kriegergedächtniskapelle ersetzt. Und noch ein weiterer Zweck verband sich einst mit dem abseits gelegenen Standort des Denkmals. 1635, mitten im Dreißigjährigen Krieg, bestatteten die Straelener mehr als 300 Pestopfer am Fuße des Hagelkreuzes.

Noch in den siebziger Jahren zogen die Straelener mindestens einmal im Jahr in feierlichem Umzug hinaus an diesen Ort, der gut einen Kilometer nördlich des Stadtrandes liegt. In früheren Zeiten[1]) unternahm man allerdings eine ganze Reihe von Bittprozessionen hinaus in die Felder. Die erste wurde am 25. April abgehalten, dem Markustag; sie hatte das Hagelkreuz zum Ziel. Weitere folgten an den drei Bittagen im Mai vor Christi Himmelfahrt. Am Freitag nach dem Himmelfahrtsfest ging die Prozession wieder zum Hagelkreuz. Dessen Sinn und Bedeutung beschrieb der Katechet Victor Scholten um 1762 so:

„Das Kreuz wurde … mitten im Felde von Straelen auf dem Wege nach Walbeck auf einem erhöhten Platze aufgerichtet, damit der allmächtige gütige Gott durch dieses Kreuz das ganze Straelener Feld möge segnen, vor Misswachs und besonders vor Hagelschlag bewahren …“ [2])

Und über die Hagelkreuzverehrung berichtet Scholten weiter: „Vom Jahre 1728 bis 1762 habe ich … im Lande Straelen gelegen, christlichen Unterricht erteilt und sehr oft selbst an Wintertagen fromme Personen betend vor dem Kreuze angetroffen, besonders aber zur Zeit grosser Dürre, anhaltenden Regens, der Rinderpest usw. haben die Nachbarschaften von Stadt und Land nach altem Gebrauch zu diesem Orte ihre Zuflucht genommen, wovon ich bis auf den heutigen Tag Augenzeuge gewesen bin; ja nach alter Gewohnheit wer weiss, seit wieviel 100 Jahren, sind aus der Pfarrkirche jährlich drei Prozessionen zum Kreuz gezogen, nämlich die eine an einem bestimmten Freitag, die sogenannte Kreuz-Hagelfeier genannt, (hier widersprechen sich die beiden historischen Quellen) … die andere auf Kirmess (Sonntag vor Pfingsten), die dritte am Fronleichlamsfeste, wo das hochwürdigste Gut getragen wurde.“[3])

Sicherlich spielte der Glaube an die Kraft des Hagelkreuzes, die heimischen Felder vor Unwettern und zerstörerischen Hagelschlägen zu bewahren, im ländlich geprägten Straelener Raum eine ganz besondere Rolle. Möglicherweise ist er auch hier sehr alt. Für den deutschen Kultur- und Sprachraum sind kirchliche Prozessionen zu Hagelkreuzen schon für das späte 13. Jahrhundert bezeugt; schriftlich erwähnt wird der Brauch des „hagelvire“ zum erstenmal im Jahre 1296. Er war einmal in den meisten Landschaften Deutschlands bekannt. Aber gehen seine Wurzeln wirklich auf alte vorchristliche Wetterzauber zurück? Erwuchsen sie aus heidnisch-germanischen Flurfeiern, die der Reinigung und Entsühnung der Felder dienten, wie manche Forscher vermuten?

Daß der Hagelkreuz-Kult nicht allein auf christlichen Traditionen fußt, sondern wahrscheinlich ältere Ursprünge besitzt, geht jedenfalls aus den Ausführungen des „Handwörterbuches deutschen Aberglaubens“ hervor. Noch aus vorchristlicher Zeit stammen danach die sogenannten „Hagelfeiertage“ (auch Schauerfeier), Feste, auf denen die Menschen durch Prozessionen und Opferfeiern Schutz für ihre Felder erflehten. Später vermischten sich diese Hagelfeiertage mit christlichem

Hagelstürme können ganze Ernten vernichten und waren vor der Einführung der Hagelschlag-Versicherungen für die Bauern oft ein großes Unglück.

Gedankengut. Dabei sei die christliche Sitte, den Pfarrer für das Zelebrieren des Hagelfestes zu entschädigen, wahrscheinlich noch „eine Fortsetzung der alten heidnischen Opfergaben bei den Flurprozessionen“[4]), heißt es im Handwörterbuch. Diese Prozessionen „...sind mit Bildertragen in Deutschland seit 743 bekannt, wo sie als heidnisch auf dem liftischen Konzil verdammt wurden.“[5])
Ebenso alt wie die Abwehrriten gegen den Hagelschlag, von denen die Hagelprozession nur eine unter vielen ist, sind wohl die Vorstellungen über die Ursache der Hagelschauer. Bei den meisten Völkern unseres Erdballes ist der Hagelschlag in alten Überlieferungen als Werk dämonischer Kräfte bekannt. Bis weit in die Neuzeit hat der Volksglaube besonders den „Hexen“ die böse Kunst des „Wettermachens“ zugesprochen. Und vielfältig sind natürlich auch die Methoden des Hagelmachens, sofern man den überlieferten Erzählungen Glauben schenken will. Unter den Methoden, die sich die „eigentliche Zauberei“ zunutze machen, schildert das „Handwörterbuch deutschen Aberglaubens“ auch die folgende Art der Hagelerzeugung:
„Weiber graben auf dem Felde Gruben, schütten um die Mittagsstunde in dieselben Wasser, trüben es und rufen den Teufel an – schon entsteht ein Gewitter und ein Hagelschlag, der die Feldfrüchte vier Meilen weit zerstört.“[6])
Daß der Ritus der Hagelkreuzerrichtung auch vor hagelmachenden Hexen Schutz bieten sollte, ist sehr wahrscheinlich. Soweit, wie das Hagelkreuz am Ortsrand zu sehen war, soweit konnte der Hagelzauber der bösen Mächte nicht wirksam werden, erläutert das Handwörterbuch.[7])

1) Scholten, Zit. n.: Schroers, S. 83 ff.
2) ebd.
3) Handwörterbuch des dt. Aberglaubens, S. 1315.
4) a.a.O., S. 1315, 1316.
5) ebd.
6) a.a.O., S. 1317.

Das Hagelkreuz bei Xanten-Wardt wurde 1618 errichtet.

Wie die Preußen in den Besitz der Grafschaft Moers kamen

Das Standbild der Prinzessin Luise-Henriette vor dem Moerser Schloß. Bildhauer: Heinrich Baucke, 1904 enthüllt.

Als 1904 in Moers das Standbild der Kurfürstin Luise-Henriette aufgestellt wurde, war es das erste Monument im Rheinland, das so glanzvoll und im Ganzfigurenporträt eine weltliche Frau verehrte. Möglicherweise war das Temperament der Luise-Henriette daran nicht ganz unschuldig. Als eine kluge und selbstbewußte Person wird sie uns geschildert, die ihrem Gemahl, dem Großen Kurfürsten von Brandenburg, durchaus als gleichberechtigte Partnerin gegenübertrat. Kurfürst Friedrich Wilhelm soll ihr sogar einmal wutentbrannt seinen Kurhut vor die Füße geworfen haben, mit den Worten: „Wenn du alles besser weißt, dann regiere doch selbst!" Das Bild der Kurfürstin, als ein stilles und frommes Hausmütterchen, hatten Geschichtsschreiber des 19. Jahrhunderts geprägt. „Die schlanke zierliche Gestalt mit den großen dunklen Augen provozierte solche Legenden. Tatsächlich steckte hinter der zarten Schale ein fester Kern, eine scharf kalkulierende Gutsherrin, eine Ehefrau, die auf ruhige, aber hartnäckige Weise politische und personelle Entscheidungen ihres Mannes beeinflußte",[1]) urteilt eine Biografin des Kurfürsten. Und doch war das Denkmal eigentlich nicht ihrer Person selbst oder ihrem Wirken gewidmet. Vielmehr sollte es ein Sinnbild sein, das die Bewohner der Grafschaft Moers an ihre Zugehörigkeit zu Preußen auf angenehme Weise erinnern sollte. Kaiser Wilhelm II. selbst machte es den Moerser Bürgern zum Geschenk, und ihnen gefiel das Preußentum in Gestalt einer schönen Frau.

Aber das war nicht immer so. Als Brandenburg-Preussen begann, Herrschaftsansprüche auf die Grafschaft zu erheben, weigerten sich die Moerser hartnäckig, König Friedrich I. zu huldigen. Doch nun (1904) waren viele Jahre ins Land gegangen, und aus den widerspenstigen Moersern waren zu einem großen Teil preußische Patrioten geworden. Aber welche Rolle spielte Luise-Henriette bei diesem Herrschaftswechsel in Moers, und warum wählte man ausgerechnet sie als Symbolfigur für die Verbindung der Grafschaft zu Preußen?

Die Prinzessin Luise-Henriette wurde als zweites Kind des niederländischen Statthalters Friedrich Heinrich von Oranien 1627 in Den Haag geboren. Friedrich Heinrich aber war gleichzeitig auch Landesherr der Grafschaft Moers, die zwischen 1600 und 1702 zum Herrschaftsbereich der Niederlande gehörte. Als Erbe der Luise-Henriette, die den Kurfürsten von Brandenburg heiratete, aber auch als Folge der Lehensabhängigkeit vom Herzogtum Kleve, sollte die Grafschaft Moers dann schließlich in die Hände der Preußen gelangen.

Die letzte Gräfin von Moers, Walpurgis, war kinderlos geblieben und hatte die Grafschaft im Jahre 1594 durch ein Testament ihrem Neffen, dem niederländischen Regenten Prinz Moritz von Oranien, geschenkt. Allerdings hielten die Spanier damals die Festung Moers besetzt. Elf Jahre lang (von 1586 bis 1597) beherrschten sie die Stadt, bis der neue Besitzer des Landes Prinz Moritz mit einem großen Heer vor die Stadt zog, um sie zu befreien. Als er im August 1597 mit 6 000 Mann zu Fuß und 1500 Reitern begann Moers zu belagern, da ergaben sich schon bald die Spanier der niederländischen Streitmacht kampflos, weil es ihnen an Schießpulver mangelte. Nach dem Tode der Gräfin Walpurgis wurde Moers nun Besitz der Oranier, am 12. August 1601 huldigten die Grafschafter offiziell dem neuen Landesherrn Prinz Moritz. Und mit den Oraniern brach für die Grafschaft eine gut 100jährige Friedensphase an, die der Bevölkerung als glückliche und harmonische Epoche in Erinnerung blieb. Auch unter Friedrich Heinrich von Oranien, dem Vater von Luise-Henriette, der seit 1625 Graf von Moers war, erlebten die Grafschafter eine ruhige Zeit.

Regiert wurde allerdings stets in der niederländischen Residenzstadt Den Haag. Auch Luise-Henriette lebte dort und hat in ihrer Jugendzeit Moers nie gesehen. Als nun der letzte oranische Regent Wilhelm III., der zugleich auch König von England war, 1702 kinderlos

Luise-Henriette (1627 – 1676), Prinzessin von Oranien, Gräfin von Nassau, Kurfürstin von Brandenburg.

Friedrich Heinrich von Oranien, 1645, Kupferstich von Paul Pontius.

starb, forderte der Sohn der Luise-Henriette, König Friedrich I. in Preußen, die Grafschaft Moers als sein rechtmäßiges Erbe. Friedrich-Heinrich von Oranien (der Vater Luise-Henriettes) hatte nämlich in seinem Testament bestimmt, daß auch die weiblichen Nachkommen seines Hauses erbberechtigt sein sollten, falls die männliche Linie ausstürbe. Friedrich I. erhob aber seine Besitzansprüche nicht nur als Sohn der Luise-Henriette, der das Erbe seiner Mutter forderte, sondern vor allem auch deshalb, weil Moers, so argumentierte Preußen, noch immer dem Herzog von Kleve als Lehensherrn der Grafschaft gehöre.

Nach dem Tode der letzten Gräfin von Moers (Walpurgis) hätte die Grafschaft eigentlich an das Haus Kleve zurückfallen müssen, betonte man. Kleve aber war bereits seit 1614 im Besitz des Kurfürsten von Brandenburg, so daß Friedrich I. nun auch als Herzog von Kleve Ansprüche auf Moers erheben konnte. Schon im Jahre 1702 hatten brandenburgische Truppen Krefelder Gebiet besetzt, doch nachdem sich weite Teile der Moerser Bevölkerung ganze 10 Jahre lang konsequent weigerten, den Preußischen König als neuen Landesherren anzuerkennen, setzte dieser seine Erbansprüche schließlich auf andere Weise durch.

Im Herbst des Jahres 1712 faßte König Friedrich I. den Plan, die Besitznahme seines niederrheinischen Erbes durch eine militärische List herbeizuführen. In einer buchstäblichen Nacht- und Nebelaktion ließ er in der Nacht auf den 7. November preußische Truppen, die von Aachen nach Uerdingen verlegt worden waren, heimlich nach Moers marschieren. Gegen drei Uhr in der Frühe, so erzählt es ein zeitgenössischer Bericht, erreichten die Soldaten die Festungsgräben von Moers. Zuerst wurden die 40 Fuß breiten Wassergräben von einer Vorhut durchschwommen, und dann setzten die übrigen Kompanien in mitgeführten Nachen über. Lautlos und unbemerkt von den Soldaten der niederländischen Garnison, die in Moers stationiert war, erklommen sie die Wälle und Bollwerke der Verteidigungsanlagen, so daß endlich das Schloß vollkommen in ihrer Gewalt war. Der Augenzeugenbericht schildert, wie man den „Kommandanten van Vryenes im Schlafrock" überrascht. Die niederländische Garnison war hoffnungslos überrumpelt worden. Bereits am 9. November huldigten Bürgermeister, Schöffen und Rat von Moers dem neuen Herrscher, und am Tage darauf tat dies auch die versammelte Bürgerschaft auf dem Marktplatz. Aus Kanonen und Gewehren donnerten danach drei Salven Salut, Moers war fortan preußisch.

200 Jahre waren nun seit dem Erbschaftsfall von 1702 vergangen, und inzwischen waren viele Moerser zu treuen Untertanen „herangereift", als mit großem Pomp das Jubiläum der Zugehörigkeit zum preußischen Staat gefeiert wurde. Den deutschen Kaiser Wilhelm II., der auch den Titel König von Preußen führte, konnten die Moerser in diesem Jahr 1902 bewegen, einer Denkmaleinweihung in ihrer Stadt beizuwohnen. 189 Jahre nach seinem Tod hatte man dem ersten preußischen Beherrscher von Moers, König Friedrich I., ein würdiges Standbild errichtet. Zwei Jahre später revanchierte sich der Kaiser dann bei seiner „getreuen Grafschaft Moers" mit dem Standbild der Luise-Henriette. Sie fand ihren Platz auf hohem Sockel vor dem gräflichen Moerser Schloß. Auch diese Plastik hatte der in Düsseldorf geborene Bildhauer Heinrich Baucke im neobarocken Stil geschaffen. Die Wappenschilder der beiden Herrscherhäuser, Oranien und Brandenburg-Preußen, durchbohrt ein Putto mit dem Pfeil der Liebe. Und die Kurfürstin selbst erscheint keineswegs als strenge Herrscherin, sondern als eine sehr weibliche Majestät mit Federhut und im wallenden Gewand. Die Kunsthistorikerin Christine Knupp-Uhlenhaut hat das Besondere des beliebten Denkmals so beschrieben:

„Genau betrachtet, ist das Denkmal eine Momentaufnahme, das üppige und schwere Gewand, das sich fast verselbständigt hat, schwingt in einer plötzlich gestoppten Drehbewegung um die Figur und hängt vorn als große diagonale Falte ganz naturalistisch auf den Sockel herab. Das Gesicht ist vom Federhut beschattet, fast verdeckt, die Hände sind ausschließlich mit dem Gewand beschäftigt – es ist der rauschende Auftritt einer eleganten Dame, der hier inszeniert wird, sie wirkt sehr präsent und lebendig."[2]

1) Beuys, S. 115. 2) Knupp-Uhlenhaut, o.S.

Der Seidenweber im Sonntagsstaat

Das Standbild des „Meister Ponzelaer" in Krefeld. Bronzeplastik von Johannes Stiegmann, 1911.

Mitten im Verkehrsgewühl der einstigen Seidenstadt Krefeld, dort wo der Südwall in den Ostwall einmündet, steht auf hohem Sockel die lebensgroße Bronzefigur des Seidenwebers „Meister Ponzelar". So wie ihn das Denkmal zeigt, gehörte er am Ende des neunzehnten Jahrhunderts noch zum Krefelder Straßenbild. Im besten Sonntagsstaat ging er frohgemut und eiligen Schrittes, die fertiggewebte Seidenstoffrolle geschultert, aufs Kontor, um die Ware seinem Fabrikherrn abzuliefern. Als der Verschönerungsverein das Denkmal im Jahre 1911 aufstellen ließ, war man sich wohl bewußt, daß hier ein Typ, ein heimisches Urbild, verewigt wurde, dessen Verschwinden nicht mehr aufzuhalten sein würde. Und so wie die Bronzeplastik ihn darstellt, hatte er sich ins Bewußsein der Bürger eingeprägt: Weber-Meister Ponzelar „em laakese Rock on tu.e Wes, möt Halskli.en on si.e Halsdock, möt Jraduutkapp, dä Li.everboom op de Scholder on dä Bobingesack en de Hank". (…im langen Rock und mit zugenöpfter Weste, mit einer Spange am Halstuch, mit Schirmmütze, dem Lieferbaum über der Schulter und dem Spulenbeutel an der Hand.)

Daheim in ihrem „Winkel", der Webstube, betrieben damals noch die typischen Hausweber einen oder mehrere Webstühle. Die Seidenweberei in den unzähligen Familienbetrieben in und um Krefeld war zwar reines Lohngewerbe im Auftrag eines Fabrikanten, aber viele Webermeister fühlten sich als Betreiber einer eigenen Produktionsstätte dennoch mit Stolz als selbständige Unternehmer. Meistens wurden auch Familienmitglieder, Gesellen und Lehrlinge in der Werkstatt beschäftigt. Das Kontor des Fabrikanten stellte dem Weber ursprünglich Webstuhl, Kette, Einschlag und eine Anweisung für die technische Bindung zur Verfügung. Während der 1848er Revolte jedoch erwirkten die Weber die Möglichkeit, ihre Webstühle zu kaufen, um so nicht mehr ausschließlich an einen Arbeitgeber gebunden zu sein. Auch die Kinder des Webermeisters waren im Familienunternehmen nützliche Arbeitskräfte. Täglich füllten sie am Spulrad die Leerspulen von neuem auf. War das Stück fertig, so hatte der Meister oder der Baas, wie man sagte, „Li.verans" (Lieferung), er ging sonntäglich gekleidet mit der Ware aufs Kontor und erhielt einen neuen Webauftrag.

Den Namen „Meister Ponzelar" erhielt die Symbolfigur des Denkmals aus dem Krefelder Volksmund. Eine Kolumne in der Krefelder Bürgerzeitung brachte damals allwöchentlich eine Stammtischplauderei über Themen des Zeitgeschehens. Drei fiktive Hauswebermeister unterhielten sich darin über ihre Stadtväter, lokale Prominenz und kleine Begebenheiten. Steckenbrock, Kleinreddersch und Ponzelar hießen die drei Stadtoriginale, nach dem Namen des letzteren tauften die Krefelder das Weber-Standbild.

Die Voraussetzungen der späteren Krefelder Seidenindustrie entstanden in der zweiten Hälfte des 17. Jahrhunderts, als mennonitische Glaubensflüchtlinge aus benachbarten Regionen in dem kleinen Ackerstädtchen eine neue Heimat fanden. Die Zuwanderer, unter denen sich viele wohlhabende Leinenweber und

Krefeld, Verkehr auf dem Ostwall 1938.

Händler befanden, kamen aus den Herzogtümern Jülich und Berg. Als der Herzog von Jülich im Jahre 1654 beschloß, Wiedertäufer und Mennoniten aus Gladbach und Rheydt auszuweisen, erreichte Krefeld eine Einwanderungswelle von rund 70 Familien. Unter dem Einfluß der zugewanderten mennonitischen Kaufleute, erlebte die heimische Leinen- und Tuchweberei bald einen bedeutenden Aufschwung. Als dann einige Zeit später die Seidenindustrie die traditionelle Leinenweberei abzulösen begann, wechselten viele Weber zur Seidenfabrikation.

Zu Beginn der zweiten Jahrhunderthälfte war auch die Witwe Anna von der Leyen mit ihren Kindern aus dem bergischen Radevormwald nach Krefeld geflohen, weil sie als Angehörige der mennonitischen Glaubensgemeinschaft in der zur oranischen Grafschaft Moers gehörenden Stadt auf religiöse Toleranz hoffen konnte. Ihr Sohn Adolf von der Leyen (1624/25 – 1698), der sich zunächst in der Stadt als Seiden- und Leinenbandhändler betätigt hatte, brachte wohl auch die Vertrautheit mit der Seidenwarenherstellung nach Krefeld. Aber erst seine Söhne Wilhelm und Friedrich begannen zwischen 1700 und 1716 Seidenstoffe auf eigene Rechnung herzustellen. Und die Enkel Adolf von der Leyens gründeten schließlich 1731 die Firma „Friedrich & Heinrich von der Leyen", die noch im gleichen Jahrhundert den Weltruf der Krefelder Seide begründete. Absatzgebiete für ihre leichten und modebetonten Gewebe fanden die von der Leyens in Holland, Schweden, Dänemark und Süddeutschland. 1763 gewährte König Friedrich II. der Firma eine Monopolstellung für die Produktion von Seidenstoffen und Bändern, nachdem es zuvor zu Auseinandersetzungen mit konkurrierenden Unternehmen in Krefeld gekommen war. Zu dieser Zeit war beinahe die Hälfte der Erwerbstätigen in den von der Leyenschen Manufakturen beschäftigt. Auf rund 600 Webstühlen webten die Krefelder für das Unternehmen, das bald riesige Gewinne verbuchen konnte. Am Ende des 18. Jahrhunderts schließlich war die Krefelder Seidenproduktion so erfolgreich, daß sie mit den Industrien in Zürich und Lyon in Konkurrenz treten konnte. Damals entstand auch das bekannte Stadtschloß der von der Leyens, das heute als Rathaus genutzt wird. Conrad von der Leyen ließ sich und den Seinen bis 1794 dieses luxuriöse Stadtpalais im Stile des rheinischen Klassizismus errichten.

Mit den napoleonischen Besatzungstruppen jedoch, die noch im gleichen Jahr Krefeld und weite Teile des Niederrheins unter französische Verwaltung zwangen, kamen Gewerbefreiheit (ab 1811) und die Aufhebung aller Privilegien und Monopolrechte für die von der Leyens. Die Blüte der Krefelder Seidenindustrie fand ein vorläufiges Ende. Lediglich sechs Firmen hatten bislang die Krefelder Seidenherstellung betrieben. Verschiedene separate Produktionsbetriebe besorgten das neben dem Weben der Stoffe notwendige Zwirnen, Färben oder Winden. Nun, da es jedem tüchtigen Unternehmer gestattet war, eine Seidenmanufaktur zu gründen, vermehrte sich die Anzahl der Krefelder Seiden-Fabrikanten rasch. Bis zur Mitte des 19. Jahrhunderts stieg ihre Zahl auf 86. Für sie waren nun rund 10.000 Webstühle im Einsatz. Dabei erlebte das Seidengewerbe jedoch keinesfalls einen stetigen Aufschwung. Hochkonjunkturen wurden immer wieder abgelöst durch Flauten, die mit Massenentlassungen verbunden waren. Immer wenn die Branche boomte, entstanden neue Unternehmen, die allerdings bei der nächsten größeren Absatzkrise wieder vom Markt verschwanden. Und die Leidtragenden solcher Konjunkturschwankungen waren dabei die von ihren Fabrikanten abhängigen Weber. Dabei waren die nicht immer und allezeit arme Leute, denn liefen die Geschäfte auf dem Seidenmarkt gut, so war auch der Tisch der Weberfamilien reich gedeckt, liefen sie schlecht, so ernährten sie sich von Kaffee, trockenem Brot und Kartoffeln.

Ein junger Mann, der im Jahre 1851 das Weberhandwerk erlernte, berichtet, daß in jener mageren Zeit die Weber-Meisterin, weil es an Butter fehlte, Brennöl über die Kartoffeln des Mittagsgerichtes goß. Und der Dichter Caspar Imandt schildert uns aus dem Jahre 1847 ein krasses Bild der Not: „Ich habe Weber gesehen, die in einem Alter, da Jugend und Gesundheit blühen sollten, nicht mehr vermochten, aufrecht zu sitzen und deshalb eine Vorrichtung ersonnen hatten, ihre Leiber durch Stricke aufrecht zu halten." [1])

Um 1837 waren die Einkommen der Weber so stark gesunken, daß im Winter die Armenanstalten mit öffentlichen Speisungen und der Ausgabe von Kleidungsstücken den verarmten Familien helfen mußten. Auch im Winter vor der Märzrevolution von 1848 versorgten die städtischen Suppenküchen täglich 1400 Kinder. Die ersten Krefelder Seidenfabrikanten hatten noch als fürsorgliche Patriarchen versucht, ihren Arbeitern auch während der Absatzkrise ein Auskommen zu sichern, als jedoch im Verlaufe des 19. Jahrhunderts die Zahl der Unternehmen stark gewachsen war, gab es diese Bindung nicht mehr. Stockte nun der Absatz, so waren die Fabrikanten weder in der Lage noch willens, ihre Weber in Arbeit und Lohn zu halten. Bis 1872 vermehrte sich die Zahl der Seidenfabriken in Krefeld auf beinahe 300. 50.000 Arbeiter waren nun in der Seidenbranche beschäftigt und in den Weberhäusern liefen zeitweise mehr als 33.300 Webstühle. In der zweiten Blüteperiode des Krefelder Seidengewerbes, die in der Zeit nach dem „Deutsch-Französischen Krieg 1870/71" ihren Höhepunkt fand, entstanden neue vornehme Fabrikantenvillen in der Stadt. In der ländlichen Umgebung Krefelds bauten die Seidenbarone herrschaftliche Landhäuser. Die Umsätze der Unternehmen stiegen damals in schwindelerregende Höhen. Fast alle europäischen Märkte konnten jetzt mit Seidenprodukten aus Krefeld beliefert werden. Doch bereits in den achtziger Jahren folgte die Depression und führte erneut zu Entlassungen der jüngst angeworbenen Arbeitskräfte. Massenarmut, Obdachlosigkeit und eine Verelendung breiter Bevölkerungsschichten waren die Folgen dieses Konjunktureinbruches. Dann kam die Zeit der Mechanisierung in der Samt- und Seidenherstellung und damit der Übergang von der Hausweberei am Handwebstuhl zur Fabrikarbeit. Aus dieser Zeit des nahenden Endes der Hausweberei stammt die Meister-Ponzelar-Figur. Sie hält wie eine fotografische Momentaufnahme den wohl glücklichsten Moment aus dem harten Arbeitsleben eines Webermeisters fest.

1) Imandt, S. 73.

Einer der letzten Krefelder Hausweber, Anfang der dreißiger Jahre.

Seidenweberhäuser an der Inrather Straße, um 1928.

1569 vollendete Gerhard Mercator seine neue Weltkarte für Seeleute

Der Mercator-Brunnen auf dem Duisburger Burgplatz vor dem Rathaus, enthüllt am 2. 9. 1878.

Gerhard Kremer, der sich später Mercator nannte, wurde im Jahre 1512 in Rupelmonde an der Schelde, 15 km südwestlich von Antwerpen, geboren. Erst zu Beginn seines Geburtsjahres waren seine Eltern, der Schuhmacher Hubert Kremer und seine Frau Emerentia, aus dem niederrheinischen Gangelt bei Aachen in das flandrische Städtchen übergesiedelt. In Rupelmonde lebte der Onkel des Vaters, der als katholischer Geistlicher das Amt des Kaplans im städtischen Hospital bekleidete. Als Gerhard 15 Jahre alt war, starb der Vater, worauf sein Großonkel ihn 1527 auf die Schule der „Brüder vom gemeinsamen Leben" in 's Hertogenbosch schickte. Der sozial engagierte Reformorden hatte sich die Erziehung von Knaben zur Aufgabe gemacht und vermittelte vor allem die Bildungsinhalte des Humanismus. Bibelstudium, das Lesen der antiken Autoren, aber auch Schönschreibekunst und die Technik der Buchherstellung, wurden bei den „Brüdern" in 's Hertogenbosch gepflegt.

Mit 18 Jahren immatrikulierte sich Gerhard dann in die Artistenfakultät der Universität in Löwen. Wahrscheinlich wollte er auf Anraten seines Onkels ein Theologiestudium beginnen, um sich auf das Priesteramt vorzubereiten. Jedoch absolvierte der Student Gerhard Kremer, der sich nach der Sitte der Humanisten den latinisierten Namen Gerardus Mercator gegeben hatte, zunächst nur das Grundstudium der „sieben freien Künste". Die vollkommene Beherrschung der lateinischen Sprache in Rede und Schrift gehörte dazu und die Kenntnis der großen klassischen Werke, des weiteren die Fächer Rhetorik, Dialektik, Arithmetik, Geometrie, Musik und Astronomie. Im Herbst 1532 schloß Gerhard Mercator mit dem Magisterexamen ab und verließ danach die Universität.

Seit seiner Studienzeit gehörte Mercator zu einem Gelehrtenkreis um den Arzt, Mathematiker und Kartographen Gemma Frisius, von dem er später die Kunst des Kartenmachens und den Instrumentenbau erlernte. 1536 verheiratete sich Gerhard Mercator mit Barbara Schellekens, einer Bürgerstochter aus Löwen. Ein Jahr später wurde das erste von insgesamt sechs Kindern geboren. Die Frage der Existenzsicherung für ihn und seine Familie hatte nun mehr Dringlichkeit als die Pflege der philosophischen Wissenschaften, denen er sich noch einige Zeit lang aus eigenem Antrieb gewidmet hatte. Zu dieser Zeit beschloß er, die Kartographie zu seinem Brotberuf zu machen. Ein Erdglobus von 1536 und ein Himmelsglobus von 1537, die sein Lehrer Gemma Frisius entworfen hatte, waren erste kommerzielle Arbeiten. Im gleichen Jahr erschien aber auch ein Werk, das Mercator selbst wissenschaftlich erarbeitet und hergestellt hatte: die sechsblättrige Wandkarte des Heiligen Landes. Ein Jahr später folgte seine erste Weltkarte, die nach dem Erdglobus seines Meisters Gemma Frisius gearbeitet war. Auch entstand in Löwen aus Mercators Hand im Jahre 1541 eine verbesserte Karte der Grafschaft Flandern. 1541 erschien sein erster eigener Globus, der den damals neuesten Stand topographischer Kenntnisse berücksichtigte. Nach dieser Arbeit vollendete Mercator zehn Jahre lang keine kartographischen Werke mehr, derweil verdiente er seinen Lebensunterhalt als Landmesser, baute astronomische Instrumente und Globen. Auch Richtgeräte für die Artillerie, Sonnenuhren, Kompasse und Jakobsstäbe zur Ortsbestimmung auf See fertigte er. Selbst Kaiser Karl V., der ein großer Bewunderer seiner Karten war, beauftragte ihn mit der Herstellung mathematischer Instrumente.

Im Februar 1544, als Gerhard Mercator zur Klärung einer Erbschaftsangelegenheit nach Rupelmonde gereist war, wurde er wegen des Verdachts der Ketzerei inhaftiert. Ihm und weiteren 43 Löwener Bürgern wurde vorgeworfen, sich als Anhänger der Reformation betätigt zu haben. Einflußreiche Fürsprecher jedoch konnten seine Entlassung aus dem Gefängnis im September 1544 erwirken. Fünf der beschuldigten Bürger aber wurden von den Inquisitionsgerichten zum Tode verurteilt.

In der Hoffnung, an einer neuzugründenden Universität in Duisburg als Lehrender tätig werden zu

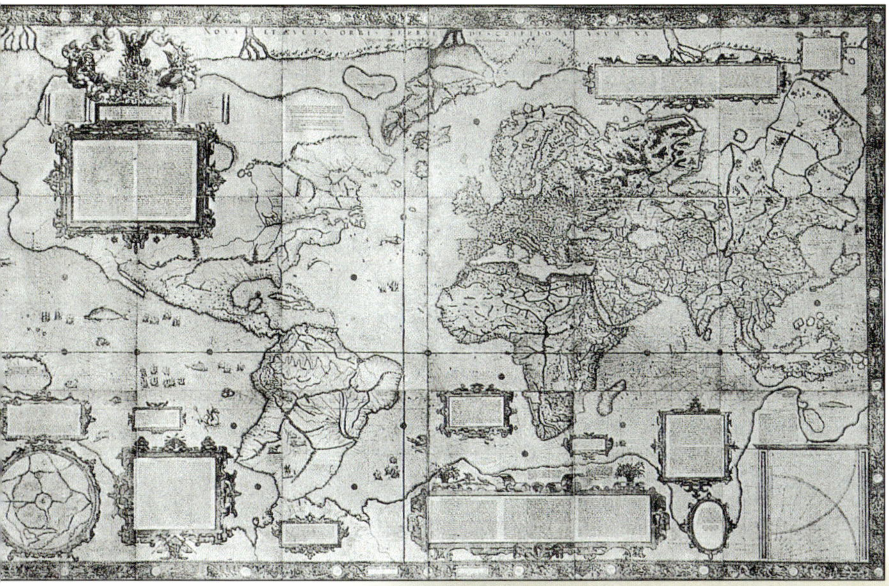

Weltkarte, Duisburg 1569, Gerhard Mercator.

Gerhard Mercator und sein Verleger Jodocus Hondius, Titelbild aus der Amsterdamer Atlasausgabe, nach 1606.

Himmelsglobus, Löwen 1551, und Erdglobus, Löwen 1541.

Europakarte, Antwerpen 1572 (zweite Auflage), Gerhard Mercator.

Stadtplan Duisburg des Mercator-Schülers Johannes Corputius, Duisburg 1566.

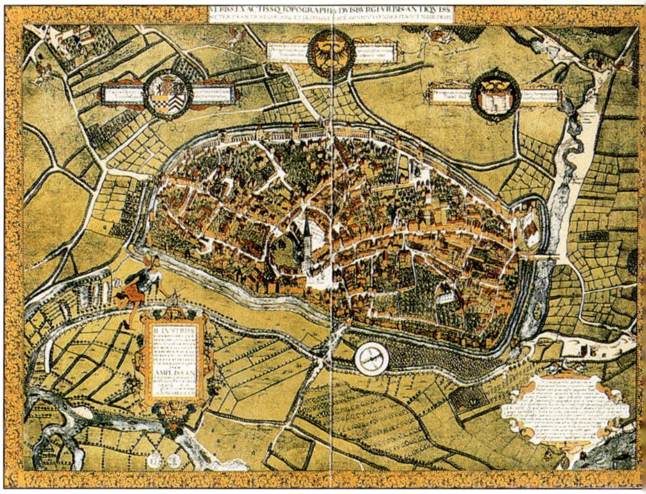

können, übersiedelte Mercator 1552 in die klevischen Lande, wo er unter der Regentschaft Wilhelms V. (des „Reichen“) liberalere Verhältnisse als in seiner flandrischen Heimat vorfinden konnte. Er ließ sich in der damals noch kleinen Landstadt Duisburg nieder und vollendete 1554 seine Europa-Wandkarte. Von dem flämischen Verleger A. de Smet wurde die überaus erfolgreiche Arbeit später als „ein Meisterstück kritischer geographischer Arbeit“ gelobt. Für die Berechnung seiner Karte hatte Mercator keineswegs nur bewährte Vorbilder kopiert, sondern nach der für ihn charakteristischen wissenschaftlichen Methode Daten neu ermittelt und überprüft. Dazu verwendete er die neuesten und besten Reisebeschreibungen, die zu seiner Zeit verfügbar waren, Seekarten und auch Schiffsanweisungen, um die Kompaßrichtungen von Küstenstädten zu berücksichtigen. Die viel zu große Ost-West-Ausdehnung des Mittelmeeres, die die Weltkarte des antiken Geographen Claudius Ptolemäus zeigte, war von Mercator auf ein richtiges kürzeres Maß korrigiert worden.
Die Europakarte war ein echter Verkaufsschlager; noch zwölf Jahre nach dem Erscheinen der ersten Druckausgabe verkaufte ein Antwerpener Buchhändler mehr als 200 Exemplare davon. Beinahe eineinhalb Jahrhunderte lang blieb sie Vorbild für Kartenstecher und Kartographen.
Trotzdem folgten für Mercator, der seinen Unterhalt als selbständiger Kartograph bestritt, einige unsichere Jahre. Die geplante Landesuniversität des Herzogtums Kleve wurde nicht realisiert und die Hoffnung, eine Professur in Duisburg zu erhalten, zerschlug sich damit. Dennoch blieb Mercator in seiner neuen Wahlheimat und erwarb 1558 ein Haus in der Oberstraße. Im Jahr darauf übernahm er ein Lehramt am „Neuen Gymnasium“ der Stadt und unterrichtete Kosmographie und Mathematik, trat aber schon nach wenigen Jahren seine Lehrerstelle an seinen jüngsten Sohn Bartolomäus ab. 1560 verlieh „Wilhelm der Reiche“ ihm den Titel eines „herzoglichen Kosmographen“; ein festes Amt bei Hofe und eine Besoldung waren damit aber nicht verbunden. So wirkten Gerhard Mercator und seine Söhne, die er selbst ausgebildet hatte, als freie Geometer und Kartographen. Zahlreiche Landvermessungsarbeiten übernahmen sie unter anderem für die landesherrlichen Behörden. Unverständlich erscheint allerdings die Tatsache, daß Herzog Wilhelm Gerhard Mercator, die bereits anerkannte Autorität seines Faches, nicht mit der Aufgabe einer kartographischen Erfassung seiner Herzogtümer (Kleve, Jülich u. Berg) betraute. Aufträge zur Kartierung größerer Territorien erhielt er aber in entfernteren Regionen; 1563 übernahm er beispielsweise die Aufgabe der Vermessung des Herzogtums Lothringen.
Im Jahre 1569 publizierte Gerhard Mercator schließlich die Arbeit, die ihn bis in die Gegenwart als genialen Erfinder unter den Kosmographen seiner Zeit erscheinen läßt: eine neue Weltkarte, die für den Gebrauch in der Seefahrt bestimmt war. Auf der Frankfurter Buchmesse des gleichen Jahres erregte sie zum ersten Mal Aufsehen. Mit ihren Maßen von 1,30m x 2,10m war sie nicht nur besonders groß, sondern sie erleichterte auch das Navigieren für den Schiffsmann ganz wesentlich. Die verblüffende Neuerung in Mercators Weltdarstellung bestand in der absoluten Winkeltreue der Karte. Durch eine besondere Art der Projektion des kugelförmigen Erdkörpers auf eine rechteckige Fläche blieben nun die horizontalen Breitengrade und die vertikalen gekrümmten Längengrade des Globus allesamt parallel. Folglich schnitten sich nun diese Linien sämtlich im rechten Winkel. Zeichnete der Seefahrer auf einer solchen Karte eine gerade Linie vom Standort zum Zielort des Schiffes, um den Kurs festzulegen, so schnitt diese Kurslinie jetzt alle Längen- und Breitengrade im gleichen Winkel. Allerdings ergab sich hierdurch eine Verzerrung der Maße, die umso größer wurde, je weiter man sich den Polen näherte. Um diese auszugleichen, mußten sich nun auch die Abstände zwischen den Breitengraden in Richtung der Pole stetig vergrößern. Man nennt dies „Prinzip der wachsenden Breiten“, es hat allerdings den Nachteil, daß die polnahen Erdteile unverhältnismäßig großflächig dargestellt sind. Grönland erscheint in dieser Projektion beispielsweise ähnlich groß wie Afrika. Diese Art der winkeltreuen Wiedergabe der Erdkugel in der Fläche erhielt nach dem Namen des Erfinders die Bezeichnung „Mercator-Projektion“. Sie heißt noch heute so, und noch immer werden See- und Fliegerkarten neben neueren flächentreuen Darstellungen nach dem Mercator-Prinzip erstellt. In den Jahrzehnten vor Mercators Erfindung hatten portugiesische Seefahrer aufgrund der bisher gebräuchlichen Karten auf ihren Reisen zum Rio Plata nicht selten den Äquator verfehlt; nun machten die winkeltreuen Karten das Navigieren sicher wie nie zuvor. Auch in der Berechnung der großen Weltkarte stützte sich Mercator auf Erkenntnisse, die neueste Arbeiten boten. Er verglich portugiesische und spanische Seekarten miteinander, nutzte die Daten, die er in Reiseberichten fand, berücksichtigte die antiken Geographen und konstruierte aus der Menge vorliegender Daten ein neues Ganzes, das damals dem naturwissenschaftlich-exakten Abbild der Erdoberfläche, wie wir sie heute kennen, erstaunlich nahe kam.

Nach 1565 begann Gerhard Mercator schließlich mit den Arbeiten zu einer umfassenden Kosmographie, die nicht nur das äußere Bild der Erde in Karten beschreiben sollte, sondern auch das Werden dieser Welt. Dazu sollte neben einer Darstellung der Schöpfungsgeschichte auch die Geschichte der Staaten und Regenten gehören. Zunächst erschien 1568 der fünfte Abschnitt der geplanten Kosmographie mit der „allgemeinen Chronologie", zehn Jahre später folgte eine Bearbeitung der alten antiken Geographie, wie sie durch Ptolemäus überliefert worden war und 1585 ein Teil der neuen Geographie mit detaillierten Kartenwerken aus dem europäischen Raum. Aber erst ein Jahr nach dem Tode Mercators konnte sein Sohn Rumold 1595 eine Gesamtausgabe der Weltbeschreibung unter dem Titel „Atlas" herausgeben. Zwar hatte schon Abraham Ortelius, ein Freund Mercators, 1570 in Antwerpen die Kartensammlung „Theatrum Orbis Terrarum" drucken lassen, aber erst Mercators Publikation verwendete den Namen „Atlas" für eine Kartensammlung, die alle Erdteile berücksichtigte. Dazu war sie einheitlicher und systematischer in der Anlage als das Werk von Ortelius. 107 Karten enthielten Mercators „... kosmographische Betrachtungen ...", die zu Beginn des 17. Jahrhunderts in mehreren Editionen in Amsterdam herausgegeben wurde und sich im „Zeitalter der Entdekkungen" bestens verkaufen ließen. Nach Mercators Vorbild wurde in der Folgezeit der Name „Atlas" die Bezeichnung für eine Sammlung von Karten schlechthin. Entlehnt hatte Mercator den Titel dem Namen des legendären Königs Atlas von Mauretanien, der in den Wissenschaften der Astronomie und der Kosmographie sehr bewandert war.

Gerhard Mercator (1512 – 1594).
Stich von Franz Hogenberg, 1574.

Gerhard Mercator war aber nicht nur der wissenschaftliche Urheber seiner Landkarten; er und seine Söhne besorgten auch das Stechen der Bilder in Kupferplatten und den Druck der Blätter auf eigener Presse. So hatte Mercator in Duisburg einen nahezu unabhängigen Handwerksbetrieb als Familienunternehmen aufgebaut, das in eigener Verantwortung Karten produzierte und diese auch selbst vertrieb. In seinen letzten Lebensjahren litt Gerhard Mercator unter seinen körperlichen Gebrechen und den Folgen zweier Schlaganfälle; größere kartographische Arbeiten konnte er nicht mehr ausführen. Er verstarb am 2. Dezember 1594 im Alter von 82 Jahren und wurde in der Duisburger Salvatorkirche beigesetzt, wo man bald nach seinem Begräbnis eine Gedenktafel anbrachte.

Mercator war in eine Zeit des Übergangs hineingeboren worden; das festgefügte religiös geprägte Weltbild des Mittelalters begann einer neuen Zeit zu weichen, die vom Forschergeist der aufblühenden Wissenschaften erfüllt war. Mit der Wiederentdeckung der antiken Geographie des Ptolemäus war die Erde in der Vorstellung vieler Gelehrter wieder zur Kugel geworden. Die mittelalterliche Kosmologie, die eine ruhende Erde im Zentrum des Universums sah, wurde abgelöst durch das heliozentrische Weltsystem des Nikolaus Kopernikus (1473 – 1543). Die Sonne rückte nun ins Zentrum des Kosmos. Mercator jedoch verharrte bis zuletzt gleichsam auf der Schwelle zur Neuzeit; eine kosmologische Weltsicht, wie die des Kopernikus, widersprach in den Augen des tief im Glauben verwurzelten Mannes der Erlösungsbotschaft des Christentums, in deren Zentrum der Mensch steht. Zeit seines Lebens blieb für ihn der Erdball die Mitte des Universums, und dennoch hat er durch seine geographischen Arbeiten das Fenster zur Welt ein Stück weiter aufgestoßen und dem Zeitalter der Entdekkungen Ergebnisse geliefert, die den Fortschritt beflügelten.

1869 wurde auf dem Duisburger Burgplatz der Grundstein zu einem Denkmal für den großen Sohn der Stadt gelegt. Der „Deutsch-französische Krieg" unterbrach jedoch die Arbeiten am Mercator-Monument. Erst am 2. September 1878 konnte die feierliche Enthüllung des vom Düsseldorfer Bildhauer Reiß ausgeführten Standbildes vorgenommen werden. Vier Delphin-Skulpturen unter den Säulen des mächtigen Sokkels leiten kleine Wasserstrahlen in einen Brunnen. Steinerne Kinderfiguren über den Säulen tragen die Symbole für Wissenschaft, Handel, Schiffahrt und Industrie. Darüber erhebt sich in Lebensgröße die Statue des genialen Kartographen.

Die Schreckensherrschaft eines deutschen Majors in Roermond

Das Mahnmal am Lüsekamp im Elmpter Wald, enthüllt am 1. 9. 1996.

Roermond im Herbst 1944. Für die Bewohner des niederländischen Städtchens rückte die Front der alliierten Befreier in eine hoffnungsvolle Nähe. Maastricht war bereits am 14. September kampflos von amerikanischen Einheiten besetzt worden. Doch die Front an der Maas hielt sich länger als erwartet. Am 11. November warfen einige Dutzend britische Flugzeuge Bomben auf Roermond, weil Piloten beim Überflug am Bahnhof einen Güterzug entdeckten. Doch fast alle Bomben verfehlten ihr Ziel und schlugen in den angrenzenden Wohnbereichen auf. 33 Menschen starben in diesem letzten und schwersten Bombardement, das Roermond erlebte. Die alliierte Artillerie begann nun, das Westufer der Maas und auch die Stadt unter Feuer zu nehmen, gleichzeitig richtete sich die Deutsche Wehrmacht in Roermond auf einen Verteidigungskampf ein.

Am 26. November 1944 übernahm das 1. Bataillon des 24. Fallschirmjägerregiments „Hübner", das aus Venlo und Kaldenkirchen angerückt war, den Frontsektor Roermond. In einem Kloster der Stadt wurde ein Gefechtsstand eingerichtet, Ortskommandant war hier Oberleutnant Paul Küppers, der auch den Beinamen „Schweine-Küppers" besaß. In den folgenden Wochen führte Bataillonskommandeur Major Ulrich Matthaeas ein wahres Schreckensregiment in seinem Frontabschnitt, an das viele Bürger Roermonds auch heute noch grauenvolle Erinnerungen haben. Nachdem die ersten Aufrufe (seit September) an die Männer Roermonds zum Arbeitsdienst erfolglos verlaufen waren, griff Matthaeas nun mit unmenschlicher Härte durch. Am 15. Dezember 1944 rief Major Matthaeas alle männlichen Einwohner von Roermond und Maasniel, die zwischen 16 und 60 Jahre alt waren, auf, sich bis zum 18. Dezember um 17 Uhr auf der Ortskommandantur zu melden, andernfalls drohe „schwerste Bestrafung". Zweck der Aktion sei die „Überprüfung der Ausweise und die listenmäßige Erfassung", hieß es offiziell, doch in Wirklichkeit beabsichtigte Matthaeas eine Zwangsrekrutierung möglichst vieler Arbeitskräfte für den Einsatz in Deutschland. Nur wenige Männer stellten sich den Besatzern. Die meisten tauchten unter, der Arbeitseinsatz im Deutschen Reich war gefürchtet. Razzien wurden nun durchgeführt, an der sich neben den Soldaten des Fallschirmjägerbataillons auch die Schutzpolizei und SA-Leute aus dem Grenzgebiet beteiligten. Am 25. Dezember griffen deutsche Soldaten einen niederländischen Plünderer auf, der noch während man ihn zur Ortskommandantur abführte, das Versteck einer Gruppe untergetauchter Zivilpersonen verriet. Der Plünderer behauptete, es handle sich um Mitglieder der niederländischen Widerstandsgruppe „Witte Brigade". Noch am gleichen Abend nahmen Fallschirmjäger aufgrund des Hinweises in einer Mädchenschule nahe der Kapelle „In't Zand" zehn Jugendliche und Männer fest, die sich unter dem Fußboden eines Klassenraumes verborgen hatten. Offensichtlich wollten sich die Männer vor der Erfassung zum Arbeitseinsatz verstecken, doch sie wurden von Major Matthaeas als Partisanen betrachtet. Man brachte die Gefangenen in die Wohnung des Textilhändlers Huizen an der Nassaustraat, wo auch die Ortskommandantur lag. Noch weitere Männer befanden sich hier in Haft. Zu ihnen gehörte unter anderen Peter Fuchs, der sich bei einem mißglückten Fluchtversuch, nach dem Sturz von einem Dach, ein Bein und einen Arm gebrochen hatte. Der als „unmenschlich und gnadenlos" geltende Stabsarzt Hammel befahl dem verletzten Peter Fuchs, nach seiner erneuten Festnahme am 26. Dezember, sich ohne Hilfe mit gebrochenem Bein zur Kommandantur zu schleppen.

An diesem Tag, am zweiten Weihnachtstag, trat nachmittags ein Feldgericht der Deutschen Wehrmacht zusammen. Oberleutnant Küppers übernahm die Funktion des Anklägers, Major Matthaeas fungierte als Richter, Hauptmann Saeger und Oberfeldwebel Pettke waren Beisitzer. Vorgeworfen wurde den inhaftierten Zivilisten, „einen russischen Spion versteckt und ein Verlies für Waffen und Menschen eingerichtet zu haben, des weiteren hätten sie sich nicht gemeldet zum Arbeitseinsatz in Deutschland." [1]) Zwölf Gefange-

ne, neun davon waren Männer, die in dem Schulraum entdeckt wurden, verurteilte Matthaeas zum Tod durch Erschießen. Das Urteil sollte gleich am folgenden Tag, dem 27. Dezember, vollstreckt werden. Später berichtete ein niederländischer Augenzeuge vom Auszug des Todeskommandos aus Roermond:
„Ich saß wartend am Fenster, als abends gegen 18 Uhr ein Exekutionskommando von 20 Mann kam mit Matthaeas und zwei anderen Offizieren an der Spitze. Zwölf Gefangene mußten mitgehen und trugen jeder einen Spaten über der Schulter. Bei ihnen war auch ein Mann, der einen Arm und ein Bein gebrochen hatte. (...) Ich sah, wie die Deutschen ihn zwangen, stöhnend auf einen Stock gestützt, mitzumarschieren. (...) Sie gingen den Weg in Richtung Deutschland entlang dem Elmpter Weg. (...)“ [2])
Ein einfacher Soldat, Oberjäger „Johnny“ Waldemar Hay, erhielt den Auftrag, das Erschießungskommando und die Gefangenen in den Elmpter Wald zu führen, um das Urteil zu vollstrecken [3]). Als der verletzte Peter Fuchs völlig außerstande war, noch selbst zu laufen, wurde er auf eine Pferdekarre gelegt. Der Trupp erreichte den Grenzposten Maalbroek zwischen dem niederländischen Roermond und Elmpt, das auf deutschem Boden lag. Wenige Schritte hinter der Grenze bog die Gruppe nach rechts zum Lüsekamp ab, dann ging sie etwa 350 Meter geradeaus in ein Waldstück.
Was dort geschah, schildert uns Unterarzt Wilhelm Moll, der an diesem Abend der Erschießung beiwohnen sollte, um den Tod der Hingerichteten zu bestätigen. Sein Bericht entstammt einem Vernehmungsprotokoll, das im Sommer 1947 in Roermond angefertigt wurde. Moll war zur Klärung der Ereignisse am 27. Dezember 1944 eigens aus einem englischen Kriegsgefangenenlager zum Ort des Verbrechens gebracht worden. Der Arzt erklärte, er sei sofort nach Erhalt des Befehls um 19 Uhr mit dem Wagen zu der Stelle im Elmpter Wald gefahren, die ihm beschrieben worden war. In seiner Vernehmung führte er aus:
„Als ich zur Stelle kam, waren mehrere mir unbekannte Zivilisten tätig mit dem Ausheben einer Grube. Weil der Boden hart gefroren war, haben die Soldaten die Zivilisten mit Schaufeln abgelöst. Als die Grube fertig war, mußten drei oder vier Zivilisten antreten bis vor die Grube und sind dann erschossen worden. Wie ich meine, sind die ersten von den anderen Zivilisten in die Grube gelegt worden. Dann mußten wieder drei oder vier antreten. (...) Jedesmal habe ich mich überzeugen müssen und habe mich überzeugt, ob die Leute tot waren. Dazu bin ich sogar in der Grube gewesen und habe mit meiner Taschenlampe festgestellt, daß die Leute in der Tat tot seien. (...) Die letzten haben sich alle gleichfalls tapfer gehalten, mit Ausnahme eines Mannes, dem diese Nervenbelastung zu schwer war. Dieser ist von seinen Kameraden wieder aufrecht gehalten worden und zwischen diesen miterschossen.“ [4])
Dies geschah am 27. Dezember 1944 zwischen 18 und 19 Uhr im Lüsekamper Bruch. Am folgenden Tag wurden zwei weitere Zivilisten ohne jedes Gerichtsverfahren an der gleichen Stelle hingerichtet. Nach der Ausführung des Auftrages machte eine Flasche Cognac unter den Soldaten des Kommandos die Runde. [5]) Sie

Roermond nach den Bombardements im Frühjahr 1945.

wurde 1947 bei der Exhumierung der Opfer gefunden und half unter anderem bei der Identifizierung der Gräber. Die Hinrichtung verfehlte ihre abschreckende Wirkung nicht. Am 28. Dezember ließ Major Matthaeas an allen öffentlichen Gebäuden in Roermond Aushänge mit einem Bericht über die Exekution der Zivilisten anbringen. Sie seien dem Befehl zur Personalienerfassung nicht nachgekommen, sondern hätten „sich zu einer deutschfeindlichen Organisation zusammengeschlossen und sich verborgen gehalten",[6] heißt es in der Bekanntmachung. Gleichzeitig erging eine letztmalige Aufforderung an die arbeitsfähigen Männer zur Meldung bei der Ortskommandantur. Wer diesem Befehl nunmehr nicht nachkomme, werde „ohne Ansehen seiner Person sofort erschossen",[7] hieß es darin. Die Erschießung der 14 Roermonder Zivilisten muß wie ein Schock auf die Bevölkerung gewirkt haben. Bis zum 30. Dezember verließen rund 2700 Männer ihre Verstecke, um sich zum Arbeitseinsatz zu stellen. In einem Fußmarsch wurden sie über Elmpt nach Dülken abgeführt. Von dort aus brachte man sie mit dem Zug in den Raum Wuppertal. Viele von ihnen starben in deutschen Lagern an Krankheiten und Entkräftung oder wurden ein Opfer der letzten Kriegshandlungen.
Erst am 1. März 1945, am gleichen Tag, an dem die Alliierten bereits in das Stadtzentrum von Mönchengladbach einrückten, besetzten amerikanische Truppen unter dem Befehl von General Anderson Roermond. In der verwüsteten Stadt fanden sie nur eine knappe Handvoll Einwohner, die aus ihren Höhlen und Kellern hervorkamen.
Lange Zeit war der Mord am Lüsekamper Bruch vielen Deutschen im Grenzgebiet nicht bekannt. Doch schließlich brachten Anfang der neunziger Jahre die Recherchen des Historikers Ludwig Hügen im Stadtarchiv von Roermond die Geschichte zurück ans Tageslicht und in das Bewußtsein der Bürger von Niederkrüchten. Und dies blieb nicht ohne Folgen.
Heute erinnert unweit des alten Grenzpostens am Lüsekamp ein Gedenkstein an die Erschießung der 14 Roermonder Zivilisten. Am 1. September 1996 hatten Niederländer und Deutsche aus den Nachbarstädten Roermond und Niederkrüchten das Mahnmal in einer gemeinsamen Feierstunde eingeweiht. Unter einer Schriftplatte, die das Geschehen im Dezember 1944 in Kürze erzählt, symbolisieren 14 Kreuze in dem Basaltblock die 14 Menschen, denen der Stein gewidmet ist.
Was geschah mit dem Kriegsverbrecher Ulrich Matthaeas? „... Major Ulrich Matthaeas und weitere verantwortliche Soldaten wurden für diese Tat zwar verfolgt, aber nie zur Rechenschaft gezogen. Als die Fallschirmjäger Anfang 1945 in nördlicher Richtung abzogen, lag Matthaeas mit einem Malaria-Anfall im St. Josef-Heim in Waldniel Hostert. Nach dem Krieg war er im Internierungslager Ziegenhain bei Kassel, wo er von dem Niederländer Leon Smeets vernommen wurde.
Als das Lager aufgelöst wurde, verschwand Matthaeas, was die Niederländer erst später erfuhren. Anfang 1947 wurde er in Süddeutschland aufgestöbert. Am 17. Februar befand er sich auf dem Transport ins Kriegsverbrecher-Lager Vught. Unterwegs wurde er von niederländischen Bewachern so mißhandelt, daß sie ihn für tot hielten und in Wiesbaden zurückließen. Doch Matthaeas lebte und entkam jetzt endgültig. Mehrfach gab es Ermittlungen gegen den Wehrmachts-Major wegen verschiedenster Untaten auf Kreta, in den Niederlanden und in Rußland. Doch der Mann, der sich zeitweilig „Fritz Unruh" nannte und als Fotograf in Lebenstedt bei Salzgitter lebte, kam immer davon. Auch Bemühungen des bekannten Nazi-Jägers Simon Wiesenthal scheiterten. Das letzte Verfahren gegen ihn in Braunschweig zu Beginn der siebziger Jahre, als die Verjährung drohte, wurde eingestellt."[8]

Rheinische Post – Grenzland-Kurier, Niederkrüchten vom 24. 12. 1994

Roermond im Frühjahr 1945.

Roermonder Bürger am Maasufer nach Kriegsende.

1) Hügen, Zwischen Schwalm und Grenzwald. S. 258.
2) a.a.O., S. 256.
3) Peters, Unschuldige als „Partisanen" verurteilt.
4) Peters, „Überzeugt, ob die Leute tot waren".
5) Peters, Unschuldige als „Partisanen" verurteilt.
6) Hügen, S. 257.
7) ebd.
8) Und Ulrich Matthaeas nie zur Rechenschaft gezogen.

Das Denkmal für Gustaf Gründgens im Düsseldorfer Hofgarten. Bildhauer: Peter Rübsam, Enthüllung: 1984.

„Die Kunst an die Macht verkauft"?

Nur ein knappes Jahr war seit Kriegsende vergangen, als Gustaf Gründgens auf die Bühne zurückkehrte. Er spielte die Titelrolle in Sternheims „Snob" am Deutschen Theater im Ostsektor Berlins, und gleich sein erster Auftritt am 3. Mai 1946 bescherte ihm eine überwältigende Sympathiebekundung des Publikums. „So etwas wie allgemeines Ausatmen wehte über Parkett und Ränge – eine Fermate gewissermaßen (ein Innehalten), die das Publikum einfach brauchte, sich zu fassen. Dann aber fegte unvermittelt ein tosender Orkan durch das Haus. Beifall, Beifall, Beifall ... fünf Minuten lang", erinnerte sich die Schauspielerin Inge von Wangenheim.[1]) Daß Gründgens auch in den Jahren der Nazi-Diktatur seine Rolle als Intendant des Preußischen Staatsschauspiels mit Bravour gespielt hatte, schien seinen Ruhm als Schauspieler nicht zu überschatten. Zwar bezeichnete die deutsche Entnazifizierungskommission der Alliierten in Berlin seine Funktion als Intendant der „ersten Bühne des Reiches" als belastend, doch sein Einsatz für Verfolgte des NS-Regimes sprach für seine Rehabilitierung. So nahm die Kommission ihr Urteil zurück, als ein sowjetischer Theateroffizier erklärte, daß Gründgens den kommunistischen Schauspieler Ernst Busch 1943 vor dem drohenden Todesurteil bewahrt hatte. Trotzdem mußte er sich 1948 einem weiteren Entnazifizierungsverfahren stellen und wurde in seiner Heimatstadt Düsseldorf von der Militärregierung als Mitläufer eingestuft (Kategorie IV). Ein Berufungsverfahren jedoch befreite ihn von diesem Vorwurf.

1947 übernahm Gustaf Gründgens in Düsseldorf die Generalintendanz der Städtischen Bühnen und führte das Schauspielerensemble „an die Spitze der deutschen Theater" [2]). Hier präsentierte er jene Klassiker, die schon zu seiner Berliner Zeit einen Großteil des Spielplans ausgemacht hatten: „König Oedipus", „Hamlet", spielte wieder den Mephisto in Faust I und gab mit dieser Neuinszenierung ein erstes deutsches Auslandsgastspiel in Edinburgh. 1955 wechselte Gründgens als Theaterleiter an das Deutsche Schauspielhaus in Hamburg. Auch dort wollte er „Wert und Würde der großen Dichter" in einer modernen unsteten Zeit seinem Publikum erhalten und pflegte eine intensive „... Auseinandersetzung mit den Stücken der deutschen Klassik und in ausgewählten Ur- und Erstaufführungen, denen wiederum eine starke Orientierung am Theater der Antike in Form oder Inhalt anzumerken ist." [3])

Der Schauspieler und spätere Leiter des Düsseldorfer Theatermuseums Heinrich Riemenschneider urteilte über diese Hamburger Zeit: „Die Gründgens-Ära bescherte dem Deutschen Schauspielhaus in Hamburg Weltniveau, das es vorher niemals besaß und seit dem Weggang Gründgens' nie mehr besessen hat. Gründgens besaß die Fähigkeit, ein Theaterfieber zu entfachen, von dem alle erfaßt wurden, die das Glück hatten, an den Aufführungen dieses Besessenen des Theaters teilhaben zu können." [4])

1963 nahm Gründgens seinen endgültigen Abschied vom Hamburger Schauspielhaus und von den Bühnen überhaupt. Wenn er nun diesen Einschnitt mache, so erklärte er in einem Fernsehinterview kurze Zeit später, dann deshalb, um „... noch rasch zu lernen wie man lebt ...". Er bemühe sich, ein Buch zu schreiben, und sein Anliegen sei, „... in diesem Buch das Verhältnis des Künstlers zur Macht zu schildern". Denn er habe „... so oft unpassenderweise in Tuchfühlung neben sogenannten historischen Ereignissen gestanden ...", daß er einen Gesichtswinkel zu den Dingen habe, der nicht Vielen gegeben sei.[5]) Zu diesem Buch jedoch kam es nicht mehr. Gustaf Gründgens starb am 7. Oktober 1963 während einer Weltreise in seinem Hotel in Manila.

Dieses Gründgens-Buch über Kunst und Macht hätte allerdings, wäre es geschrieben worden, den Filmemacher Lutz Mommartz aus Düsseldorf brennend interessiert. Denn für ihn bleibt Gründgens' Verhältnis zur politischen Macht ein fragwürdiges. Und als 1983 die Vorbereitungen für die Errichtung eines repräsentativen Gründgens-Monuments begannen, reizte dies Mommartz zu einer filmischen Auseinandersetzung mit eben diesem Thema. Der experimentelle Dokumentarfilm „Marmor bleibt immer kühl" begleitet, kommentiert und reflektiert die Erschaffung des Gründgens-Denkmals, beginnend in den Marmor-Steinbrüchen Carraras bis zur Enthüllung des Steins im Düsseldorfer Hofgarten hinter dem Schauspielhaus.

Mit variierenden filmischen Erzählweisen von der Bild-Ton-Collage über Tricksequenzen bis zum Autoren-Bekenntnis aus dem Off, umkreist der Film sein Thema

Zeichentricksequenzen korrespondieren mit Gründgens-Rezitationen und Hitler-Reden im Mommartz-Film „Marmor bleibt immer kühl".

Der Düsseldorfer Filmemacher Lutz Mommartz, der seinem experimentellen Dokumentarfilm über die Entstehung des Gründgens-Denkmals den bedeutungsvollen Titel „Marmor bleibt immer kühl" gab, 1985.

„Faszination". „Faszination" war das Metier, das Gründgens so meisterhaft beherrschte und nicht in den Dienst politischer Verantwortung stellte, – so ungefähr ließe sich Mommartz' These umschreiben. So zeigt der Film nach Sequenzen von der Arbeit des Bildhauers am Steinblock ein geschliffenes Marmorstück in einer Naheinstellung, auf das rhythmisch die vom Meißel abgesprengten Steinbrocken aufschlagen. Zu hören ist neben diesen Bildern die Stimme des Filmemachers, der sich in einem fiktiven Brief an den großen Schauspieler wendet:

„Lieber Herr Gründgens, Sie sind ein Verräter, Sie haben die Kunst an die Nazis verkauft und an höchster Stelle deutsche Kultur repräsentiert, aus sicherer Entfernung schwelgten sie in überholten Bildungswerten ... Sie blieben ein Gefangener des Theaters und gleichzeitig sein Chef – ein Künstler, der sich nicht in die lebendige Auseinandersetzung mit seiner Zeit begibt, ist kein Künstler ... sie waren ein genialer Artist, fesseln und sich fesseln lassen, in diesem Geschäft waren Sie Meister ..." [6])

Möglicherweise hatte Gründgens Kunst zu fesseln im Januar 1933 auch den preußischen Ministerpräsidenten Hermann Göring in ihren Bann gezogen. Stark beeindruckt durch die Mephisto-Darstellung während der Faust II-Premiere am 21. Januar, neun Tage vor Hitlers „Machtergreifung", habe Göring dem Schauspieler Gründgens die Intendanz der preußischen Staatstheater angeboten, heißt es in gängigen Überlieferungen. Gründgens-Kenner Heinrich Riemenschneider hält es jedoch für wahrscheinlicher, daß Görings spätere Ehefrau Emmy Sonnemann großen Anteil an dieser Entscheidung hatte. Als Schauspielerin habe sie Gründgens außergewöhnliche Fähigkeiten einzuschätzen gewußt.

Am 30. Januar 1933 wurde Hitler zum Reichskanzler ernannt, und Propagandaminister Josef Goebbels übernahm nun die zentrale Aufsicht über sämtliche Theater im Reich. Allein die Preußischen Staatstheater in Berlin und Kassel verblieben im Zuständigkeitsbereich des Ministerpräsidenten Hermann Göring. Im Februar 1934 entschloß sich Gründgens nach einer ersten kommissarischen Leitung des Schauspielhauses, die Intendanz in voller Verantwortlichkeit zu übernehmen. In einer persönlichen Rückschau bewertete er die nun folgende Periode als die Zeit seiner größten Erfolge. Als Intendant führte er das Schauspielhaus am Gendarmenmarkt bis zum Februar 1943, doch zuletzt sah er keine Möglichkeit mehr, dem Druck des nationalsozialistischen Systems auszuweichen und bat um eine Verwendung in der Wehrmacht als Soldat. Die Intendanz des Schauspielhauses führte Gründgens allerdings formal bis zur Schließung aller Theater im September 1944.

Der Spielplan des Berliner Schauspielhauses blieb aber in dieser Periode frei von Stücken nationalsozialistischer Gesinnung. Gründgens hatte sich in Verhandlungen größtmögliche Freiheit in Spielplangestaltung und Personalpolitik gesichert. Sein Theater der Berliner Jahre war geprägt von den Klassikern der Weltliteratur und zeigte Stücke von Dichtern wie Goethe, Schiller, Shaw, Shakespeare, Hebbel, Lessing, Dumas, Scribe, Sophokles, Pagnol und Büchner. Unter Schauspielern erwarb sich das Haus den Namen „die Insel", weil es als Bühne, die nicht zum Einflußbereich Goebbels' gehörte, unter der Leitung von Gustaf Gründgens auch zu einem Fluchtort für politisch und rassisch Verfolgte wurde. Der Preis, den Gründgens für die „Politik der Insel" zahlte, war allerdings wie Mommartz formulierte „an höchster Stelle deutsche Kultur (unter der Nazi-Diktatur) zu repräsentieren."

Eine Tatsache, die auch heute noch Dreh- und Angelpunkt einer Kritik an seiner politischen Haltung ist. Dieser Kritik begegnet Gründgens-Kenner Riemenschneider mit dem nicht minder nachvollziehbaren Argument, Gründgens habe zwar Kultur repräsentiert, aber keine Nazi-Kultur, sei außerdem nicht Mitglied der Partei gewesen und habe es sogar abgelehnt, förderndes Mitglied der NSDAP zu werden.[7]) Außerdem, so betont Riemenschneider in seiner Kurzbiographie, habe Gründgens die Intendanz des Staatlichen Schauspielhauses erst aufgrund eines dringenden Anratens von Freunden angenommen. Der Hamburger Intendant Erich Ziegel und seine jüdische Frau Mirjam Horwitz hätten Gründgens um Annahme der Position gebeten, um auszuschließen, daß ein Sympathisant der Nazi-Ideologie die Leitung des Hauses übernehmen kann.[8])

Doch nach wie vor scheinen zwei sehr unterschiedliche Momente der Gründgenschen Haltung im Raume zu stehen. Der Fernsehjournalist Günther Gaus formulierte diese Ambivalenz einmal sehr treffend in der an Gründgens gerichteten Interviewfrage: „... Sie waren auf der einen Seite das verwöhnte Paradepferd des damaligen preußischen Ministerpräsidenten Göring ... Auf der anderen Seite ist bekannt, daß Sie vielen politisch gefährdeten Schauspielerkollegen geholfen haben ..." [9]) Der Filmemacher Lutz Mommartz bezieht da angesichts dieser Zwiespältigkeit eine eindeutige Position, auch wenn er dem Menschen und Künstler Gründgens, wie Filmkritiker ihm bestätigten, seine Würde beläßt. In seinem Film sehen wir die Marmor-

Felsen von Carrara und hören die Stimme des Autors: „Wie kann man dem Gründgens heutzutage ein Denkmal setzen, ein Mann vom Theater besessen und vom Ehrgeiz zerfressen, ... da wird doch die Unfreiheit gefeiert. Wo ist da das Vorbild?" [10])
Ein Plädoyer, das wohl unvereinbar ist mit dem Ausdruck des Marmorstandbildes von Peter Rübsam, das in seiner verhaltenen Monumentalität doch als klare Würdigung verstanden werden will. Gründgens habe die Kunst über das Menschliche gestellt, gibt Lutz Mommartz zu bedenken. Zumindest hier scheinen sich die gegensätzlichen Auffassungen über den „größten deutschen Theatermann" [11]) einander anzunähern. Denn das Fehlen des privaten, echten Menschen Gustaf Gründgens ist auch Thema des Monuments. Sein Antlitz bleibt im Denkmal hinter dem beschützenden Bühnen-Vorhang verborgen. Auch die Gedenkplatte am Fuße des Steines thematisiert dieses Phänomen. Sie zitiert zwei Sätze aus der Einleitung einer Biographie,

Faust I, 1941, Mephisto: Gustaf Gründgens.

die kurz nach seinem Tode erschien: „Er liebte es nicht, den Vorhang zu öffnen, hinter dem er sich selbst verbarg. Wir wollen nach seinem Tod nicht zudringlicher werden als zu seinen Lebzeiten." [12])

1) Wangenheim, Zit. n. Meiszies, S. 239.
2) Riemenschneider, In: Gall, S. 115.
3) Meiszies, S. 239.
4) Riemenschneider, In: Gall, S. 117.
5) G. Gründgens im Gespräch mit Günther Gaus. ZDF 1963.
6) O.-Ton: Lutz Mommartz.
7) O.-Ton: Heinrich Riemenschneider.
8) Riemenschneider, In: Gall, S. 114.
9) G. Gründgens im Gespräch mit Günther Gaus. ZDF 1963.
10) O.-Ton: Lutz Mommartz.
11) Riemenschneider, In: Gall, S. 107.
12) Rieschbieter, (Zitat aus der Einleitung).

Das Denkmal Wilhelm Fabrys steht neben der Reformationskirche auf dem „Alten Markt“ im Zentrum Hildens.

Wilhelm Fabry – größter deutscher Wundarzt seiner Zeit

Wundärzte und Bader-Chirurgen waren im ausgehenden Mittelalter keine wissenschaftlich gebildeten Leute, die ein Universitätsstudium absolviert hatten, sondern in den besseren Fällen geschickte Handwerker. Als reine Praktiker behandelten sie vor allem äußere Wunden und Hautkrankheiten, während die innere Medizin den studierten Ärzten vorbehalten blieb. Bader und Barbiere widmeten sich der Körperpflege, aber auch der wundärztlichen Versorgung ihrer Patienten; viele von ihnen zogen als wandernde Heiler von Ort zu Ort. Dabei galten manche dieser Heilkünstler, die der gutgläubigen Landbevölkerung zusätzlich mit allerlei Tränklein und Pülverchen das Geld aus der Tasche zogen, zu Recht als Kurpfuscher und Scharlatane. Je mehr sich aber die Ausbildung der Chirurgen verbesserte, desto größer wurde die Kluft zwischen ihnen und den Barbieren, die neben der Körper- und Bartpflege auch weiterhin zur Ader ließen, schröpften und Abszesse entfernten. Aus der Welt dieser handwerklich geschulten Heiler kam der junge Fabry, um den Kontakt mit den medizinischen Wissenschaften zu suchen.

Im Dorfe Hilden wurde Wilhelm Fabry 1560 als Sohn des Gerichtsschreibers Peter Drees geboren. Seinen Namen hatte der junge Wilhelm später nach der Gewohnheit der Gelehrten seiner Zeit latinisiert und nannte sich nun Guilhelmus Fabricius. Der Nachname Fabricius ist wahrscheinlich die Übersetzung der Berufsbezeichnung Schmied, denn Fabry wuchs im Hause der ehemaligen Dorfschmiede auf. Hilden war damals ein Dorf mit etwa 500 – 600 Einwohnern, die zum Teil auf weit verstreut liegenden Höfen wohnten. Die Bevölkerung bestand vornehmlich aus Ackerbauern, „die sich um Angelegenheiten der Wissenschaft oder des geistigen Lebens“ [1]) herzlich wenig kümmerten. Aus diesem Milieu, das dem jungen Wilhelm Fabry sicherlich wenig Anregung zur Pflege geistiger Interessen bot, schickte ihn der Vater hinaus auf ein Kölner Gymnasium, wo er sich eine gute Bildungsgrundlage erwerben sollte. Mit 13 Jahren mußte Fabry seine Gymnasialausbildung abbrechen, jedoch erfuhr er Förderung durch den Düsseldorfer Hofpoeten Carl Utenhoven, der die Begabung des Jungen erkannte. Auch der Traum von einem Studium zerschlug sich, und so trat Fabry 16-jährig in die Lehre zu einem tüchtigen Wundarzt in Neuss. Doch sein Lerneifer spornte ihn zu weiteren Studien an. 1579 übersiedelte der junge Badergeselle nach Düsseldorf, um seine Kenntnisse als Schüler des angesehenen Hofchirurgen Cosmas Slot zu verfeinern. Von Slot, der ein Schüler des großen Anatomen Andreas Vesalius gewesen war, übernahm Fabry die Überzeugung, daß Kenntnisse über den inneren Aufbau des menschlichen Körpers Grundlage aller chirurgischen Eingriffe sein sollten. Außerdem erfuhr Fabry über Slot auch Anregungen durch die universitär gebildeten Düsseldorfer Hofärzte Dr. Johannes Weyer und Dr. Reiner Solenander. Bei allen Patientenbesuchen begleitete Fabry seinen Lehrer Slot und behielt das Gelernte in so guter Erinnerung, daß er in seinen späteren medizinischen Abhandlungen auf dessen Methoden verweisen konnte. Nach dem Tode seines Lehrers im Jahre 1585 begab er sich auf Wanderschaft und zog in die französische Schweiz, wo im Waadtland eine Reihe hervorragender Ärzte praktizierte.

In Genf wurde er zum letzten Mal Schüler und assistierte dem bedeutenden Chirurgen Jean Griffon. Hier lernte er auch Maria Colinet kennen, die Tochter eines Buchdruckers, die er 1587 heiratete. Von Genf aus übersiedelte das junge Paar nach Lausanne, wo Fabry im Kontakt mit bedeutenden Ärzten seine Kunst vervollkommnete.

Als er zwei Jahre später in seine Heimat zurückkehrte, praktizierte er zunächst als ländlicher Wundarzt in Hilden und siedelte 1593 nach Köln über. Der nun dreiunddreißigjährige Wundarzt Fabry hatte sich bereits einen solch guten Ruf erworben, daß er überall im

Fabricius Hildanus (Wilhelm Fabry), 1560-1634, Öl auf Leinwand, Wilhelm-Fabry-Museum-Hilden, Albert Engstfeld, 1935.

Telis eris

Fabrys Amputationstechnik (Opera Omnia, S. 809).

Lande als Medicus gefragt war. Um 1602 kehrte er in die Schweiz zurück und ließ sich zuerst in Lausanne, dann in Payerne (Peterlingen) nieder, wo er eine Anstellung als amtlicher Stadtchirurg fand. Acht Jahre lang, bis 1610, übte er dieses Amt aus, weilte jedoch zum Leidwesen der städtischen Beamten oft außerhalb, um private Patienten zu konsultieren. Während dieser Zeit wurde er persönlicher Wundarzt des Mark-Grafen Friedrich von Baden-Hochberg. Auch korrespondierte Fabry mit zahlreichen hochangesehenen Ärzten in mehreren europäischen Ländern, wobei ihm seine ausgezeichneten Latein- und Französischkenntnisse hilfreich waren. Seine ungeheure Belesenheit und seine fundierten wissenschaftlichen Kenntnisse ließen ihn dabei als gleichberechtigten Gesprächspartner neben anerkannten Autoritäten der Medizin bestehen.
1610 zog Fabry mit seiner Familie zurück nach Lausanne. Einige Jahre später traf seine Familie dort ein schweres Schicksal. Als Wilhelm Fabry 1613 von einer ärztlichen Mission am Mittelrhein nach Lausanne zurückkehrte, war in der Stadt die Pest ausgebrochen und hatte auch sein Haus heimgesucht. Zwei seiner Töchter starben, während die beiden Söhne die Krankheit überlebten. 1615 übersiedelte Fabry schließlich mit den Überlebenden seiner Familie nach Bern, wo er im Auftrage des Rates die Stellung eines städtischen Chirurgen übernahm. 19 Jahre lang, bis zu seinem Tode, versah er dieses Amt, versorgte daneben weitere Patienten im Umland, forschte, publizierte, tauschte Erfahrungen mit renommierten Ärzten und vervollständigte seine Sammlung anatomischer Präparate. Wilhelm Fabry starb am 15. Februar 1634 im 74. Lebensjahre an einem asthmatischen Leiden. Nur sein Sohn Johannes, der ebenfalls Wundarzt geworden war, überlebte ihn. Zwei seiner Söhne und drei Töchter waren bereits vor seinem Hinscheiden verstorben.
Schon zu Lebzeiten war Wilhelm Fabry ein geschätzter Chirurg, der sich durch seine Heilerfolge Achtung erworben hatte. Größerer Ruhm wurde ihm jedoch erst posthum durch die Verbreitung seiner medizinischen Veröffentlichungen zuteil. Zwölf Jahre nach seinem Tod (1646) erschien die Gesamtausgabe seiner medizinischen Schriften, die „opera quae extant omnia“. 600 Krankheitsbeobachtungen und die Beschreibungen der Behandlungsmethoden fanden sich darin. Ein Buch, das unter Ärzten mehr als 150 Jahre lang Beach-

tung fand und noch um 1780 aus dem Lateinischen ins Deutsche übersetzt wurde.
Fabry verbesserte auch einige chirurgische Instrumente, vor allem solche, die der Herauslösung von Blasensteinen dienten. Auch Werkzeuge für die Amputation von menschlichen Gliedmaßen perfektionierte er und entwickelte spezielle Formen von Knochensägen, die er vor ihrem Einsatz bis zur Rotglut erhitzte, um so einerseits den Schmerz, aber auch die Blutung zu verringern. Soldaten, die im Kampf eine offene Fraktur des Beines erlitten hatten, waren oft nur durch eine rasche Amputation des Gliedstückes zu retten, da Wundstarrkrampf und Blutvergiftungen schnell zum Tode des Verletzten führen konnten. Dabei empfahl Fabry, wohl in Anlehnung an den römischen Arzt Celsus, eine Absetzung des Gliedes im gesunden Teil in ausreichender Entfernung von den abgestorbenen Gewebeteilen.
Als entschiedener Gegner des Arztes Paracelsus und seiner Schüler, der „Chymisten", bemühte sich Fabry außerdem, auf den hohen Nutzen der Anatomie aufmerksam zu machen. Seine Schrift „Anatomiae praestantia et utilitas" von 1624 plädierte für ein gründliches anatomisches Studium, das zu Fabrys Zeit noch keineswegs allgemein üblich war. Zwar hatte schon 90 Jahre vor seinem Tode der Brüsseler Arzt Andreas Vesalius ein umfangreiches medizinisch-anatomisches Werk mit 300 Illustrationen veröffentlicht („De humani corporis fabrica" 1543), doch auch zu Beginn des 17. Jahrhunderts war das Sezieren menschlicher Leichen in Deutschland noch selten. Als im Jahre 1629 der Professor Rolfink in Jena die toten Körper von Hingerichteten zerlegte, um daran Studien vorzunehmen, löste dieser Vorfall öffentliche Empörung aus. Fabry, der im letzten Jahrzehnt des 16. Jahrhunderts in Köln praktizierte, berichtete, daß es in der Stadt nicht einmal eine Skelettsammlung gab, ja daß manche Chirurgen nie in ihren Leben je ein menschliches Skelett gesehen hätten. Fabry selbst zerlegte die Leichen von gesunden Hingerichteten zum Zwecke anatomischer Studien. Auch zur Erkundung ungeklärter Todesursachen sezierte er Körper von Verstorbenen, um das Geheimnis der Krankheit zu lüften. Im Jahre 1600 beispielsweise öffnete er in Köln den Körper eines 14-jährig verstorbenen Mädchens, das bei ausreichender Nahrungsaufnahme stetig abgemagert war. In seiner anatomischen Schrift appellierte er auch an Stadtväter und Landesfürsten, das anatomische Studium zu fördern, damit deutsche Studenten nicht weiterhin auf italienische und französische Universitäten angewiesen seien. Anders als in Deutschland stand in Italien und Frankreich damals die Anatomie in hoher Blüte.

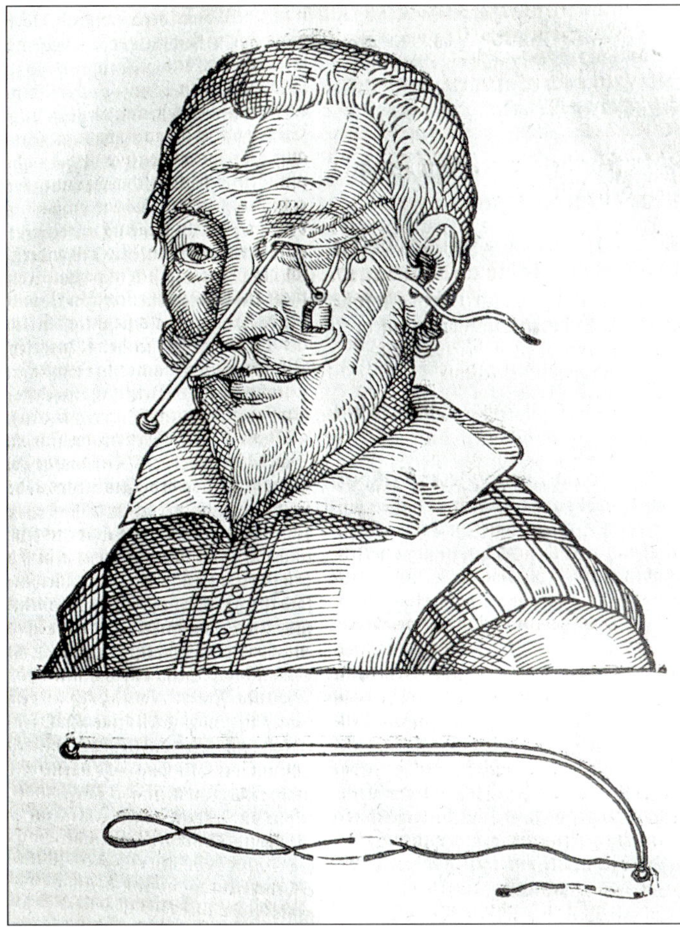

Loslösung eines angewachsenen Augenlides (Opera Omnia S. 503).

Aber neben seiner Aufgeschlossenheit für die modernen auf Erfahrung und Beobachtung beruhenden Wissenschaften, war Fabry „auch ein Kind seiner Zeit und nicht frei von Aberglauben. (...) Er kannte und gebrauchte noch die seltsamen Mittel der alten Heilkunst, wie getrocknete und zerstoßene Frösche oder Moos von Schädeln, die auf dem Kirchhof gefunden wurden." [2)]
Trotzdem war Farbry zu seiner Zeit mit fortschrittlichen und neuen Methoden außergewöhnlich erfolgreich; manche Patienten bestanden darauf, nur von ihm operiert zu werden. Was ihn aber vor vielen Chirurgen seiner Zeit auszeichnete, war das Mitgefühl, das er den Patienten entgegenbrachte. Hinter den Verwundungen und Krankheiten, die es zu operieren galt, sah Wilhelm Fabry immer auch den Menschen, dessen Leid er zu verringern und dessen Leben er zu retten versuchte.

1) Wennig, Fabrystudien IV., S. 9.
2) a.a.O., S. 17.

B. Berg

Die letzte Hexenverbrennung am Niederrhein

Am 25. November 1989 wurde der Gerresheimer Hexenstein der Bildhauerin Gabriele Tefke der Öffentlichkeit übergeben.

Düsseldorf-Gerresheim im Herbst 1736. Bei der letzten Wallfahrt nach Kevelaer hätten die Zugpferde in ihrer Gegenwart auffällig stark geschnaubt und so geschwitzt, als wären sie von einem Dämon besessen, erzählen sich die Leute. So kommt die 14-jährige Halbwaise Helena Curtens in der kleinen katholischen Landstadt ins Gerede. Die Gerüchte mehren sich; Zeugen bestätigen, daß Helena und ihre Nachbarin Agnes Olmans mit dem Teufel im Bunde stünden. Es folgen Ermittlungsverfahren und anderthalbjährige Haft in einem Turmverlies. Das junge Mädchen ist geständig, gibt vor dem Richter an, dreimal im wachen Zustande mit dem Teufel geschlafen zu haben, beschreibt ihn sogar als einen schwarzen Mann mit roter Mütze und stumpf abgerundeten Schuhen. In einer Nacht, so erzählt sie, sei der Satan an ihr Bett getreten und habe mit ihrem Blut auf seinen Rock die Worte geschrieben „du verfluchter ich bin dein!“[1]
Als die Düsseldorfer Richter im Winter 1738 die Schuld der Helena Curtens für erwiesen halten, wird ein Kapuzinerpater in ihr Verlies geschickt, der sie einem kirchlichen Exorzismus unterziehen soll. Doch beim Anblick des Kruzifixes tobt das Mädchen und reagiert „mit verkehrungen der augen undt des mundts auf das entsetzlichste zu wüthen ahngefangen, mit den zähnen geblicket wie ein hundt.“[2] Die von Helena Curtens denunzierte Agnes Olmans, in deren Umgebung angeblich Menschen geheimnisvoll erkranken, bekennt sich schließlich zu ihrem Teufelspakt während der Folter mit „Spanischen Stiefeln“. Auch soll sie sich vor der Pastorat „... in eine Katze verwandelt haben und dann durch das Außenloch des Hühnerstalles in das Haus des Geistlichen eingedrungen sein.“[3] Im Juli 1738 befindet das Düsseldorfer Schöffengericht beide Frauen für schuldig. Für ihre Vergehen: Teufelspakt, Teufelsbuhlschaft, Schadenzauber und Gotteslästerung werden sie zum Tode auf dem Scheiterhaufen verurteilt. Noch ein letztes Mal wird den Delinquentinnen eine Henkersmahlzeit gereicht. Dann fährt man sie in einem offenen Karren zum Galgenberg. Beim hellen Klang der Armesünderglocke erreichen sie in Begleitung ihrer Beichtväter durch ein Spalier von Zuschauern die Richtstätte. An diesem frühen Morgen des 19. August 1738 verbrennen die Körper von Helena Curtens (die nun 15 Jahre alt ist) und Agnes Olmans, nachdem sie der Henker kurz zuvor mit einem Seil erdrosselt hat, auf den Gerresheimer Scheiterhaufen.

„Der Hexensabbat“, Kupferstich von Michael Herr, um 1650.

Es ist die letzte Hexenverbrennung, die der Niederrhein erlebt. Sie muß uns heute als Rückfall in „finsterstes Mittelalter“ erscheinen, der sich ereignete, als sich die gebildete Welt mitten im Jahrhundert der Aufklärung längst der Vernunft verschrieben hatte. Immerhin lagen die letzten großen Hexen-Verfolgungswellen schon beinahe 80 Jahre zurück. War die neue Zeit etwa an Gerresheim vorbeigegangen?
Gerresheim war damals in der Tat ein abgeschiedenes Nest mit etwa 600 Einwohnern ohne Verbindung zu den großen Verkehrswegen. Landwirtschaft und Handwerk, auch Handel und etwas Tuchweberei betrieben die Bewohner des ärmlichen, katholisch geprägten Ortes.
Aber, so argumentiert der Autor Clemens-Peter Bösken in seinem Buch über die Gerresheimer Hexenprozesse, diese „verspätete“ Brandhinrichtung war nicht die „alleinige Folge besonderer Gerresheimer Provinzialität, sondern eher überwiegend einer gerade zu dieser Zeit im Herzogtum Berg und der Nebenresidenz Düsseldorf herrschenden rückständigen Geisteshaltung.“[4]
Auch war das unmenschliche Hinrichtungsurteil nicht allein ein Werk des konservativen Ermittlungsrichters Schwarz, der den Fall mit besonderem Eifer vorantrieb. Denn, so unterstreicht Bösken, „sämtliche Entscheidungen der langen Prozesse lagen in den Händen des Düsseldorfer Schöffengerichtes, sowie des darüber stehenden Geheimen Rates und des Landesherrn“.[5] Es waren gebildete Männer, die da „Recht“ gesprochen

„Hexenritt", Stich von G. Spangenberg.

hatten, Menschen von denen man annehmen darf, daß sie mit den Denkweisen der Aufklärung und der modernen Wissenschaften vertraut waren.
251 Jahre nach der Hinrichtung von Helene Curtens und Agnes Olmans setzten Gerresheimer Bürger den letzten Opfern des Hexenwahns in Nord-West-Deutschland einen Gedenkstein. Am 25. November 1989 wurde die Denkmal-Skulptur („Gerresheimer Hexenstein") der Bildhauerin Gabriele Tefke der Öffentlichkeit übergeben.

1) Ermittlungsberichte des Richters J.W.S. Schwarz, Zit. n. Bösken, S. 51.
2) a.a.O., S. 58.
3) a.a.O., S. 70.
4) Bösken, S. 39.
5) ebd.

„Hexenverbrennung", Stich von G. Franz.

Als Kalkars Schöffen Martins Kopf forderten

Im Jahre 1545 wurde auf dem Kalkarer Markt eine Linde gepflanzt, unter der einst das Schöffengericht der Stadt tagte.

Noch in der frühen Neuzeit werden Durchreisende am Niederrhein vor den Toren mancher Städte, meist auf einer Anhöhe, einen Galgen oder ein hoch aufgerichtetes Rad gesehen haben. Auch auf dem Kalkarer Wildenberg gab es eine solche Hinrichtungsstätte. Derartige Galgenplätze, an denen die Leichname der Aufgeknüpften und aufs Rad gespannten Übeltäter langsam verwesten, sollten aber nicht nur abschrecken und warnen, sondern sie waren auch Monumente der Macht. Denn sie zeigten dem Fremden an, daß diese Stadt das Privileg besaß, selbständig das Blutgericht auszuüben und die Todesstrafe für einen Menschen zu fordern. So demonstrierten die Richtstätten nebenbei die Freiheit und Eigenständigkeit einer Stadt.

Kalkar erhielt dieses Strafrecht bereits seit im Jahre 1242, als Graf Dietrich von Kleve den gerade erst besiedelten Ort mit umfangreichen Stadtrechten versah. Zu diesen Rechten gehörte auch das Privileg der freien Rats- und Richterwahl, die durch die Bürgerschaft der Stadt vorgenommen wurde. Die sieben Schöffen und der gewählte Richter Kalkars waren zuständig für das niedere und das hohe Gericht, das sich unter anderem mit Diebstahl, Raub, blutigen Verwundungen und auch Mordfällen befaßte. Ihre Bestrafungsmöglichkeiten reichten dabei von Geldbußen, Ehrenstrafen wie das Stehen am Pranger, über verschiedene Körperstrafen bis zur Vollstreckung eines Todesurteils. Dabei fällten die Schöffen das Urteil durchaus selbständig, während der Richter die Aufgabe hatte, den Prozeß zu leiten und für die Vollstreckung des Urteils zu sorgen. Für weitere sieben Städte und 15 Ortschaften war Kalkar außerdem Obergerichtshof, an den ein Verurteilter (z. B. aus Goch) appellieren konnte. Hatte aber jemand sein Urteil in Kalkar selbst empfangen, so blieb ihm nur noch die Möglichkeit der Appellation an den Landesherrn. Denn die Grafen und später die Herzöge von Kleve wachten als höchste Instanz über die Rechtspflege in ihrem Land.

In ihren Entscheidungen orientierten sich die Schöffen, die ebenfalls frei von der Bürgerschaft gewählt waren, an dem geltenden Gewohnheitsrecht ihrer Stadt. Dies wurde in früheren Zeiten mündlich überliefert und erst im ausgehenden Mittelalter schriftlich fixiert. In Kalkar entstand während des 16. Jahrhunderts die Gesetzessammlung der „Calcarschen Rechte“, die in einer Handschrift des Stadtarchivs erhalten ist. Allerdings war diese Liste der Rechte nicht erschöpfend, so daß die Schöffen weiterhin auf gute Kenntnisse der alten Rechtsbräuche angewiesen waren. Ihr Wissen erwarben sie sich wohl auch durch die Teilnahme an den öffentlichen Tagungen des städtischen Schöffengerichtes. Im Rathaus besaßen Kalkars Rechtsberater aber auch eine kostbare Abschrift des „Sachsenspiegels“, jener berühmten Sammlung von Rechtssätzen, in der Eike von Repgow um 1230 das Recht seiner sächsischen Heimat zusammengefaßt hatte. Die Ausgabe des Kalkarer Sachsenspiegels stammt aus der Zeit um 1400.

Die Schöffenbank (scepenbank), wie man die Versammlung der Schöffen nannte, tagte im Rathaus, die Figur der Justitia über dem Hauptportal mit Schwert und Waage in ihren Händen verweist noch heute auf den Gerichtsort. Ehemals hielten die Schöffen jedoch im Freien unter der Marktlinde Gericht. Im Januar des Jahres 1545 war vor dem gotischen Rathaus eine junge, aber schon stattliche Gerichtslinde gepflanzt worden. Diese wurde bald mit einem hölzernen Rahmengestell umbaut, um dem Baum die Form einer „schönen Linde“ zu geben. Noch heute steht sie an derselben Stelle. Später verlagerte man den Tagungsort der Schöffenbank von der Linde in eine Gerichtslaube. 1562 bauten die Kalkarer eine solche Laube, die das Gericht vermutlich zunächst nur bei schlechtem Wetter nutzte. Die für die Verhandlung geforderte Öffentlichkeit erreichte man hier durch die Öffnung der Seitenwände. In einer Stadtansicht aus dem Jahre 1575 ist aber noch eine viereckige Umzäunung der Linde zu erkennen, die wahrscheinlich die Schöffenbank darstellen soll, so daß man annehmen kann, daß die Schöffen auch weiterhin, zumindest im Sommer, unter der Linde tagten.

Zu Beginn jeder Verhandlung spannte man die Bank, dadurch sollte der Lärm des Alltagsgeschehens ausgeschlossen und Frieden im Gerichtskreis geschaffen werden. Ursprünglich war es einmal Brauch, mit Seil und Pflock den Gerichtsplatz zu umfrieden, später lebte dieser Gedanke in der Viereck-Aufstellung der Sitzbänke fort. Es ist gut möglich, daß auch im Juli des Jahres 1597, als das Hohe Gericht in Kalkar über einen armen Sünder beriet, die Schöffen unter der Linde tagten. Ein städtisches Rechnungsbuch, das der Gerichtsschreiber führte, gibt uns heute Aufschluß über den „traurigen" Fall, der damals verhandelt wurde.

Am späten Abend des 30. Juni war der Scharfrichter aus Kleve nach Kalkar gekommen, wo es keinen Mann dieses Gewerbes gab. Tags darauf wurden die beiden Gefangenen Martin van Castert und Herman van Moerß vom Scharfrichter einer „peinlichen Befragung" unterzogen, das heißt, daß die Schöffen ein Verhör der Beschuldigten unter Folterqualen vornahmen, um die Wahrheit an den Tag zu bringen und möglicherweise ein Geständnis zu erhalten. Am 3. Juli dann wurde der Gefangene „Martin" von sämtlichen Stadtdienern aus dem Gefängnis abgeholt, vor das Gericht gestellt und zum Tode durch Enthaupten verurteilt. Eine milde und ehrenhafte Todesstrafe zur damaligen Zeit, denn gewöhnliche Diebe hängte man außerhalb der Stadtmauer am Galgen auf. Vor der Vollstreckung des Urteils ließ man zwei Karren Sand zur Richtstätte an der Südwestecke des Rathauses bringen. Damit sollte das Blut des Sünders aufgefangen werden. Auch dies vermerkt die städtische Rechnung, 16 Stüver wurden dafür bezahlt. Den Stadtdienern gab man Bier zum Lohn dafür, daß sie den Verurteilten bewachten und abführten. Und nach alter Gewohnheit erhielten die Schöffen am Gerichtstage eine kostenlose Mahlzeit, zu der auch Beichtvater, Gerichtsschreiber und Trompeter geladen waren. Schließlich ließ man dem Delinquenten noch einen Viertel Wein reichen, bevor der Scharfrichter die Welt von dem Sünder befreite. Der Freimann hatte sein Schwert geschärft, auch das wurde aus der Stadtkasse ordnungsgemäß belohnt. Dann schlug der Scharfrichter zu und nachdem Martin gerichtet war, ließ man den Rumpf des Leichnams zu den Toren der Stadt hinaus bringen. Der zweite Gefangene jedoch wurde auf den Befehl eines landesherrlichen Beamten hin freigelassen.

Welche Schuld Martin nun auf sich geladen hatte, darüber gibt das Rechnungsbuch leider keine Auskunft, es muß aber eine Tat gewesen sein, die nicht ganz so niederträchtig war, daß man ihm die schändliche Galgenstrafe zukommen lassen wollte. Nach den Rechtsbräuchen der Zeit wurden beispielsweise Räuber, Totschläger, Landfriedensbrecher und Aufrührer durch eine Enthauptung gerichtet.

Auch für das Jahr 1599 ist in den Dokumenten des Kalkarer Stadtarchivs eine solche Hinrichtung mit dem Schwert auf dem Marktplatze bezeugt. Eine Strafe, die nicht nur dem Rechtsempfinden der Zeit, sondern auch den damaligen Möglichkeiten einer Bestrafung entsprach, denn Gefängnisse zur längeren Verwahrung eines Gefangenen hat man zu dieser Zeit noch nicht gekannt. Erst mit dem Zeitalter der Aufklärung begann ein neues Rechtsbewußtsein sich durchzusetzen.

Die Galgenstrafe beispielsweise wurde im preußischen Staate 1743 endgültig abgeschafft, die Strafsitte des Räderns jedoch ist erst 1851 verboten worden.

Markt und Rathaus, aquarellierte Zeichnung von Jan de Beijer, 1744.

Gericht unter der Linde, Stich, 19. Jahrhundert.

Seit der Verleihung der Stadtrechte 1242 genoß Kalkar das Privileg der freien Rats- und Richterwahl durch seine Bürger. Die Kalkarer Gerichtslinde (links) und das gotische Rathaus aus dem Jahre 1446.

Das Jan von Werth-Denkmal vor der St. Aldegundis-Kirche in Büttgen-Kaarst. Bronze-Abguß nach einem Kalkstein-Original.

Vom Pferdeknecht zum Reitergeneral

Die handschriftlichen „Annalen" des Jesuitenpaters Turck schildern uns Jan von Werth als einen Mann von kräftigem Körperbau und schwarzem Haupthaar. Sein Gesicht, seine Stimme und seine Körperhaltung machten auf den Geistlichen einen höchst kriegerischen Eindruck, [1]) ein Bild, das viele der unzähligen Porträts des Reitergenerals durchaus bestätigen. Auch das kleine Standbild vor der St. Aldegundiskirche in Büttgen zeigt ihn als einen ritterlichen Helden und dazu als einen gottesfürchtigen Mann, der seine Hände zum Gebet faltet. Hier, im damaligen Kirchspiel Büttgen, wurde Jan von Werth 1591 auf einem kleinen landwirtschaftlichen Gut geboren. Als er heranwuchs, verdiente er sein Brot zunächst als Pferdeknecht auf dem Rittergut Haus Randerath in Kleinenbroich bei der Familie Raitz von Frentz. Wohl im Alter von 19 Jahren ergriff er die Gelegenheit, Soldat zu werden und ließ sich von einem wallonischen Regiment anwerben. Möglicherweise hatte sich der kräftige von Werth zuvor in eine Prügelei mit drei holländischen Söldnern eingelassen, wie Grimmelshausen in seinem Simplicissimus-Roman schildert, und nun fürchtete er sich vor einer Bestrafung. Der Eintritt in die Armee erschien ihm vielleicht als rettender Ausweg und als neue Chance, aus der Enge und Perspektivlosigkeit in seiner Heimat auszubrechen. So verpfändete seine Mutter vier Morgen Land, wahrscheinlich, damit sich Jan Pferd und Ausrüstung besorgen konnte, die ein Reiter damals noch selbst stellen mußte. Nun kämpfte er für den Spanischen König unter einem Verwandten des Generals Spinola. 20 Jahre lang schlug er sich in der spanischen Armee und brachte es, obwohl er keineswegs von adeliger Herkunft war, bis zum Rittmeister. 1632 trat er seinen Dienst für das Liga-Heer des Kurfürsten Maximilian I. von Bayern an und startete zu einer bedeutenden militärischen Karriere.

Während die protestantischen Niederländer um ihre Unabhängigkeit von der spanischen Krone kämpften, hatte in den deutschen Landen der „Dreißigjährige Krieg" begonnen. 1630 war der schwedische König Gustaf Adolf II. mit einem Heer in Pommern gelandet und drang bald bis nach Süddeutschland vor. Als Chef eines „fliegenden" Reitercorps kämpfte von Werth nun für den bayerischen Kurfürsten und die Heere der „katholischen Liga" oft erfolgreich gegen die Schweden. Mit blitzschnellen Überraschungsangriffen und Siegen über mehrfach überlegene Gegner machte er sich einen Namen, der bald in den feindlichen Lagern Angst und Schrecken verbreitete. Nach dem Tod des Reiterführers von Pappenheim wurde Jan von Werth, inzwischen zum „Obristen zu Roß" befördert, Anführer der kurbayerischen Reiterei. Ende Juni 1634 schlug er die schwedisch-protestantischen Truppen des Bernhard von Weimar bei Regensburg, und im August verhalfen seine Kavallerieattacken gegen die Schweden bei Nördlingen (eine der blutigsten Schlachten des Krieges) dem vereinten spanisch-kaiserlichen Heer zum Sieg. Für seine bei Nördlingen bewiesene Tapferkeit und den erfolgreichen Schlag gegen den Rheingrafen Otto Ludwig, einen schwedischen Truppenführer, wurde er schließlich von Maximilian I. zum Feldmarschall-Leutnant befördert. Damit war von Werth in einem Zeitraum von nur vier Jahren vom unbekannten spanischen Rittmeister (Hauptmann) zum Führer der Ligakavallerie aufgestiegen.

1635 begann Frankreich, das ein Bündnis mit Schweden eingegangen war, nun auch selbst militärisch in den Konflikt einzugreifen. Darauf erhielt von Werth die Erlaubnis des Kurfürsten von Bayern, dem Herzog von Lothringen gegen die Franzosen zu Hilfe zu eilen und mit seinen Truppen ins Elsaß einzurücken.

Zuvor hatte der Kaiser Jan von Werth für seine siegreichen Feldzüge in den Reichsfreiherrenstand erhoben. 1636 belagerte von Werth Lüttich, worauf die wohlhabenderen Bürger flohen. Doch die Stadt widerstand schließlich dem gefürchteten Reiterführer, auf dessen Kopf die Bürger Lüttichs 1000 Reichstaler ausgesetzt hatten. Im Sommer 1636 drangen von Werths bayerische Regimenter an der Seite einer großen spanischen Armee in Nordfrankreich ein. Die kaiserlichen Truppen errangen aufsehenerregende Erfolge, eroberten eine Reihe von Grenzstädten und überschritten die Somme. Im September stießen einzelne Reitertrupps des Jan von Werth sogar bis Compiègne und Pontoise vor, Paris machte sich in panischer Angst vor den bayerischen Reiterregimentern des gefürchteten Jan von Werth zur Verteidigung bereit. Selbst in ein Kinderlied ließen die Franzosen die alptraumhafte Vorstellung von dem Haudegen aus Deutschland einfließen. So lautet die erste Strophe dieses Liedes in einer freien deutschen Übersetzung:

„Ach, ihr armen Kinder weint,
weil jetzt Jan von Werth erscheint!
Jan von Werth will euch verschlingen,
still, es darf ihm nicht gelingen.“ [2])

Doch zu einem Angriff auf Paris kam es nicht mehr, weil der Führer des spanisch-kaiserlichen Heeres zögerte, und die Franzosen schließlich zum Gegenangriff übergingen.

Im Frühjahr 1637 belagerte Jan von Werth die Festung Ehrenbreitstein bei Koblenz, die seit fünf Jahren von einer französischen Besatzung gehalten wurde. Als diese am 26. Juni kapitulierte und die Handelsschiffe auf dem Rhein wieder ungehindert passieren konnten, wurde von Werth in Köln gefeiert. Zum Dank erhielt er eine Golddukaten-Kette, die aus Spenden der Kölner Bürgerschaft bezahlt worden war. Im März 1638 jedoch unterlagen die Kaiserlichen und die Bayern bei Rheinfelden den Truppen des nun in französischen Diensten kämpfenden Herzogs Bernhard von Weimar, und Jan von Werth geriet in Gefangenschaft. Der Herzog lieferte von Werth den Franzosen aus, und bald wurde der eben noch gefürchtete Reiterführer unter Spottliedern „... Wir haben Deutschland geschlagen und Jean de Werth ...“ nach Paris gebracht. Aber Jan von Werth blieb nicht lange eingesperrt im Schloßturm von Vincennes, das wenige Kilometer vom Pariser Stadtzentrum entfernt lag. Schon bald gewährte man dem Reitergeneral, dem Richelieu schon 1635 eine beträchtliche Summe angeboten hatte, um ihn zu einem Wechsel der Fronten zu bewegen, freien Ausgang. Immerhin war er am französischen Hof ein mit großem Interesse bedachter Gast, der sogar die Sympathie Ludwigs XIII. und seiner Frau Anna genoß. So waren ihm bald Kirchenbesuche und Spaziergänge erlaubt. Man gewährte ihm sogar Zutritt zum Hofe und eine Audienz beim König; auch lud man den kriegsgefangenen Offizier zu einer Besichtigung der Hauptstadt ein. In der düsteren Festung Vincennes „fanden vornehme Damen Vergnügen daran, den fürchterlichen Jean de Werth speisen zu sehen.“ [3]) Und am Versailler Hofe empfanden „... die gezierten Höflinge ... einen wohligen Schauer, wenn Werth sich über das übliche gespreizte Gehabe hinwegsetzte, seine Trinkfestigkeit bewies, Tabak rauchte und schnupfte.“ [4]) Nach vier Jahren französischer Kriegsgefangenschaft wurde Jan von Werth schließlich am 24. März 1642 im Austausch gegen den schwedischen Feldmarschall Gustav Horn ausgetauscht und auf freien Fuß gesetzt.

Das Jan von Werth-Portraitgemälde im Pfarrhaus zu Neersen.

Auf einer Brücke im mittelbadischen Städtchen Lahr wurde die historische Übergabe vorgenommen. In Köln empfing man von Werth mit großem Jubel, und sogleich bat ihn der Magistrat in die Kämpfe einzugreifen, die jetzt auch den Niederrhein erreicht hatten. Im August stürmte von Werth, inzwischen Feldmarschall-Leutnant, gegen weimarisch-hessische Truppen, auch befreite er die Städte Gladbach, Odenkirchen, Grevenbroich und Düren.

Am 13. November rief ihn Kurfürst Maximilian wieder nach Süddeutschland, und Ende Januar bezwang er zwei schwedische Regimenter bei Schorndorf.

Im Mai 1643 wurde Jan von Werth dann von Maximilian I. von Bayern zum „kurbayerischen General der Kavallerie“ erhoben und erreichte damit den Höhepunkt seiner militärischen Laufbahn. Auch bei Tuttlingen war von Werth im November 1643 noch siegreich und machte unter den Franzosen und Weimarischen 6000 Gefangene. Doch am 30. Juli 1645 mußte er eine schwere Niederlage hinnehmen, als ihm, nach anfänglichen Siegen gegen die Franzosen und Hessen, schließlich kein anderer Ausweg blieb, als den Kampf erfoglos abzubrechen. Mehr als 3000 Gefallene waren zu beklagen. Sein Stern schien zu sinken. Zu Beginn des Jahres 1646 fielen Schweden und Franzosen in Bayern ein. Kurfürst Maximilian, der aus München fliehen mußte, bat den vordringenden Feind um einen vorläufigen Waffenstillstand. Während Maximilian über ein Bündnis mit Frankreich nachdachte, rief Kaiser Ferdinand III., der sich nun von seinem stärksten Verbündeten (Bayern) verlassen sah, die bayerischen Generale auf, sich seinem Heer anzuschliessen. Nach einigem Zögern entschied sich von Werth, der die Politik seines Kurfürsten und langjährigen Kriegsherren als Verrat wertete, für den Kaiser. Mit der gesamten Reiterei und Teilen des Fußvolkes zog Jan von Werth am 1. Juli in Richtung Böhmen, um die kurbayerischen Truppen dem Kaiserlichen Heere zuzuführen. Die Haltung des abtrünnigen bayerischen Reiterführers beschreibt der „von Werth-Biograph“ Helmut Lahrkamp so: „Er tat seine Pflicht gegen Kaiser und Reich, wie er sie verstand ... Er war ein überzeugter deutscher Patriot; in einer Zeit, in der das deutsche Nationalgefühl noch wenig entwickelt war, blieb er dem Kaiser und der katholischen Liga unerschütterlich ergeben, so daß es keine Phrase war, wenn er betonte, sein Ziel sei stets gewesen, ‚wider des Heiligen Römischen Reiches gemeine Feinde‘ – besonders Frankreich und Schweden – seine äußersten Kräfte bis auf den letzten Blutstropfen anzustrengen.“ 5)

Jan von Werth, der kaiserliche Reitergeneral, Kupferstich von Wenzel Hollar, 1635.

Im Zorn über die Untreue seines Reitergenerals ließ Kurfürst Maximilian I. die Besitzungen von Werths, die dieser für seine Verdienste als Geschenk erhalten hatte, verwüsten.
1647 kehrte Maximilian jedoch an die Seite des Kaisers zurück und forderte die Entlassung von Werths aus der Armee. Noch hielt der Kurfürst den Treuebruch seines ehemaligen Reitergenerals für unverzeihlich. Ferdinand III. entließ ihn, schenkte ihm jedoch im Gegenzug die böhmische Herrschaft Benatek nördlich von Prag für seine bisherigen Verdienste. Nun weilte Jan von Werth, zur Tatenlosigkeit verurteilt, auf seinem Schloß. Als aber 1648 Schweden und Franzosen erneut Böhmen und Bayern bedrohten, hob der bayrische Kurfürst nach einer Bitte des Kaisers die Ächtung von Werths auf und duldete dessen Rückkehr zum kaiserlichen Heer. München wurde am 4. Oktober zum dritten Male befreit, und einen Tag später errang von Werth seinen letzten größeren Sieg bei Dachau gegen die Schweden. Am 24. Oktober 1648 wurde in Münster der „Westfälische Friede“ geschlossen. Jan von Werth zog sich auf sein böhmisches Schloß Benatek zurück und blieb bis zu seinem Tode am 12. September 1652 Soldat in den Diensten des Kaisers.
Schon früh begannen Sage und Legende das abenteuerliche Leben des draufgängerischen Reiterführers zu umranken. Sein Ruhm knüpft sich nicht zuletzt an seine steile Karriere. Vom Bauernburschen, der nie eine Schulbildung genoß, kämpfte von Werth sich hoch bis zum Reitergeneral. Zeit seines Lebens blieb von Werth des Lesens und Schreibens unkundig, er lernte es lediglich, seinen Namen zu malen. Doch seine Autorität als Führungspersönlichkeit scheint dadurch wenig beeinträchtigt gewesen zu sein. „Sein soldatischer Lebensstil und seine Fürsorge für die ihm unterstellten Truppen, sicherten ihm die begeisterte Anhänglichkeit seiner Regimenter“, 6) bemerkt Helmut Lahrkamp. Ein guter Teil jener vielgerühmten Schlagkraft der von Werthschen Reiter gründete sich wohl auf dieses Vertrauensverhältnis zwischen dem Reiterführer und seinen Soldaten.

1) Turck, Zit. n.: Osterbrauck, Köln 1992.
2) Mauritz, S. 47. Kinderlied im französischen Originaltext „Petit enfants, qui pleurera? ...“
3) Lahrkamp, In: Rh. Lebensbilder, S. 103.
4) Büttner, S. 111.
5) Lahrkamp, In: Rh. Lebensbilder, S. 111.
6) a.a.O. S.97.

„Poortekerls" – Kerle, die an den Toren stehen

Die „Poortekerl-Figur" von Heide Friede an der Emmericher Rheinpromenade.

Noch in den zwanziger und dreißiger Jahren waren die „Poortekerls" jedem Emmericher ein Begriff, denn so nannte man in der Mundart (Poort = Tor) jene Männer, die nahe den Rheintoren auf der Uferpromenade standen und Ausschau nach anlegenden Frachtschiffen hielten. Machte damals der Kapitän eines solchen Lastkahns am Kai fest, dann eilten die „Rheinkadetten", heute würde man sie Gelegenheitsarbeiter nennen, zu den Schiffen, um ihre Dienste anzubieten. Kam nun der Schiffer im Nachen zum Ufer gerudert, dann erwarteten ihn schon die „Poortekerls", um sich als „Äkseschnepper" nützlich zu machen (ein Aak ist ein Kahn), um für ein gutes Taschengeld (en Döbbeltje = 5 Cent oder en Quartje = 25 Cent) den Kahn zu bewachen. Derweil konnte der Kapitän in Ruhe an Land seine Zollformalitäten erledigen. Alle Schiffe, die Emmerich passierten, mußten nämlich dort vor Anker gehen, bis die Zollbehörde der Grenzstadt die Weiterfahrt genehmigte.

Harte Knochenarbeit war hingegen für die Männer am Rhein das Be- und Entladen der Schiffe. Dabei trugen die Poortekerls Säcke, Kisten und Fässer von der Verladerampe über schmale schwankende Holzplanken in die Bäuche der Frachtkähne. Tonpfannen und Ziegel aus der nahegelegenen Ziegelei, auch Pflanzenöl, Taue und Schokolade aus Emmericher Fabriken wurden da in Windeseile transportiert und gestapelt. Einige Groschen waren der karge Lohn, der nicht selten gleich in Bier oder Schnaps umgesetzt wurde. Nach getaner Arbeit trafen sich dann die Poortekerls im „Kräjennest", wie die Gaststätte Wemmers am Rhein genannt wurde. Sie lag in der Nähe des Fährtores.

Anekdoten schildern die „Rheinkadetten" als urwüchsige Kerle, als Originale und Typen, die ihren eigenen Weg gingen, oft zu Späßen aufgelegt, aber genauso oft auch dem Müßiggang und dem Alkohol verfallen. Fast alle hatten sie vielsagende Spitznamen. „Räuber Lipps" mit dem finsteren Blick, der eigentlich Karl hieß, war Poortekerl und Straßenkehrer. Sein struppiges Haar

„Poortekerls" an der Emmericher Uferpromenade um 1874.

Emmericher Poortekerl und Stadtoriginal Jan Pup.

und der buschige Bart ließen ihn etwas verwegen erscheinen. Auch „Boll Bartels", mit bürgerlichem Namen hieß er Johann, lebte sein Leben am Rhein und nächtigte in einem Armenhäuschen in der Goldstege. In der Erinnerung der Emmericher war er gutmütig und hilfsbereit. Er soll einmal einem Bäcker einen Sack Spekulatius geklaut haben, um die „Klosmännekes" an Kinder zu verschenken. Auch der „Schwemmer" war Gelegenheitsarbeiter. Der hochgewachsene gutmütige Mann erfreute manchen mit seiner Darbietung von Trockenschwimmübungen, die er für einen Groschen auf dem Straßenpflaster absolvierte. Stadtbekannt war auch „Jan Pup", der gerne Zwiebeln aß. Die Geräusche,

Emmericher Originale von einst:
Karl Lipps, Boll Bartels und Theodor Daams.

„Poortekerl" vor der Bedürfnisanstalt am Krantor, 1915.

die der leidenschaftliche Zwiebelesser oftmals hervorbrachte, regten seine Mitbürger zu der Erfindung des neuen Nachnamens an. Er besaß die seltsame Angewohnheit, durch die Straßen zu schlendern und aus freien Stücken allerlei Unrat in einem Sack zu sammeln. So gehörten Rheinkadetten und Stadt-Originale zu den „freien Männern am großen Strom", wie sie auf einer Gedenktafel am Emmericher Poortekerl-Denkmal mit einem Schuß pathetischer Überhöhung genannt werden.

Zweifellos waren Rheinkadetten aber auch Vertreter der untersten sozialen Schicht, manche von ihnen hausten in ärmlichen Bretterbuden am Rande der Stadt; einige vertranken alles und stürzten ihre Familien in große Not. Aber trotz ihres sicherlich kargen, manchmal schwierigen Lebens, mußten sich die Poortekerls nicht als Ausgestoßene fühlen, sie gehörten dazu, und sie wußten, daß Männer wie sie am Rhein gebraucht wurden.

Standbild des Kaisers Marcus Ulpius Traianus unter der Bögen des Amphitheaters (Rekonstruktion).

Eine Römerstadt im Barbarenland

Im Archäologischen Park in Xanten steht unter den Rundbögen des rekonstruierten Amphitheaters die Statue des römischen Kaisers Marcus Ulpius Traianus. Während seiner Regierungszeit wurde um 100 n. Chr. nahe bei Xanten die nach ihm benannte römische Zivilstadt „Colonia Ulpia Traiana" gegründet. Als eine von etwa 150 Städten im römischen Reich besaß sie den Status der „Colonia" und damit das Privileg, sich selbst zu verwalten. Die Einwohner in ihren Mauern genossen das römische Bürgerrecht. 10 000 Menschen, romanisierte Gallier und Germanen, lebten in der „Traiana", die mit ihrer Größe von 73 Hektar nur ein knappes Fünftel kleiner war als das römische „Köln".

„Traiana" muß für die vor ihren Toren siedelnden Germanen und Kelten ein verblüffender Anblick gewesen sein: Was sie sahen, war eine prächtige Stadt, die ganz aus Stein erbaut war. Zumindest erschien sie so, in Wirklichkeit bestanden viele Bauten aus verputztem Lehmmauerwerk. Vier Kilometer lang war die Mauer, die den Stadtbezirk umschloß, sechseinhalb Meter hoch, von 18 Wehrtürmen bewacht, und dahinter leuchteten die roten Ziegeldächer römischer Stadthäuser und die hohen Säulen von Hafentempel und Kapitol. Nicht gewachsen, sondern auf dem Reißbrett entworfen, war die Stadt, deren Straßen und Wege den Baugrund fast schachbrettartig in quadratische Parzellen teilte. Innerhalb dieser Inseln lagen in enger Bebauung die Wohn- und Geschäftshäuser mit einem zur Straße hin ziemlich einheitlichen Erscheinungsbild. Über den breiten Bürgersteigen schützen Laubendächer vor Regen. Fast in der Mitte der Stadt, an der Heerstraße, die von Köln aus durch die „Traiana" zum Kastell Altkalkar führte, lag der größte Tempel der Stadt, der Kapitolstempel. In seinem inneren Kultraum, der Cella, zu dem nur die Priester und andere privilegierte Männer Zutritt hatten, standen die Statuen der Staatsgottheiten Jupiter, Juno und Minerva. Am Ostrand der Stadt floß damals ein Rheinarm, der nahe der Stadtmauer zu einem Hafen ausgebaut war. Ihm gegenüber lag der prachtvolle Hafentempel, dessen 27 Meter hohe korinthische Säulen aus lothringer Sandstein weithin im Umland sichtbar waren. Auch gab es ein Amphitheater, das 8000 bis 10.000 Zuschauern Platz bot und in dem blutige Gladiatorenkämpfe ausgetragen wurden. Die Honoratioren der Stadt finanzierten solche Massenspektakel, um sich die Gunst der Bevölkerung zu sichern. An der Nordseite des Kapitolstempels, wo sich zwei der südlichen Ausfallstraßen trafen, befand sich das Forum, eine Art Marktplatz, der von wichtigen öffentlichen Gebäuden umschlossen war. Wahrscheinlich gehörten dazu einmal eine Gerichtshalle, Handelskontore von Kaufleuten und ein Rathaus. Außerdem besaß die Stadt eine komfortable Herberge für Durchreisende, ein kleines Badehaus für Gäste und die großen städtischen Thermen, in denen sich die Bürger trafen. Frischwasser besorgten sich die Bewohner der Traiana aus Brunnen und Zisternen, aber auch aus den Sonsbecker Bergen. Eine acht Kilometer lange Rinne aus Gußmörtel, ein Aquädukt, führte das Wasser, durch ein leichtes Gefälle bewegt, in die Stadt zur Versorgung öffentlicher Gebäude.

Kam also ein römischer Handelsreisender über den Rhein in die Kolonialstadt Traiana, so fand er römisches urbanes Leben an diesem Ort, das dem in einer italienischen Colonia wohl stark geähnelt haben wird. Nur der Tempel der Matronen könnte dem Neuankömmling vielleicht fremd gewesen sein. Diese heilige Stätte war den Matronen oder Matres geweiht, die ursprünglich von der keltischen Bevölkerung als Fruchtbarkeitsgöttinen verehrt worden waren und die man nun in römische Kultvorstellungen einbezogen hatte.

Es ist nicht sicher, ob Kaiser Traian diese Stadt jemals gesehen hat. Aber er kannte in jedem Falle das römische Rheinland. Im Jahre 96 n. Chr. wurde er von Kaiser Nerva als Statthalter der Provinz Obergermanien an den Rhein entsandt, und ein Jahr später erhielt er den Oberbefehl über sämtliche römischen Legionen in Germanien. Als der kinderlose Nerva, der den 45jährigen Heerführer zu seinem Adoptivsohn und Nachfolger erklärt hatte, 98 n. Chr. starb, wurde Traian römischer Kaiser. Unter seiner Regentschaft erreichte das römische Imperium nach neuen Eroberungsfeldzügen seine weiteste Ausdehnung. Seine lange Regierungszeit von 98 bis 117 n. Chr. gilt als glückliche Periode des Reiches, die Stabilität und Wohlstand förderte. Der

Hafenansicht des 2. Jahrhunderts.

Die Stadtseite des Nordtores (Rekonstruktion).

Reisende fanden eine komfortable Unterkunft in der Herberge, die in unmittelbarer Nähe des Hafens lag.

Amphitheater im archäologischen Park Xanten, oben, Hafentempel links (Rekonstruktion).

Porträt: Kaiser Traian, Münze: Sesterz, Messing, 103/111 n. Chr.

Zeitpunkt der Stadtgründung nahe des heutigen Xanten steht nicht genau fest, doch gibt der Grabstein eines römischen Legionärs, der in Carnuntum an der Donau gefunden wurde, einen ungefähren Zeitraum an. Der Soldat Lucius Valerius Verinus diente in der 10. Legion und stammte aus der Stadt Traiana, wie auf dem Grabmal zu lesen ist. Da aber die 10. Legion um das Jahr 100 an die Donau verlegt wurde, so muß die Kolonie bereits vorher vom Kaiser das Stadtrecht und ihren Namen erhalten haben.

Die römische Zeit am Niederrhein begann aber nicht erst mit der Zivilstadt Traiana. Schon 150 Jahre vor ihrer Gründung waren Römer in den Xantener Raum vorgedrungen. Von 58 bis 51 v. Chr. hatte Caesar ganz Gallien unterworfen und schließlich den Rhein zur Grenze des Reiches gemacht. Wahrscheinlich erreichten nach den gallischen Kriegen römische Legionäre auch den linksrheinischen Xantener Raum. Die frühesten archäologischen Funde datieren allerdings erst aus der Zeit um 12 v. Chr. Seit dieser Zeit gab es auf dem Fürstenberg, einer Anhöhe südlich der späteren Römerstadt, ein Truppenlager mit dem Namen „Vetera". Es diente als Militärstützpunkt für die Feldzüge gegen die Germanen im rechtsrheinischen „Germania Magna". Aus diesem Lager zogen um 9 n. Chr. unter der Regierung des Kaisers Augustus römische Legionäre in die verhängnisvolle „Varus-Schlacht". Aber die Region des späteren Xanten blieb auch danach ein Stützpunkt für römische Soldaten. Seit 50 n. Chr. waren dort sogar zwei Legionen stationiert, später blieb mindestens eine Legion mit einer Stärke von insgesamt rund 5500 Mann.

Um die Zeitenwende muß auf dem Boden der zukünftigen Traiana in unmittelbarer Nachbarschaft des Legionslagers eine erste schon damals reiche und bedeutende Siedlung entstanden sein. Sie wurde mehrmals zerstört und überbaut. Möglicherweise lebten hier zunächst Germanen vom Stamm der Cugerner und Veteranen der römischen Armee. Nach der Gründung der Stadt Traiana folgte für die Kolonie eine lange Blütezeit. Um 276 n. Chr. machten vorrückende Frankenheere ihr ein vorläufiges Ende. Später wurde im Zentrum der Stadt aus den Trümmern umliegender Bauten eine neue kleinere, aber starke Festung errichtet. Hier lebten weiterhin römische Bürger und Soldaten. In der Mitte des 4. Jahrhunderts wurde diese Stadt ebenfalls zerstört und einige Jahrzehnte später auch von ihren letzten Bewohnern verlassen, die vermutlich nach Gallien flüchteten. Die einstige Colonia verfiel rasch, Gräser und Büsche überwucherten die Mauerreste der Traiana, die nun als eine gespenstische Ruinenstadt da lag.

Denkmal für Johanna Ey in Mönchengladbach-Wickrath. Bildhauer: Peter Rübsam.

Von der Kaffeestube zur Kunstgalerie

Als Johanna Ey im Winter 1919/20 in ihrer kleinen Düsseldorfer Galerie Bilder der jungen Maler Otto Pankok und Gert Wollheim ausstellte, da erntete sie Schimpfe und Spott. „Die Wirkung war katastrophal. In der Zeit von zehn Minuten konnte niemand mehr am Fenster vorbei. Trottoir versperrt. Ich hörte nur Lachen, Schimpfen, eine Menschenmenge, als ob jemand ermordet worden wäre. Sonntags morgens erwachte ich von Johlen und Schimpfen, so daß ich die ersten Augenblicke dachte: Ja was habe ich denn gethan. Und so kam ein Entschluß in mir, jetzt gerade stelle ich von den Modernen aus." [1]) So erinnerte sich die couragierte Frau Ey Jahre später an jenes einschneidende Ereignis. Und mit dieser Tat begann für die ungewöhnliche, damals immerhin schon 56jährige Galeristin, noch einmal ein ganz neuer Lebensabschnitt. Ihre kleine Kunsthandlung am Hindenburgwall 11 (heute Heinrich-Heine-Allee) mit zwei Schaufenstern zur Straße hin und einer Wohnstube dahinter, in der sie auch schlief, wurde nun bald zu einer der Keimzellen junger revolutionärer Kunst im Rheinland. Der Weltkrieg war verloren und das Kaiserreich tot, desillusioniert und voller Aggression auf die alten Werte kehrten die jungen Maler von den Fronten nach Düsseldorf zurück. Auch der in Köln lebende Max Ernst, der erst später Kontakt mit der Kunsthändlerin Frau Ey aufnahm, war durch den Krieg geprägt worden. „Ein ebenso fürchterlicher wie törichter Krieg hat uns um fünf Jahre unseres Lebens betrogen. Wir waren dabei gewesen, wie all das, was man uns als recht, schön und wahr gepriesen hatte, in einen Abgrund von Lächerlichkeit und Schande stürzte. Meine Werke in jener Zeit sollten nicht gefallen, sondern aufheulen machen." [2]), so resümierte der Maler seine Erfahrungen. Andere hatten daheim mit dem konservativen akademischen Lehrbetrieb der Kunstakademie gebrochen. Viele der Künstler, die mit den zu „seelenlosem Formalismus erstarrten bürgerlichen Traditionen" [3]) brechen wollten, wie es der Aktivistenbund 1919 formulierte, fanden nun Verständnis bei Johanna Ey.

Neben Otto Pankok und Gert Wollheim traten Max Ernst und Otto Dix aus Dresden mit der „Ey" in Verbindung. Rasch entstand ein Künstlerkreis um die rundliche mütterliche Frau, der künftig schlicht „das Ey" genannt wurde. Künstler wie Mathias Barz, Trude Brück, Fritz Feigler, Hermann Hundt, Peter Ludwigs, Hans Rilke, Karl Schwesig und Adalbert Trillhaase, die bislang noch wenig Aufmerksamkeit genossen, stießen bald zum „Ey-Kreis". 1920 trat die „Gruppe Ey" der Künstlervereinigung „Das Junge Rheinland" bei, die im Vorjahr von den Malern Adolf Uzarski, Arthur Kaufmann und dem Schriftsteller Herbert Eulenberg gegründet worden war. Sie und viele andere Maler des „Jungen Rheinlands" verkehrten alle in der kleinen Galerie, die ab 1920 mit dem Geschäftnamen „NEUE KUNST FRAU EY" über den Ladenfenstern firmierte. In der „Kunsthandlung Ey" stellten sie nicht nur ihre neusten Arbeiten aus (dies geschah bald in 14tägigem Wechsel), dort traf man sich auch zu geselligen Runden und heftigen Diskussionen. Mittelpunkt der jungen Künstler-Avantgarde jedoch war von Anfang an die Kunsthändlerin Johanna Ey, eine Frau aus einfachen Verhältnissen, die ebensoviel Güte und Einfühlungsvermögen wie Kampfgeist, Mut und Spontaneität besessen haben muß.

1864 wurde sie in dem Landstädtchen Wickrath bei Mönchengladbach als Tochter eines Tagelöhners geboren. In ihren Memoiren widmet sie ihrer ersten Lebenshälfte nur wenige Zeilen. „Wir waren sechs Geschwister, ich die jüngste einer armen Familie. Mutter war eine Dulderseele, Vater ein stolzer, intelligenter Mann, jedoch Trinker, wo wir alle, besonders Mutter, sehr darunter leiden mußten. Nach der Schulzeit kam ich mit 14 zu fremden Menschen, mit 18 lernte ich meinen Mann kennen, heiratete mit 23 Jahren im Jahre 1888 und hatte eine sehr traurige Ehe. Von meinen zwölf Kindern blieben vier, zwei Söhne und zwei Töchter, die mich sehr lieben und verehren. Im Jahre 1910 wurde ich geschieden, und ich mußte mich mit meinen vier Kindern … kümmerlich ernähren." [4]) Mit ihrem Mann, dem aus Schlesien stammenden Brauereimeister Robert Ey, zog sie nach Düsseldorf, um dort ein Tabakwarengeschäft zu betreiben. Das jedoch florierte nicht, und danach kam es zur Trennung.

Johanna Ey und Freunde, 1929.

Johanna Ey im Kreise von Freunden.

Nun mußte sich Johanna mit ihren Kindern alleine durchschlagen. Zunächst unterhielt sie eine Kaffeestube in der Ratinger Straße ganz in der Nähe der Kunstakademie. Hier entstanden auch ihre ersten Kontakte zur Kunst und den Künstlern, die von ihr mit Schinkenbroten, Kaffee und Törtchen verwöhnt wurden. Bis 1914 führte Johanna Ey diese Backwarenfiliale und häufte bereits eine kleine Bildersammlung an, denn es waren nicht wenige Künstler, die bei ihr pumpten und vorläufig mit eigener Malerei bezahlten. In der Notzeit des Ersten Weltkrieges trennte sie sich jedoch für einen geringen Preis von ihrer Sammlung. Der Gewinn sollte verwundeten Soldaten zugute kommen. Zu dieser Zeit, im dritten Kriegsjahr (1916), faßte sie den Plan, Kunsthändlerin zu werden, um so ihren Lebensunterhalt zu bestreiten. Sie mietete Geschäftsräume am Hindenburgwall und begann „Alte Düsseldorfer Malerschule" zu verkaufen. Erste Erfolge stellten sich ein, Johanna Ey gewann an Selbstbewußtsein und wurde „geschäftlicher und freier". [5]) Schließlich kamen die Maler Pankok und Wollheim und begeisterten sie für die neue fortschrittliche Kunst, die sie fortan in ihrer Galerie präsentierte.

1921, die „jungen Rheinländer" verlegten ihre Geschäftsräume in die „Galerie Ey". Damit wurde die kleine Kunsthandlung am Hindenburgwall 11 zum Zentrum der relativ großen Künstlervereinigung. Leicht zu verkaufen waren die Bilder des „Ey-Kreises" nicht, Öffentlichkeit und Presse, auch Schüler und Professoren der Kunstakademie kritisierten, spotteten, schimpften; trotzdem gewann die „Neue Kunst" nach und nach an Beachtung. Im Sommer 1922 fand die erste „Internationale" (Kunstausstellung) des „Jungen Rheinlands" statt, die die traditionelle „Große Düsseldorfer" Ausstellung im Kunstpalast, „wo die ältesten Akademiker in ihrem Kitsch schmorten" [6]), wie es der Journalist Alfred Salmony damals schrieb, sogar in den Schatten stellte.

Und Johanna Ey war stolz, daß sie unermüdlich „... mitarbeiten konnte am Aufbau einer modernen Kunstepoche." [7]) „Ich war Laufmädchen, Einpackerin von Zeitschriften (die im Ei-Kreise hergestellt wurden), Sekretärin und Geldspenderin in einer Person, und ich kann behaupten, daß ich mein Hab und Gut gegeben hätte, solange es reichte", [8]) schrieb sie in ihren Erinnerungen. Aber auch im Galeriebetrieb am Hindenburgwall stellten sich in diesen Jahren beachtliche Erfolge ein. Schon 1922 hatte Johanna Ey Bilder des später berühmt gewordenen Max Ernst ausgestellt. Die meisten seiner frühen Bilder wurden im „Ey“ verkauft, wo Johanna in den vorderen Ausstellungsräumen Kommissionsware für Künstler mit fester Gewinnbeteiligung anbot, während sie im Hinterzimmer „Eigenware“ zu freien Preisen bereithielt. Zu ihren ersten großen Geschäftserfolgen zählt beispielsweise der Verkauf des bekannten Gemäldes „Meine Eltern“ von Otto Dix an das Wallraf-Richartz-Museum.

Als Johanna Ey 1929 ihren 65. Geburtstag in ihrer Galerie feierte, gehörte sie schließlich zur Prominenz der Stadt. „Mutter Ey“, wie viele sie inzwischen nannten, wurde mit Glückwunschtelegrammen, Blumen und Geschenken überhäuft, auch der Oberbürgermeister und der Akademiedirektor waren unter den Gratulanten. Niemand lachte mehr über die ungewöhnliche Frau. Letzter Höhepunkt der „Ey-Ära“, der gleichzeitig ihr Ende einläutete, war die große Wanderausstellung durch deutsche Städte mit dem Titel „Sammlung Ey – Düsseldorf“ in den Jahren 1931/32. Gemälde, Plastiken und Graphiken aus Johannas Bestand wurden zunächst in Köln, Königsberg, Mannheim und Wiesbaden gezeigt. In Düsseldorf hatte man die „Ey“ bereits zur schrillen Kultfigur erhoben.

Die inzwischen mit dem Titel „meistgemalte Frau Deutschlands“ geehrte Johanna Ey trat im Revuetheater „Apollo“ auf. Marschmusik ertönte, wenn „die Ey“ auf die Bühne geführt wurde und sieben Maler im Kreise um ihr Modell die Pinsel schwangen. Unzählige Porträts von der „Ey“ entstanden in den Jahren, in denen sie ihren Malerfreunden nicht nur Kunsthändlerin, sondern ebenso Mutter, Modell und Muse war. Bald gehörte es für einen Künstler des „Ey-Kreises“ zur Ehrensache, ein Porträt von ihr anzufertigen. Aber es gab auch Auftragsarbeiten unter den vielen „Ey-Bildnissen“, die die Kunsthändlerin selbst veranlaßt hatte. Wie eng Johanna Eys Beziehung zu ihren Schützlingen, den Malern, war, zeigt unter anderem die Tatsache, daß sie als Mitte eines kleinen Künstlertrupps 1927 nach Mallorca reiste. Ziel war das Anwesen des schwerkranken Dichters und Malers Jacobo Sureda, der sich in Düsseldorf mit dem „Ey-Kreis“ angefreundet hatte. 1933 besuchte Johanna Jacobo, der zwei Jahre später sterben sollte, erneut. Als sie von dieser Reise heimkehrte, hatten die Nazis auch in der Rheinmetropole die politische Macht bereits übernommen. An den Fenstern der „Galerie Ey“ klebten Boykottzettel. Das war das Ende der fortschrittlichen Kunst in Düsseldorf. Viele Maler des „Ey-Kreises“ gehörten nun zu den Verfemten und den „Entarteten“ des Dritten Reiches. 1933 wurde der Maler Karl Schwesig in einem Brauereikeller in der Bismarckstraße gefoltert, während man ihn dabei mit den eigenen Bildern konfrontierte. Im gleichen Jahr erlebte auch Düsseldorf ebenso wie Berlin eine Bücher- und Bilderverbrennung. Unter den Werken, die den nationalsozialistischen Machthabern nicht paßten, war auch ein großes Anti-Kriegs-Motiv, das einst in der Kunsthandlung Ey gezeigt worden war. Im April 1934 gab Johanna Ey ihren Laden endgültig auf. Mit einigen Künstlern blieb sie in freundschaftlicher Verbindung, ein Galeriebetrieb jedoch war für sie nicht mehr möglich. Nach dem Kriege versuchten zwei Geschäftsleute noch einmal einen Neubeginn mit dem Namen „Ey“. Aber das „Westdeutsche Künstlerzentrum Mutter Ey GmbH“ mit angeschlossener Künstlergaststätte ging 1950 endgültig pleite. Johanna Ey war bereits drei Jahre vorher im Alter von 83 Jahren gestorben. Das Unternehmen „Mutter Ey“ war eben nicht wiederholbar.

Johanna Ey vor ihrem Laden, 1929.

1) Memoiren der Johanna Ey. Zit. n.: Barth, S. 24.
2) Max Ernst im Gespräch mit Patrick Waldberg. Zi. n.: Barth, S. 18.
3) Programm: „Aktivistenbund 1919“. Zit. n.: Barth, S. 26.
4) Memoiren der Johanna Ey. Zit. n.: Barth, S.14.
5) a.a.O., S. 19.
6) Bericht des Journalisten Alfred Salmony ... . Zit. n.: Barth, S. 39.
7) Memoiren der Johanna Ey. Zit.: n. Klapheck, S. 37.
8) a.a.O.,. S. 38.

Rast der Wallfahrer auf der Chaussee von Hochheim nach Mainz, Holzstich nach einer Zeichnung von P. Wagner, 19. Jahrhundert.

Anbetung vor dem Gnadenbild, Holzstich aus der „Gartenlaube", um 1870.

„Die Wallfahrt nach Kevelaer", Originalzeichnung von Professor Thumann, 1874.

Denkmal des Hendrik Busman in der Busmanstraße zu Kevelaer. Bronzestatue von Erika Rutert, 1989.

Das Wunder zu Kevelaer

Wenn in den Sommermonaten die Pilgerscharen nach Kevelaer strömen, dann führen fast alle Wege unweigerlich zum Heiligenbild in der Gnadenkapelle. Jeder, der den Wallfahrtsort einmal besucht hat, kennt das Andachtsbild der „Maria-Kevelaer". Es handelt sich dabei um einen kleinen Kupferstich (7,5 x 11 cm), der inmitten von kostbaren Schmuck-Opfergaben vor einer Fensteröffnung in dem barocken Kapellchen ausgestellt ist. Das schlichte Papierbildchen zeigt die gekrönte Gottesmutter in einem weiten spanischen Mantel und mit dem Christuskind auf dem Arm. Man hat es als das „unscheinbarste Gnadenbild Deutschlands" bezeichnet, und doch ist es in Kevelaer das zentrale Heiligtum und der Gegenstand der Marienverehrung schlechthin. Von den gläubigen Katholiken, die nach Kevelaer kommen, wird es als wundertätiges, gnadenspendendes Bild der Jungfrau Maria angesehen; von früh bis spät sieht man Betende und Andächtige vor der Gnadenkapelle, wo sie durch die rundbogige Fensteröffnung auf das dezent angestrahlte Heiligtum schauen. Aber was heißt „wundertätig", und wie kam dieses Bild überhaupt nach Kevelaer?

Die Antwort findet der Kevelaer-Besucher, wenn er von der Gnadenkapelle aus durch die dort beginnende Busmanstraße schlendert. Nach wenigen Minuten wird er dann auf das Bronze-Standbild des Hendrik Busman treffen. Neben ihm liegt ein Stein, auf dem eine Gedenkplatte befestigt ist, die auf folgende Geschichte verweist:

Es war in der Vorweihnachtszeit des Jahres 1641, als der in Geldern wohnende Hausierer Hendrik Busman mit seiner Waren-Kiepe auf dem Rücken die Heide bei Kevelaer durchwanderte. In einem historischen Protokoll aus dem Jahre 1647, das hier in einer freien Übersetzung zitiert sei, beschrieb Busman sein Erlebnis so:

„Ich bin im Jahre des Herrn 1641 um Weihnachten von Weeze gekommen auf dem Wege, der nahe bei Kevelaer ist. Dort stand in jener Zeit ein Hagelkreuz. Dort hörte ich eine Stimme, welche mir sagte: „Op deze plaats sult gij mij een kapelleken bouwen! (An dieser Stelle sollst du mir ein Kapellchen bauen!) Hierüber habe ich mich gewundert und nach allen Seiten umgeschaut, aber niemanden bemerkt. Ich bin weitergegangen und habe jene Stimme mir für dieses erstemal aus dem Sinn geschlagen."[1]

Noch zwei weitere Male hörte der Krämer Busman die geheimnisvolle Stimme. Schließlich nahm er den göttlichen Auftrag an und faßte den Entschluß, ein solches Heiligenhäuschen zu bauen. Nach einigen Monaten aber, also im Frühjahr 1642, so berichtete Busman in seinem Protokoll, hatte auch seine Ehefrau in ihrem Hause in Geldern eine himmlische Erscheinung:

„Hiernach geschah es einen Monat vor Pfingsten, daß meine genannte Hausfrau Mechel in einer Erscheinung bei Nacht ein großes glänzendes Licht sah mit der Vorstellung eines Heiligenhäuschens (darin) und in diesem ein Bildchen der Art, wie sie solche einige Zeit zuvor in der Hand zweier Soldaten bemerkt hatte. Diese hatten zwei papierne Bildchen Unserer Lieben Frau von Luxemburg mitgebracht, um sie an den Leutnant der Kompagnie von Mackwitz zu überbringen." [2]

Wohl aus Geldnot wollten die Landsknechte eines der Bildchen an die Frau des Hausierers verkaufen. Diese jedoch lehnte ab, weil ihr der Preis zu hoch war. Als ihr nach der nächtlichen Erscheinung die Bedeutung des kleinen Marienbildchens bewußt wurde, machte sie sich auf die Suche nach den zwei Andachtsbildern. Tatsächlich hatte man diese dem Leutnant von Mackewitz übergeben. Nach dessen Freilassung aus einer Gefangenschaft in Kempen, überließ er der „Hausfrau Mechel" einen der kleinen Kupferstiche, nachdem sie ihm von den vergangenen Ereignissen erzählt hatte. Sofort machte die Nachricht von der Besonderheit des Bildchens die Runde. Zunächst gelangte es in das Kloster der Gelderner Karmelitessen, die es „eine Nacht andächtig im Kloster" behielten und nur auf Busmans Drängen wieder hergaben. Im Protokoll heißt es:

„Nach langem Bitten bekam ich dasselbe zurück und brachte es von einer Volksmenge begleitet, welche es zu sehen wünschte, in mein Haus. Sofort entstand ein großer Andrang von Menschen, welche das Bildchen durch Opfer von Geld und Wachs gegen meinen Willen verehrt haben. Ich wurde genötigt, das Bildchen zu verbergen und trug es zu den Kapuziner-Patres, in deren Kirche es bis zum dritten Tage geblieben ist. Viele Menschen kamen herbei und brachten freiwillig Opfergaben." [3]

Schließlich wurde das Bildchen am letzten Maitag des Jahres 1642 vom Pastor von Kevelaer abgeholt und am

darauffolgenden Sonntag in das Heiligenhäuschen gestellt. Dies hatte Busman mit Unterstützung des Pastors bereits vor Pfingsten desselben Jahres vollendet und zwar in der Form, in der es seine Frau Mechel des Nachts gesehen hatte. Erst 12 Jahre später wurde dieses Heiligenhäuschen mit dem sechseckigen Kuppelbau der heutigen Gnadenkapelle überbaut.
Busmans Schilderung der Ereignisse, die von einer bischöflichen Kommission am 13. Februar 1647 im Venloer „Kloster in der Weyden" schriftlich fixiert wurde, endet mit den Sätzen: „Sofort an demselben Tage kam zu dem Heiligenhäuschen eine große Menge Menschen aus Geldern und anderen Ortschaften. Auch geschahen einige Wunder, welche aufgezeichnet sind." 4)
Zuletzt schwor der des Lesens und Schreibens unkundige Hausierer Busman einen Eid auf seinen Erlebnisbericht und unterzeichnete das Protokoll mit einem schlichten Kreuzchen. Die Versammlung von Bischöfen, gelehrten Theologen und Medizinern überprüfte aber nicht nur die Erzählung jener ersten Erscheinungen, sondern auch die weiteren Wunder, die bei Wallfahrten und Bittgängen nach Kevelaer geschehen sein sollten. Acht wundersame Krankenheilungen vor dem Gnadenbild der Junfrau Maria erklärte die Kirchen-Synode für echt und wahr. Und auch nach der Bischofs-Versammlung in Venlo riß die Kette der Mirakel nicht ab. Bis zum Jahre 1792 bestätigten die kirchlichen Behörden noch 50 weitere Wunderheilungen. Dabei waren solche Gebetserhörungen nicht nur angenehme Begleiterscheinungen der Kultstätte. Erst sie machten die kirchliche Anerkennung eines neuen Wallfahrtsortes überhaupt möglich.
Noch heute erinnern zahlreiche Dankschilder in der Kerzenkapelle von Kevelaer an die erfolgten Gnaden der Gottesmutter. Manche Gläubige haben ihrer Dankbarkeit für die Genesung von schwerer Krankheit, das Überstehen einer schwierigen Operation oder die Hilfe in ernsten Konflikten ihres Lebens auf Schrifttafeln Ausdruck verliehen. Und ungebrochen ist auch heute der Strom der Wallfahrer und Pilger, die vor dem Gnadenbild um Heilung und Hilfe bitten. Die wenigsten erwarten dabei handfeste Wunder. Vielen Betenden geht es um Unterstützung, Beistand und Trost in schweren Lebenslagen. Andere kommen, um von Maria Glück und Gesundheit für die Zukunft zu erbitten.
Die himmlische Kraft, die Hendrik Busman zuerst in der Kevalaerer Heide spürte, scheint noch immer an diesem Ort zu wirken. Doch daneben hat die Ausstrahlungskraft der heiligen Stätte wohl auch einen ganz weltlich-pragmatischen Wert. So lobte ein heimischer Chronist den Wallfahrts-Pionier Busman einmal mit folgenden Worten: „... dankbar sollten wir uns seiner erinnern, denn die Wallfahrt hat unserer Stadt ihr heutiges Gesicht gegeben. Ohne sie wäre Kevelaer ein Dorf geblieben, wie andere in unserer Nachbarschaft." 5)

„Heilige Mutter Gottes", Andachtsbild, Farblithographie um 1900.

1) Protokoll der Synodalversammlung der kirchlichen Obrigkeit des Bistums Roermond vom 13. Februar 1647 in Venlo (über die Erscheinungen des Hendrick Busman und seiner Frau Mechteldt Schrouse im Winter und Frühjahr 1641/42). Zit. n.: Schwering, S. 74.
Das Protokollzitat entspricht nicht ganz dem Originaltext der Protokollübersetzung. Das Original-Protokoll der Synodalversammlung zu Venlo ist nur in einer Abschrift von 1792 erhalten, die von Christian Hubens unter dem Titel „Beschryving van Kevelaer" in Roermond 1792 und in Geldern vorgenommen wurde. Die Übersetzung stammt von Studiendirektor Peter Stenmans aus Neuss. Veröffentlicht wurde die Übersetzung des Originaltextes von Hubens in: Consolatrix Afflictorum. Das Marienbild zu Kevelaer. Hrsg.: Josef Heckens u. Richard Schulte Stade. Kevelaer 1992. S. XVII – XX.
2) Protokoll der Synodalversammlung. Zit. n.: Schwering, S. 74.
3) a.a.O., S. 75. 4) ebd.
5) Werner, Zit. n.: Plötz, R: Altes und Neues über Hendrick Busman. S. 106.

Der letzte Rheinlachs

Der Dorfbrunnen in Lüttingen bei Xanten erinnert an die Salmfischer des Ortes.

Schon in den zwanziger Jahren unseres Jahrhunderts waren die niederrheinischen Salmfischer romantische Attraktionen geworden, die Maler und Fotografen anlockten. Wenn sie in ihren hölzernen Nachen auf den Fluß hinausruderten, um die langen Netze auszulegen, boten sie ein urtümlich-idyllisches Bild. Der Kontrast zum sich immer schneller entwickelnden Industriezeitalter hätte nicht größer sein können. Und als die Lachse zu Beginn der fünfziger Jahre aufgrund der zunehmenden Wasserverschmutzung aus dem Rhein verschwanden, starb auch das jahrhundertealte Handwerk der Salmfischer. Zwischen 1949 und 1954 gaben die letzten niederrheinischen Lachsfänger-Kompanien ihre Jagd auf.

Fast nichts erinnert heute in den Dörfern und Städten am Niederrhein an dieses einst blühende Gewerbe. Dabei fanden immerhin noch um 1883 rund 300 Berufsfischer zwischen Orsoy und Emmerich ihr Auskommen durch den Fischfang. Die meisten Familien, deren Väter zum Fang auf den Rhein und seine Nebenarme hinausfuhren, lebten vom Verkauf des gut bezahlten Edelfisches Salm. In Lüttingen bei Xanten hat man das nicht ganz vergessen, dort ziert ein Relief den Dorfbrunnen und zeigt die Salmfischer von einst, wie sie in ihren Booten den Strom befahren.

Zwölf Familien ernährten sich in Lüttingen nach dem Ersten Weltkrieg noch überwiegend durch den Salmfang am heimatlichen Rheinufer. Daneben betrieben die meisten Fischer eine kleine Landwirtschaft zur Selbstversorgung. „Zwölf Apostel“ nannte man damals im Umland scherzhaft die Lüttinger Fischer, wohl der biblischen Zahl wegen. Vielleicht auch, weil sie brüderlich alles miteinander teilten, was sie in ihren Netzen an Land zogen und weil sie den merkwürdigen Brauch pflegten, die Bleigewichte ihrer Netze mit einem Kreuzzeichen zu markieren. Anders als benachbarte Fischermannschaften, die meistens im Lohnverhältnis für Fischereiunternehmer arbeiteten, hatten sich die Lüttinger als freie Genossenschaft organisiert. Die „Apostel“ teilten nicht nur ihren Fang, sondern zahlten auch gemeinsam für Nachen, Netze und die Pachtstrecke am Rhein.

„Heiligland“ sagten die Fischer bald selbst scherzhaft zu ihren Fanggründen am Strom-Kilometer 827. Eine Hütte am alten „Pärdendyck“ (Pferdedeich) unweit des Rheinufers war Treffpunkt und Ruhestätte der „Apostelgemeinschaft“. Von hier aus marschierten sie im sechsköpfigen Fangtrupp, die Netze auf einem Holzgestänge geschultert, zum „Ort“, dem Ausgangsplatz ihrer Fischzüge. Einen Tag und eine Nacht blieben die Männer am Fluß, bis die zweite Sechsergruppe die nächste Fang-Schicht übernahm.

Beim Aufbruch zu einem neuen Fischzug legten nun drei Fischer der Kompanie mit dem Nachen vom Ufer ab und ruderten mit kräftigen Schlägen der Strommitte zu. Dabei lief das im Boot auf einer Leiter aufgeschichtete Netz, vom eigenen Gewicht gezogen, in den Fluß. Von den am Ufer verbliebenen drei Männern, der Zug-Mannschaft, wurde das Uferende des Netzes gehalten. Während jetzt der Nachen in einem Bogen stromabwärts fuhr, mußte gleichzeitig das Uferende des Netzes talwärts gezogen werden. Ein Weidenklotz hielt die Oberleine mit den Korkschwimmern und die Unterleine mit den Bleigewichten auf Abstand. Gleichmäßig schleifte der kurze Holzbalken über die gut 1000 Meter lange Kiesbank, wenn die Fischer in ihren Holzschuhen im Takt stromab schritten. Von Kahn und Ufermannschaft geführt, trieb dann das Netz flußabwärts den Salmen entgegen.

Besonders im Sommer wanderten diese zahlreich in Schwärmen stromauf, um zu ihren Laichplätzen in den Nebenflüssen des Rheins zu gelangen. Die Männer im Nachen ruderten nun am Ende der Fangstrecke zum Ufer zurück, so daß das Netz in der Strömung einen weiten Bogen bildete. Schließlich wurde die Holzstange über Bord geworfen, an der das Stromende des Netzes befestigt war. Jetzt ging auch die Bootsmannschaft an Land und beide Gruppen zogen mit breiten Schultergurten den langen Netzbogen langsam und rhythmisch auf den Uferwall. Kleiner und kleiner wurde der im Wasser stehende Bogen, in dem der gefangene Salm eingekreist war. Und dann begann der Lachs im engen Endbeutel des Netzes zu toben. Der Stiefelmann, er trug hohe wasserdichte Lederstiefel, mußte nun eilig die Netzwand hochhalten, damit der Salm nicht hinüberspringen konnte. Zuletzt wurde der Fisch mit einem Kescher aus dem Wasser gehoben und mit kräftigen Knüppelschlägen auf den Kopf getötet. Eine

knappe Stunde dauerte in Lüttingen ein solcher Fischzug, war er beendet, so mußte das Netz für den nächsten Fang erneut im Boot aufgeschichtet werden. Dann zogen die Fischer ihren Nachen an einem Seil wieder stromaufwärts zum „Ort“, und alles begann von vorn. Bis zu zehn Mal zwischen Sonnenauf- und Sonnenuntergang zogen die Fischer ihr Netz mit der Strömung zu Tal.
Täglich ruderten die Fischer ihre Fänge in Weidenkörben über den Fluß auf das rechte Rheinufer, wo eine Straßenbahnlinie die Städte Rees und Wesel verband. Die „Apostel“ lieferten ihre Salme an Großfischer und Händler, vor 1922 an die Fischverarbeitungsfabrik Lisner in Wesel, später zum Fisch-Großhändler Carl Maaßen in Düsseldorf. Daneben wurden Gasthäuser und Hotels aus der Region direkt mit frischem Rheinlachs versorgt. Im Wallfahrtsort Kevelaer gab es im Sommer und Herbst gute Absatzmöglichkeiten, denn Salm wurde von den wohlhabenderen Pilgern gerne als Freitagsgericht gewählt.
2,50 bis 3,00 Reichsmark zahlten die Händler und Gastronomen in den 20er Jahren für das Pfund Rheinsalm. Aber nicht jeder Fischzug brachte den Männern einen gefangenen Lachs. Mit vier Salmen am Tag hatte man bereits ein gutes Fangergebnis erzielt. Die leichteren Sommersalme brachten im Durchschnitt 5 bis 10 kg auf die Waage, so daß sechs Fischer damit insgesamt gut 120 bis 200 RM an Tagesumsatz erwirtschaften konnten. Noch 1927 fingen die Lüttinger Apostel innerhalb des gesamten Jahres 11.115 kg Rheinsalm, das sind mehr als 30 kg am Tag.
In der Tat, das Salmfischer-Handwerk konnte seinen Mann ernähren. „Brotfisch“ wurde der Lachs darum von den Fischern genannt, obwohl sie ihn selber niemals aßen. Die einfache Landbevölkerung am Niederrhein verzehrte den erschwinglichen Weißfisch, der nebenbei in den Netzen gefangen wurde; Salm blieb dem gut betuchten Bürgertum vorbehalten.
Heute ist das Handwerk ausgestorben, und auch die letzten Zeitzeugen sind beinahe verschwunden. Der Lüttinger Theo Rösen scheint einer der wenigen zu sein, der die Arbeit der „Apostel-Fischer“ noch aus eigenem Erleben kennt. Als 14jähriger war er in den letzten Kriegsjahren an Stelle seines gefallenen Vaters in die „Apostel-Gemeinschaft“ eingetreten, um für den Unterhalt der Familie mitzusorgen. Für ihn sei es eine glückliche Zeit gewesen, ein Leben nahe an der Natur, schildert er, vielleicht seine Jugend ein wenig verklärend. Laute Kommandos im Befehlston habe es bei der Arbeit niemals gegeben, „das ging alles im stillen Einvernehmen“, [1]) erinnert er sich. Die Fangtechnik war den Männern durch die Arbeit selbst und durch die Überlieferung der Älteren in Fleisch und Blut übergegangen. Umso strenger jedoch war die Verteilung von Rollen und Arbeitsabläufen.
Führer eines jeden Trupps war auch in Lüttingen der „Baas“, er war meist der Erfahrenste unter den Männern und im Zweifelsfalle mußten die Fischer seinen Anordnungen folgen. Bei den „Aposteln“ war er gleichzeitig Steuermann im Nachen.
Dort saßen auch der „Stiefelmann“ und der „Mittelmann“, der das Abgleiten des Netzes zu überwachen hatte. Ein Fischer führte den Weidenklotz (den „Bär“), an dem das Uferende des Netzes hing; das war der „Bärenleiert“. Zu ihm gesellten sich der Koch und der „Jung“, das jüngste Mitglied der Truppe. Wenn die ersten beiden Fischzüge beendet waren, mußte der Koch zur Hütte eilen, um für seine Genossen das Essen zuzubereiten. Gekochte Kartoffeln und gebratene Brassen aus dem Beifang standen für gewöhnlich auf dem Speiseplan. Anderthalb Fische für jeden war Brauch bei den Aposteln, sie kamen mit Eingeweiden in die Pfanne und wurden in Öl goldbraun gebraten. Messer und Gabel waren tabu, denn mit den Fingern ließen sich die Gräten am besten erfühlen. Auch Trinkfestigkeit gehörte zu den Sitten der „Apostel“, vor allem dem Schnaps waren sie bei der kalten Witterung reichlich zugetan. „Die Gastwirte, (sie kamen, um den Salm ganz frisch an der Fangstelle einzukaufen), durften nicht in die Hütte kommen, ohne eine Flasche vorzuzeigen und das war überwiegend Steinhäger im Steinkrug“, [2]) erinnert sich Theo Rösen. Dazu wurden Zigarren als kleine Präsente gereicht.
So lebten die „Apostel“ ihr bescheidenes, vielleicht zufriedenes Leben, bis in die Notzeit nach dem Zweiten Weltkrieg, als die Salme noch einmal in größeren Schwärmen zu ziehen begannen. Auch die schlechte Versorgungslage ließ den Fang noch einmal als lohnend erscheinen. Doch als die Industrien an Rhein und Ruhr wieder aufblühten, verschwanden die Salme endgültig aus dem Strom.
Bereits 1949, als noch recht gute Fangergebnisse erwartet wurden, machte eine Schmutzwasserwelle aus der Emscher alle Hoffnungen zunichte. Im Juni hatten die Lüttinger Fischer 101 Salme fangen können, und auch in den ersten zwei Juli-Wochen waren es noch 44 Stück. Als aber am 16. Juli eine Flutwelle giftiger Abwässer flußabwärts rollte, sahen die wenigen Salmfischer, die es noch gab, das erste große Fischsterben im Rhein.
Im Verlaufe des Jahres 1953, so berichtet eine Statistik, erbeuteten die Lüttinger ihren letzten Lachs. Eine Zeit

lang fingen die Apostel noch Aale und Weißfische in geringeren Mengen. Die letzte Pachtzeit für die damals ertragreichen Fanggründe endete 1964. Acht Jahre später wurde die Fischerhütte am Pärdendyck abgerissen. In den Wiesen an Strom-km 827, dort wo die „Apostel“ einst ihren Nachen ins Wasser stießen, befindet sich heute ein großflächiger Baggersee.

1) O.-Ton: T. Rösen, Lüttingen. 1997.
2) ebd.

Die „Zwölf-Apostel“ am Pärdendyck beim Einholen des Zugnetzes, 1949.

rechts und unten: Salmfischer am Niederrhein beim Anladen des Zugnetzes um 1913.

Niederrheinische Salmfischer beim Ordnen des Fangnetzes, Öl auf Leinwand: Manes Peters.

Von der Heldentat eines Bauernmädchens

Das Johanna Sebus-Denkmal am Banndeich bei Wardhausen; es wurde im Jahre 1811 errichtet.

Nördlich von Kleve, nahe des Städtchens Griethausen, steht an einem alten Rheinarm oben auf dem Banndeich eines der ältesten und bekanntesten Personen-Denkmäler des Niederrheins.

Es erinnert an ein 17-jähriges Mädchen, Johanna Sebus, die im Jahre 1809 bei dem selbstlosen Versuch, ihre Nachbarin und deren Kinder aus den Hochwasserfluten des Rheins zu retten, ums Leben kam. Allein diese Heldentat bewog die französischen Regierungsbehörden des napoleonischen Kaiserreichs, zu dem der linke Niederrhein damals gehörte, dieses Denkmal zu stiften. Johanna Sebus war nicht von Adel, gebildet, oder gar reich, sie war ein einfaches Landmädchen, deren Eltern als Tagelöhner ihr Brot verdienten und die wohl selbst wie auch ihre Mutter als Dienstmagd arbeitete. So sei das „Sebus-Monument" das erste Denkmal im Umkreis für einen Menschen, der seinen Ruhm einer bürgerlichen Tugend verdanke, betonte der Klever Archivar Friedrich Gorissen und fügte hinzu: „Hier wurde wirklich, was Rousseau erträumte: Die Tat eines tapferen Proletenmädchens, von einem großen deutschen Dichter besungen und von Inhabern der Staatsgewalt in Stein verewigt." [1])

Und der große deutsche Dichter war niemand anderer als Goethe. Noch im Mai des Jahres 1809, nur wenige Monate nach dem tragischen Tod des niederrheinischen Bauernmädchens, schrieb dieser eine Ballade für Johanna Sebus. Der Unterpräfekt des Arrondissements Kleve hatte einen Bericht über die Geschichte der Johanna verfaßt, den eine Klever Dame, Christine von Vernijoul, an Goethe sandte. In einem zusätzlichen eigenen Brief richtete sie an ihn unter anderem folgende Zeilen: „Möchten Sie die rührende Tat wert finden, von dem ersten Dichter der lebenden Welt in einer Ballade verewigt zu werden, so wäre diesem edlen Mädchen ein Denkmal errichtet, welches in jeder fühlenden Menschen Brust Bewunderung für die Heldin und heißen Dank für den großmütigen Dichter erwecken würde." [2]) Das Gedicht Goethes, das früher in vielen deutschen Lesebüchern zu finden war und das Generationen rheinischer Schüler auswendig lernten, machte Johanna Sebus auch über die Grenzen der Region hinaus bekannt.

Die Heldentat der Johanna muß viele Zeitgenossen und auch die Nachgeborenen sehr gerührt haben, denn bald begann eine gefühlvolle Verehrung des Mädchens und ihrer Geschichte. Illustrationen, Berichte, Gedichte, selbst in französischen Schulbüchern, Vertonungen der Ballade, Gedenkfeiern und nicht zuletzt das Denkmal am Rheindeich machten in der Folgezeit aus der wahren Begebenheit eine Art regionalen Mythos. Im Lesebuch „Die Spinnstube" beginnt die Erzählung so: „Der Winter des Jahres 1809 war sehr hart. Der Schnee lag hoch, und die Eisdecke über die Bäche und Flüsse war so hart gebacken, daß man mit schweren Wagen darüber fahren konnte. In der ersten Hälfte des Januar trat Tauwetter ein und die starke Eisdecke des Rheins setzte sich bald in Bewegung. Mit schauerlichem Geräusche wälzte die starke Strömung die gewaltigen Eisblöcke und Eisschollen übereinander hin." [3]) Doch seit dem 10. Januar spitzte sich die Lage im unteren Stromgebiet zu. Noch immer trugen die Deiche hier die Schäden früherer Hochwässer, und jetzt lastete der Druck enormer Wassermassen auf ihnen. „Am 12. Januar gingen in Kleve die Gerüchte um, daß der Flutstand der Flüsse an allen Seiten sehr ungünstig sei", [4]) wird in einem niederländischen Buch über Deichwesen, das noch im gleichen Jahr erschien, berichtet.

„Als dann die Wasserstandsmeldungen immer bedrohlicher wurden, begannen viele Bewohner aus Rindern und anderen, nahe bei der Stadt Kleve gelegenen Dörfern, in der Nacht zwischen dem 12. und 13. Januar zu flüchten. Durch Deichbrüche bei Kalkar war das ganze Gebiet Kleve-Kalkar eine Flut, und so hoffte man erst, daß die Ländereien unterhalb gelegen vor weiteren Überströmungen bewahrt bleiben würden (wohl deshalb, weil dadurch der Druck auf die Deiche gemildert

Johanna Sebus hat ihre Mutter in Sicherheit gebracht und ist nun entschlossen, die Nachbarin und deren Kinder zu retten.

war). Als auf einmal die Kirche in Brienen (von Kleve aus) nicht mehr zu sehen war, das Wasser zwischen Brücke und Wassertor in die Stadt eindrang, und der Rindernsche Deich plötzlich mit großer Wucht überlief, war diese Hoffnung umsonst. (...) Abends, gegen sieben Uhr desselben Tages, empfing man in Kleve die Nachricht, daß der cleverhamsche Deich, nahe bei dem Dorfe Brienen gebrochen war, und daß das Dorf mit beinahe allem weggespült sei." [5])

Nach dem Überlaufen des Dammes in Brienen, dem Ort, in dem Johanna Sebus lebte, erfolgten hier allein vier Durchbrüche des Deiches, worauf die Wasserfluten das Mauerwerk der Schleuse und beinahe das ganze Dorf fortspülten. „Einige Bewohner dieses Dorfes waren, soviel die Zeit zuließ, mit ihrem Vieh an die Kirche und auf den Kirchhof geflüchtet. Da wären sie auch sicher gewesen, hätte nicht der fünfte Durchbruch hinter der Kirche stattgefunden. Dadurch kam der Sandhügel, auf dem die Kirche gebaut war, in Bewegung. Die Fundamente der Kirche wurden an der Nordseite unterwühlt, und sie stürzte ein." [6]) Einige Stücke des Deiches hatten standgehalten, worauf sich manche Einwohner Brienens zu retten suchten, andere flohen auf kleinere Hügel oder auf die Dächer der noch stehenden Häuser. In diesem Chaos der rasend schnell steigenden Flut rettete die 17jährige Johanna zuerst ihre Mutter. Die Witwe Sebus wohnte in einem Hause nahe der Stelle, wo der Damm gebrochen war. „Als die brüllende Flut um das Haus schwoll, ergriff Johanna ihre Mutter, eine alte Frau, welche der Schrecken vollends gelähmt und unfähig gemacht hatte, sich selbst zu retten, und trug sie etwa 200 Schritte weit auf einen Hügel. Das Wasser reichte ihr schon bis ans Knie und drohte sie umzureißen", [7]) erzählt die Sage.

Genaueres über die folgenden Ereignisse schildert möglicherweise eine erst später niedergeschriebene mündliche Überlieferung: Theodor Jansen, ein kräftiger junger Bursche, fuhr damals mit einem Nachen durch die strömenden Fluten, um einige der zurückgebliebenen Dorfbewohner aus den „eisigen Wellen" zu retten. „Schon gleich zu Anfang sah er mit Bewunderung, wie die junge Nachbarin Johanna Sebus ihre Mutter durch das Wasser zu einer sicheren Stelle trug. Sie war ein hübsches, dabei kräftiges Mädchen, so daß er um ihre und ihrer Mutter Sicherheit jetzt nicht mehr besorgt war. Er rief ihr noch ermutigende Worte zu, während er andere Unglückliche, die in ihren nassen Kleidern vor Frost zitterten, zu einer sicheren Stelle oberhalb des Dammbruches fuhr. ‚Ek sinn al dör, Deike lief!' (‚Ich bin schon durch, Theodor-lieb!') waren die letzten Worte, die er von ihr hörte. Aber dann kehrte sie, ohne daß er es im geringsten ahnen konnte, zu den armen Hausgenossen zurück, um auch diese zu retten." [8]) Vergeblich habe der Deichgräf Reymer ihr vom Rindernschen Damme aus zugerufen, der Gang durchs Wasser sei zu gefährlich, wußte ein Klever Chronist. [9])

Johanna Sebus, Gouache von Friedrich Bury, 1809.

„Doch das Wasser stieg inzwischen mit rasender Schnelligkeit, und so konnte sie nicht mehr mit den vier Personen den Rückweg zu ihrer geretteten Mutter nehmen, sondern mußte eine kleine Anhöhe zu erreichen suchen, von wo sie abgeholt zu werden hoffte. Unterdeß war (Theodor Jansen) zu weiteren Rettungswerken zurückgekehrt und sah nun zu seinem maßlosen Schrecken, daß die von Johanna und ihren Hausgenossen erreichte Bodenerhöhung von den Eisschollen weggerissen wurde mit allen darauf stehenden Menschen. Verzweiflungsvoll ruderte er hin, doch es war zu spät." [10]) Auf Grund mehrerer Überlieferungen weiß man, daß es sich bei den Hausgenossen, die Johanna hatte retten wollen, um ihre Nachbarin Johanna van Beek und ihre beiden Kinder handelte.

Das Hochwasser hatte aber nicht nur die Regionen in unmittelbarer Rheinnähe heimgesucht. Noch bis zum 17. Januar stand das Wasser in Kleve, das immerhin gute

Eistreiben vor Emmerich, 1929.

fünf Kilometer von den Ufern des Stromes entfernt lag. Die Häuser der Vorstadt standen bis zu den Dächern im Wasser. Zwischen Arnheim und Elten war durch die Überflutung der Niederung ein riesiger See entstanden. Als dann wieder Frost einsetzte, türmte der Fluß um die im Wasser stehenden Häuser riesige Eisberge auf. Erneut begann es zu tauen und wieder stieg das Wasser. Jetzt wurden die Fundamente der Gebäude unterspült und das treibende Eis richtete große Verwüstungen an.

22 Menschen waren zwischen Xanten und dem Dorf Niel Opfer der Fluten geworden, beinahe 300 Häuser hatte die Strömung fortgerissen. Allein im Heimatort der Johanna Sebus waren zwölf Häuser nach dem Bruch des Deiches eingestürzt, und auch die Dorfkirche war vollkommen zerstört. Aber Dank des mutigen Rettungseinsatzes einiger Männer waren in Brienen nur sieben Todesopfer zu beklagen.

Erst drei Monate nach ihrem Ertrinken wurde der Leichnam von Johanna Sebus von einem Schäfer in einem Straßengraben unter Schlamm und Schlick entdeckt. Am folgenden Tage wurde sie auf dem Kirchhof in Rindern bestattet. Zweieinhalb Jahre später, am 9. Juni 1811, wurde gemäß eines Befehls der französischen Regierung der Grundstein für das Monument der Johanna Sebus gelegt. Wohl einer Anregung des Klever Unterpräfekten Keverberg folgend, hatte das französische Innenministerium in Paris angeordnet, dem tapferen Mädchen Johanna an der Unglücksstelle ein Monument zu errichten. Einfach und nüchtern sollte es sein mit einer passenden Inschrift. Mit dem Entwurf hatte man den Generalinspekteur der französischen Museen Dominique-Vivant Denon (1747 – 1825) beauftragt. Auf seine Planungen geht die Gestalt der Anlage zurück, das Relief mit der auf dem Wasser treibenden Rose und auch die runde Steinbank und die Pappeln, die das Denkmal umrahmen sollten. Es steht immer noch am selben Platz, oben auf dem Deich, ganz in der Nähe der Bruchstelle, wo sich damals die Flut ins Dorf Brienen ergoß. Auf der Vorderseite ist die Geschichte Johannas in französischer Sprache in den Sandstein gemeißelt. Und darüber befindet sich auf einem eingelassenen marmornen Medaillons das Sinnbild einer in den Wellen versinkenden Rose, eingefaßt von einem „Sternenkranze der Unsterblichkeit“.

1) Gorissen, S. 50.
2) Brief der Christine von Vernijoul. Zit. n.: Gahlings, S. 20.
3) Erzählung: J. Sebus. Zit. n.: Gahlings, S. 50.
4) Allart, Johann en Ruys, Jac. Zit. n.: Gahlings, S. 33.
5) ebd.; 6) a.a.O., S. 33/ 34.
7) Erzählung: J. Sebus. Zit. n.: Gahlings, S. 51.
8) „Volksfreund Kleve“ 4.12.1930. Zit. n.: Gahlings, S. 41.
9) Vgl. Gahlings, S. 12. Der Chronist ist Dr. R. Scholten.
10) „Volksfreund Kleve“ 4.12.1930. Zit. n.: Gahlings, S.41.

Denkmal für Konrad Heresbach in Rees-Mehr, 1997 enthüllt, Bildhauer: Kuno Lange.

Lebenslauf eines niederrheinischen Humanisten

Denkmal für Konrad Heresbach auf dem Großen Markt in Wesel, 1997 enthüllt, Bildhauer: Kuno Lange.

Bereits 1519 hatte die theologische Fakultät der Kölner Universität zur Verbrennung von Luthers Schriften aufgerufen. Zehn Jahre später wurde im „heiligen Köln" der lutherisch gesinnte Konrektor der Weseler Lateinschule Adolf Clarenbach auf dem Scheiterhaufen verbrannt. Im Winter 1542 eskalierte die Situation in Wesel. Protestanten verbrannten die Antoniusstatue der Mathenakirche, worauf die Katholiken die verbliebenen Heiligenbilder in ihren Häusern verbargen. Die Gegensätze zwischen den Konfessionen hatten sich verschärft, auch am Niederrhein. Doch am klevischen Hofe versuchten engagierte Humanisten, einen anderen Weg zu beschreiten. Konrad Heresbach war wohl die stärkste Triebfeder einer auf Ausgleich und Toleranz bedachten Religionspolitik. Von 1535 bis 1576 war der humanistische Gelehrte Heresbach Rat und Diplomat am Hofe der „toleranten" Herzöge von Kleve. Durch die Missionen für seine Landesherren kam er in Berührung mit den großen politischen Konflikten seiner Zeit.

1496 wurde Konrad Heresbach als Sohn eines begüterten Landwirtes im Bergischen Land bei Mettmann geboren. Noch heute liegt ein idyllisches Landgut, das in seinen Ausmaßen dem alten Heresbach-Hof ganz ähnlich ist, an der Bundesstraße 7, die zum Ortsteil Schöller führt. Auch Konrad, dem jüngsten Sproß von insgesamt sieben Geschwistern, erlaubte der Wohlstand der Familie eine solide Schulbildung. Mit sieben Jahren ging er zur Abteischule des Benediktinerklosters in Werden, 20 Kilometer entfernt vom elterlichen Hof. Hier erlernte er die elementaren Kenntnisse des Lateinischen. Merksätze, Psalmen, Gebete in lateinischer Sprache, das „Vater Unser" und die „Zehn Gebote" mußten sich die Schüler durch Nachsprechen und Auswendiglernen aneignen.

Zwei Jahre später wechselte Konrad an die Lateinschule in Hamm über. Dort waren es die Kinder wohlhabender Bürger, aber auch einige begabte Armenschüler, die das Gymnasium besuchen durften. Es folgten ab 1510 zwei Jahre Domschule in Münster, und mit 16 Jahren schrieb sich Konrad an der Artistenfakultät der Kölner Universität ein, wo er im Herbst des Jahres 1512 in die berühmte Montanerburse aufgenommen wurde. Verbindlich war das Studium der „sieben freien Künste" („septem artes liberales"); außerdem lernte Heresbach Griechisch und Hebräisch, um in den Ursprachen die Bibel und die klassischen Schriftsteller des antiken Griechenlands zu lesen. Nach dreijährigem Grundstudium erwarb er den akademischen Grad eines „Magister Artium – der freien Künste".

Anschließend widmete er sich dem Studium der Rechtswissenschaften, zunächst in Köln, ab 1517 (dem Jahr, in dem Martin Luther seine 95 Thesen veröffentlichte) auch in Paris und Orléans. Zurück in Köln machte er die Bekanntschaft des großen Humanisten Erasmus von Rotterdam, der ihm von nun an freundschaftlich verbunden blieb. Erasmus vermittelte ihm 1521 eine Griechisch-Professur in Freiburg. Aber schon nach einem Jahr ließ sich Konrad Heresbach beurlauben und studierte im italienischen Ferrara erneut Jurisprudenz und promovierte 1522 zum Doktor der Rechte. Dann folgten ein Semester lang Hebräisch-Studien an der Universität in Padua und danach die Rückkehr auf seinen Lehrstuhl in Freiburg.

Konrad Heresbach war nun 26 Jahre alt und hatte sich eine umfangreiche humanistische Bildung erworben. Mehr noch, die Vielzahl seiner Kenntnisse und Fähigkeiten ließ ihn sogar in die Nähe jenes Ideals vom „vollkommen gebildeten Menschen" rücken, wie die Humanisten seiner Zeit es ersehnten.

Im Herbst 1523 trat Konrad Heresbach, wahrscheinlich auf eine Empfehlung seines Freundes Erasmus hin, die Stelle eines Erziehers am klevischen Hof an. Hier begann er nun mit der Unterrichtung des siebenjährigen Erbprinzen Wilhelm im Auftrage Herzog Johanns III. (1490 – 1539). Unter dessen Regentschaft hatten die Herzogtümer Kleve, Jülich und Berg sowie die

Der Riswick-Hof in Lorward bei Rees-Mehr, 1964.

Konrad Heresbach und seine Frau Mechtelt van Duenen, vor 1656.

Die Willibrordikirche in Wesel.

Herzog Wilhelm der Reiche (1516–1592).

Grafschaften Mark und Ravensberg 1521 zu einem großen und politisch bedeutenden Herrschaftsgebiet, den „Vereinigten Herzogtümern", zusammengefaßt werden können.
„Ernst, Kraft und humanistische Gesinnung kennzeichneten diesen zu seiner Zeit mächtigsten Fürsten (Johann III. von Kleve) im Westen des Reiches."[1]) Zwar bekämpfte er das Anwachsen des Luthertums in seinen Ländern, warnte sogar 1525 in einem Befehl seine Untertanen ausdrücklich vor Luthers Lehre, war aber dennoch willens, Neuerungen in der religiösen Praxis zu fördern. Zwischen 1525 und 1533 erließ Herzog Johann Kirchenordnungen, die im humanistischen Geiste zwischen den gegensätzlichen Positionen von Römischer Kirche und reformatorisch Gesinnten vermitteln sollten. Seine tolerante Haltung und wohl auch der Einfluß Konrad Heresbachs führten dann kurze Zeit später zu einer relativ milden Bestrafung von Anhängern der Wiedertäufer-Sekte. Als 1534 in Wesel eine Verschwörung von Wiedertäufern aufgedeckt wurde, zog Herzog Johann von Kleve es vor, nur die Rädelsführer auf dem Großen Markt in Wesel enthaupten zulassen und die Verführten lediglich des Landes zu verweisen. Das war ganz im Sinne Heresbachs. Angesichts der Wiedertäufer-Hinrichtungen in Münster hatte der seinem Freund Erasmus geschrieben, „es gelte Irrtümer auszurotten, nicht Menschen". Unter diesem den humanistischen Idealen gegenüber aufgeschlossenen Herrscher diente nun Heresbach als Erzieher des heranwachsenden zukünftigen Herzogs. Den wollte er zu einem weisen und gerechten Fürsten erziehen, der in den Wissenschaften, den Sprachen und Fragen der Religion bewandert ist. Gelehrtheit sei für einen Regenten geradezu unerlässlich, meinte Heresbach, denn um Gesetze zu erlassen, müsse sich ein Herrscher ein eigenes Urteil bilden können und wissenschaftlich gebildet sein. Aber auch an seine Erziehungsmethode stellte Heresbach durchaus modern anmutende Anforderungen. In seinem Buch „Über Erziehung und Unterricht der Fürstenkinder" verlangte er von einem guten Erzieher unter anderem, daß dieser den individuellen Entwicklungsstand des Kindes berücksichtigen müsse. Außerdem solle nicht körperliche Züchtigung, sondern Zuneigung und Respekt das Verhältnis zwischen Erzieher und Zögling prägen.
1535 ernannte Herzog Johann Heresbach zum Staatsrat ohne besonderen Geschäftsbereich. Am Klever Hof teilten die Räte des Herzogs Heresbachs humanistische Ideale. So wie Heresbach selbst, gehörte auch der Kanzler Johann von Vlatten zum inneren Freundeskreis des Erasmus von Rotterdam. Als Herzog Johann 1539 plötzlich nach einem Schlaganfall verstarb, blieb Heresbach als Rat in den Diensten seines ehemaligen Zöglings Wilhelm des Reichen, den er selbst zu einem „gebildeten philanthropischen Herrscher" erzogen hatte. Der trat nun im Alter von 23 Jahren das Erbe der „Vereinigten Herzogtümer" an. Die Religionspolitik des Vaters wurde fortgesetzt. Auch er, obwohl selbst katholischen Glaubens, bemühte sich um einen Weg des Ausgleichs mit den Protestanten in seinem Territorium. Unter Herzog Wilhelm und seinen erasmisch-humanistisch gesinnten Räten entstand so ein Geistesklima, das fortschrittlich denkende Gelehrte anzog.
Johann Weyer, der Leibarzt der herzoglichen Familie, heute als erster Bekämpfer des Hexenwahns bekannt, und der Kartograph Gerhard Mercator arbeiteten im Lande des toleranten Herzogs. Heresbach wirkte mit an zahlreichen Neuerungen, wie einer Bildungs- und Justizreform, Polizei- und Armenordnungen.
„Via Media-Politik" oder den „dritten Weg" hat man die Reformpolitik des Herzogtums genannt, die zwischen den religiösen Positionen von Gegenreformation und Luthertum vermitteln wollte, um die alte Kirche zu erneuern. Die humanistischen Ideale Heresbachs und seine Erziehung hatten dem Herzog und seiner Religionspolitik wichtige Impulse gegeben.
Seine umfassende Bildung und seine Weltgewandtheit prädestinierten Konrad Heresbach zum Diplomaten.

Schon im Auftrage Herzog Johanns hatte Heresbach 1534 auf dem Landtag in Düsseldorf und dem Fürstentag in Essen an Verhandlungen über die Wiedertäuferfragen teilgenommen. 1539 war er zu Vorgesprächen für die Hochzeit Annas von Kleve (der Schwester Wilhelms) mit Heinrich VIII. nach London gereist. Die Missionen Herzog Wilhelms führten ihn dann an viele der großen europäischen Fürstenhöfe. 1540 nahm Heresbach am Religionsgespräch auf Reichsebene in Worms teil, und im Jahr darauf verweilte er für drei Monate in Regensburg, wo er auf dem Reichstag vor Karl V. („in dessen Reich die Sonne nicht unterging") beharrlich die klevischen Besitzansprüche auf das Herzogtum Geldern verteidigte, was ihm allerdings den Zorn des Kaisers einbrachte. 1543 führte Herzog Wilhelm Krieg gegen die Kaiserlichen Truppen, um seine Ansprüche auf Geldern zu behaupten, doch er unterlag der überlegenen Armee des Kaisers und mußte diesem schließlich versprechen, den katholischen Glauben zu bewahren und auf alle kirchlichen Reformen zu verzichten. 1549 begleitete Heresbach seinen Herzog nach Brüssel, um den Sohn des Kaisers, Philipp II., zu begrüßen, den Mann, der später den langen Krieg gegen die „reformatorische Ketzerei" in den spanischen Niederlanden führen sollte. 1557 traf er Melanchthon, den engen Mitarbeiter Luthers, wiederum in Worms; mit ihm pflegte Heresbach 30 Jahre lang einen intensiven Briefwechsel.

Bald nachdem Johann ihn zum herzoglichen Rat ernannt hatte, vermählte sich Heresbach mit einer ehemaligen Nonne, Mechtelt van Duenen, „der letzten Erbin eines alten klevischen Rittergeschlechts".[2]) Gemeinsam bezogen sie ein Landgut, „Lorward", das Mechtelt in die Ehe eingebracht hatte. Dies lag idyllisch auf einer Rheininsel beim Dörfchen Mehr oberhalb von Rees. Von hier aus ritt Heresbach zu den Residenzen des Herzogs nach Kleve und Düsseldorf. In seinem Buch „Über die Landwirtschaft", das Heresbach 1568 verfaßte, beschrieb er sein Landleben nach antikem Vorbild als ein Dasein in paradiesisch friedvoller Ruhe: „Gegen Mittag wandle ich ein wenig im Garten oder in den Wiesen unter freiem Himmel wenn er heiter ist ... Abends sehe ich mit Vergnügen, wie die geweideten Schafe nach ihren Hürden eilen, ..."[3]) Oft ritt Heresbach über Orsoy nach Düsseldorf und Köln, wo er sich mit neuen Büchern für seine umfangreiche Bibliothek versorgte. Beinahe 2000 Bände trug er zusammen, eine gewaltige Sammlung für die damalige Zeit. Neben dem Verfassen eigener Schriften widmete sich Heresbach auch der Herausgabe von Texten klassisch-antiker Schriftsteller, wie es viele humanistische Gelehrte seiner Zeit taten. Schon 1526 erschien „Herodots Geschichte der griechisch-persischen Kriege", die Heresbach bei dem Kölner Verleger Gottfried Hittorp herausgab.

Seine Ehe mit Mechtelt van Duenen blieb kinderlos. Nach ihrem Tode im Jahre 1560 heiratete Heresbach eine Verwandte seiner Frau, die ihn auf seinem Landgut versorgte. Am 14. Oktober 1576 starb Konrad Heresbach achtzigjährig auf „Lorward". Kurz vor dessen Ableben hatte der Herzog seinen Rat und Lehrer noch einmal sehen wollen; er besuchte ihn in Kalkar, eine außergewöhnliche Ehre für einen bürgerlichen Mann.

Erhalten haben sich uns seine Grabstätte, eine Gedenkplatte, ein Epitaph für Mechtelt van Duenen und die Heresbachkapelle in der Weseler Willibrordi-Kirche. Dort hatte man nach dem Tode des Gelehrten über dessen Gruft einen Teil der umfangreichen Büchersammlung aufgestellt. Heresbach selbst hatte dies so gewünscht.

Die im Familienbesitz verbliebenen Bestände der kostbaren Bibliothek wurden schließlich 1674 versteigert. Einen kümmerlichen Rest der Büchersammlung, ca. 35 Exemplare, verwahrt heute das Weseler Stadtarchiv. Außerdem gibt es eine alte Abschrift seines Testamentes, eine kolorierte Porträtzeichnung und einige andere Dokumente. Aber es sind nicht nur stumme Zeugen seines Wirkens in die Gegenwart gerettet worden. Eine bis heute bestehende und zahlende Studienstiftung, die ihren Sitz in Kalkar und Wesel hat, unterstützt junge Wissenschaftler durch ein „Heresbach-Stipendium". Lebendig bis heute ist auch Heresbachs Engagement für eine humanistische Bildung im Lande seiner Herzöge. Auf sein Anraten hin, hatte Wilhelm der Reiche 1545 in Düsseldorf eine Hohe Schule gründen lassen und den Humanisten Johannes Monheim zum Rektor bestellt. Damals sollten dort tüchtige Juristen, Lehrer und Priester für die niederrheinischen Herzogtümer herangebildet werden. Eine Nachfolgerin dieser herzoglichen Landesschule, die in den Jahrzehnten nach ihrer Gründung zu einer Hochburg humanistischer Gesinnung erblühte und zeitweise bis zu 2000 Schüler zählte, gibt es noch heute. Sie besteht im bekannten Görres-Gymnasium an der Königsallee und hat sich (Heresbach wäre wohl glücklich, wenn er es noch erfahren könnte) das humanistische Bildungsideal bis heute bewahrt.

1) Arand, In: Humanismus als Reform ..., S. 159.
2) Kuhlmey, S. 28.
3) a.a.O., S. 31 u. 32.

Der Gedenkstein im Hünxer Wald für die gefallenen Rotarmisten vom 1. 4. 1920.

1920 – Die „Rote Armee" am Niederrhein

Nur wenige Eingeweihte kennen den Ort, an dem der Gedenkstein im Hünxer Wald an die „vergessene Revolution" erinnert. Nunmehr völlig im Wald versteckt, etwas abseits der Straße von Bruckhausen nach Hünxe, wird derjenige, der sich auf die Suche begibt, einen steinernen Baumstumpf mit abgeschnittenen Ästen finden – eine Bildhauerarbeit, die das Ersterben eines jungen Lebens symbolisieren soll. Eine Platte trägt die Aufschrift: „Zum Gedenken der Märzgefallenen von 1920". Ein Massengrab befindet sich an dieser Stelle, wissen noch einige Einheimische. Nahe des Dörfchens Bruckhausen waren damals viele „Rotgardisten" von Reichswehrtruppen erschossen worden. „Rotgardisten" waren revoltierende Arbeiter der „roten Ruhrarmee"; „arme Teufel, die total verarbeitete Hände hatten ... und schlecht angezogen waren", [1]) wie sich ein Bruckhausener erinnerte. Damals waren die Leichen der gefallenen Arbeiter mit einer Pferdekarre hierhin gebracht worden. Noch in den fünfziger Jahren wurde die Gedenkstätte von der DGB-Jugend und später auch von DKP-Mitgliedern aus Dinslaken gepflegt, doch dann geriet der Ort in Vergessenheit und dazu seine Geschichte.

Eine Revolutionsarmee deutscher Arbeiter aus dem Ruhrgebiet hielt im März und April 1920 weite Teile des Industriegebietes besetzt, um verschiedenen politischen Forderungen Nachdruck zu verleihen. Arbeiter hatten sich zunächst bewaffnet, um sich einer rechtskonservativen Putschregierung und deren Truppen zu widersetzen. Nach dem Scheitern des Putschversuches jedoch weitete der Arbeiterstreik sich aus zu einer revolutionären Bewegung. Teile der in der „Roten Armee" organisierten Arbeiterschaft wollten die sozialdemokratisch geführte Regierung stürzen und eine sozialistische Räterepublik errichten. 50.000 bis 80.000 Arbeiter schlossen sich der „roten Ruhrarmee" an. Vorausgegangen war der sogenannte „Kapp-Putsch". Militante Rechtskreise hatten mit Unterstützung von rechtsradikal gesinnten Freikorpsverbänden am 13. März 1920 das Berliner Regierungsviertel besetzt. Die Putschisten erklärten den konservativen Reichstagsabgeordneten Wolfgang Kapp zum neuen Reichskanzler. Darauf rief die geflohene Regierung unter Kanzler Bauer und Reichspräsident Friedrich Ebert von Dresden und Stuttgart aus zu Ungehorsam und Widerstand gegen die Verschwörer auf. Schon nach vier Tagen scheiterte der Putschversuch, nachdem Arbeiter und Angestellte im ganzen Deutschen Reich den Generalstreik der Gewerkschaften befolgt hatten. Auch die Führung der Reichswehr und Beamte der Ministerialbürokratie verhielten sich loyal zur alten Regierung und verweigerten dem Putsch-Regime ihre Dienste. Als Kapp schon am 17. März zurücktreten mußte und die gewählte Weimarer Regierung nach Berlin zurückkehrte, waren jedoch die streikenden Arbeiter noch nicht bereit, ihre Gewehre aus der Hand zu legen. Die Zeit schien günstig, um für eine Neuordnung der politischen Verhältnisse zu kämpfen.

Schon während des Jahres 1919 hatte es im Ruhrgebiet Konfrontationen zwischen streikenden Arbeitern und der „provisorischen Reichswehr" gegeben, die im Auftrag der Weimarer Regierung handelte. Als dann jedoch die Rechtsradikalen in Berlin putschten und der Generalstreik ausgerufen war, bildete sich im Revier jene Front gegen Reichswehr, Freikorps, Regierung und Unternehmer, die „Rote Armee". Ihre Forderungen waren, wie die Historikerin Vera Torunsky zusammenfaßt, nicht einheitlich: „Teils verlangten sie, ebenso wie die Gewerkschaften, erneut die Sozialisierung von Industriebetrieben – die Entfernung reaktionärer Beamter und Militärs und eine Neubildung der Regierung in Berlin; teils forderten sie unter kommunistischem Einfluß die Diktatur des Proletariats und die Errichtung des Rätesystems." [2])

Am 14. März, einen Tag nach dem Beginn des Militärputsches, schickte der General von Watter in Münster Teile des Freikorps Lichtschlag ins Ruhrgebiet. Zunächst sollten die Einheiten des offen mit den Putschisten sympathisierenden Hauptmann Lichtschlag in Hagen „Ruhe und Ordnung" garantieren. Doch die streikenden Arbeiter empfanden die Entsendung der „rechten" Truppe als Provokation. Auf ihrem Fußmarsch nach Hagen trugen die Soldaten des Freikorps die schwarz-weiß-rote Fahne des alten Reiches voran und sangen das Lied „Heil Dir im Siegerkranz ..." Am

Zerstörungen im Kampfraum bei Dinslaken, März/April 1920.

19. März siegten dann bewaffnete Arbeiter-Kampftruppen in Essen über eine Freikorps-Einheit, danach folgte der Vorstoß der „Roten Armee“ ins westliche und nordwestliche Ruhrgebiet.

Der Historiker Erhard Lucas beschreibt ein Ereignis dieses hoffnungslosen Feldzuges: „Am 21. und 22. März berannten die Arbeiter die Stellungen der Reichswehr von Dinslaken. Die Gegend zwischen Hamborn und Dinslaken war, im Gegensatz zu heute, noch wenig bebaut und industrialisiert. So konnte sich die Artillerie der Reichswehr erstmals voll entfalten, ganz anders als während des Straßenkampfes der vergangenen Tage. Die Arbeiter ihrerseits hatten nur zwei Geschütze im Straßenkampf erbeutet. So entwickelte sich ein regelrechter Stellungskampf mit Schützengräben und Schützenlöchern, Verhauen, MG-Nestern u.s.w. Das war das eigentlich Bedenkliche, bedeutet doch in solchen ‚Volkskriegen‘ der Stellungskampf fast immer einen Vorteil für das technisch überlegene Militär der Konterrevolution. Die Reichswehroffiziere fühlten sich auch sofort an den Weltkrieg erinnert und lebten auf. Und wirklich war es wie im Kriege: Die Geschosse der Arbeiter töteten unvermeidlicherweise nicht nur bewaffnete Gegner, sondern auch Dinslakener Arbeiter, Frauen und Kinder.“ [3])

Vor der Übermacht der „Roten Ruhrarmee“ zog sich die Reichswehr am 23. März zunächst in die Festung Wesel zurück. Für die „Roten“ war nun der Weg zur Lippe frei.

Am Vormittag des 23. März erschienen auf der Landstraße von Dinslaken in Richtung Wesel die ersten Arbeitertrupps, ein Mann mit roter Fahne ging voraus. Im Verlaufe des Tages wurde dann Voerde von den Rotarmisten besetzt und im Rathaus ein Gefechtsstand eingerichtet. Maschinengewehre sicherten das Quartier. Ein Hauptmann Hoffmann aus Oberhausen übernahm die alleinige Befehlsgewalt in Voerde, da sich kein Arbeiter-Rat gebildet hatte. Besucher aus der ländlichen Umgebung, die in diesen Tagen ins Rathaus kamen, waren irritiert beim Anblick der dort herrschenden Zustände: Ein Landbewohner erinnerte sich: „Auf dem Rathause ... sah es unbeschreiblich aus. Einen eigenartigen Anblick boten manche Soldaten, die zum Teil – kaum schulentlassen – mit finsteren oder doch gewichtigen Mienen, rotes Band um Hut und Arm, Revolver in der Linken, geschäftig auf- und abliefen, ohne daß ein Grund dafür ersichtlich war.“ [4])

Auch hatte die Bevölkerung unter Plünderungen und Requisitionen zu leiden, da einzelne Rotgardisten in der Abwesenheit ihres Hauptmanns Raubzüge in der ländlichen Umgebung unternahmen. So hinterließ die Arbeiterarmee bei den Bauern des Umlandes wohl eher einen furchterregenden Eindruck. In einer Schulchronik heißt es: „Auch sonst verfuhr man mit den Landwirten wie im Feindesland. Zu Fuß gehen war nicht beliebt. Der erst beste Bauer mußte anspannen." [5])

Vor Wesel hatte sich inzwischen ein verbissen geführter Stellungskrieg entwickelt, in dessen Folge es auf beiden Seiten zu grausamen Vergeltungsaktionen kam. So wurde im Lippeschlößchen, das im Kampfgebiet lag, ein junger Reichswehroffizier „von einigen Arbeitern auf unmenschliche Weise gequält und später hingerichtet". [6])

Im Gegenzug hätten Reichswehrsoldaten nach der späteren Einnahme des Lippeschlößchens eine Anzahl von „Spartakisten" aus einem Turmfenster gestoßen, berichteten Zeitzeugen.[7]) Vor der Einnahme des Schlößchens durch die Regierungstruppen hatten die Arbeiter starke Verluste erlitten. Über den Schienenweg südlich von Wesel führte die Reichswehr einen Panzerzug, der mit Maschinengewehren ausgestattet war, in das von Arbeitereinheiten bedrängte Gebiet. Todesmutig unternahmen die Rotgardisten schließlich den Versuch, den Panzerzug zu erstürmen, wobei an die 150 Arbeiter fielen. Der Kommandant der Weseler Regierungstruppen erinnerte sich: „Sie schossen kniend im Maschinengewehrfeuer des ‘Panzerzuges’ solange, bis sie einzeln umgelegt wurden." [8])

Am 25. März begann die Reichswehr mit verstärktem Artilleriefeuer auf die Stellungen der „Roten" bei Bucholtwelmen und Friedrichsfeld. Zwei Tage später erfolgte der Angriffsbefehl gegen die „Rote Armee". Am Abend des 27. war Voerde noch in der Hand der Arbeiter, obwohl die Reichswehr schon den Rhein erreicht hatte. Jetzt begannen die Rotgardisten zu fliehen. Die Schulchronik des Dörfchens Löhnen, das südwestlich von Voerde am Rhein liegt, berichtet von der dramatischen Flucht einer 15-köpfigen Arbeitergruppe. Die jungen Männer hatten eine Pferdekarre beschlagnahmt und waren damit zum Flußufer geeilt, wo sie einen Kahn entdeckten, mit dem sie übersetzen wollten. „Da, als sie eben am Abtreiben waren, fuhr ein Maschinengewehr der Regierungstruppen auf dem Damm auf und richtete sein Feuer auf den Nachen. Einige sprangen in den Rhein. Sie erhielten Punktfeuer bis sie versanken. Alle anderen wurden auch getötet, mit Ausnahme von zweien, die man schwerverwundet in dem siebartig durchlöcherten Nachen fand." [9])

Von nun an begannen die militärisch überlegenen Regierungstruppen die Arbeiterarmee in Richtung Süden zu drängen. Nach dem 27. März wurde auch Voerde mit Artilleriefeuer belegt, hier konnten sich bis zum 2. April einige Rotgardisten halten. Zwischen Voerde und Möllen hatten die Arbeitertruppen Schützengräben ausgehoben und eine neue Verteidigungslinie aufgebaut, aber die Reichswehr eroberte bald das rückwärtige Gebiet und nahm die Grabenstellung von hinten unter Feuer. „Ein Druck auf den Abzugsknopf, verbunden mit einem langsamen Hin- und Herschwenken der Todesmaschine genügt, um Hunderte den Kriegertod sterben zu lassen", hieß es in einem Zeitungsbericht der lokalen Presse. [10]) Mehr als 100 Arbeiter fanden allein bei Voerde den Tod.

Als die Reichswehr diese Verteidigungslinie durchbrochen hatte, war die Kampfkraft der „Roten Armee" praktisch gebrochen. In panischer Angst vor den Vergeltungsmaßnahmen der Regierungstruppen versuchten nun Rotgardisten sich in südliche Richtung durchzuschlagen.

Noch am gleichen Tage, am 2. April, eroberte die Reichswehr das von der „Roten Armee" besetzte Dinslaken zurück. Auch hier hatten sich viele Arbeiter der Zechenkolonie Lohberg der kämpfenden Arbeitertruppe angeschlossen. Nun waren bereits etliche in den Schützengräben vor der eigenen Haustüre gefallen – für die Idee einer gerechteren sozialistischen Republik. Ein Flugblatt, das der Arbeitervollzugsrat nur wenige Tage vor der Kapitulation in Dinslaken verbreitet hatte, macht deutlich, für welche Ideale man kämpfen wollte: „Kameraden, in der augenblicklichen Lage steht unsere ganze Existenz auf dem Spiele. Wir kämpfen nicht für die Interessen einzelner Personen, sondern für die Interessen der Kopf- und Handarbeiterschaft in ihrer kompakten Masse. Nicht Ruhm noch Ehre, nicht Orden und Ehrenzeichen sollen die Triebfeder unserer Aktionen sein, sondern die Sicherstellung unserer Daseinsberechtigung als Mensch. Hinweg mit der modernen Sklaverei! ... Wir wollen nicht im Staube kriechen vor denjenigen, die durch den Zufall ihrer Geburt sich ein Von-Oben-Herabblicken anmaßen dürfen. Wir wollen nicht weiterhin besitzlose Proletarier sein, sondern wir verlangen Miteigentumsrecht an den Produktionsmitteln. Wir verlangen Mitverteilungsrecht an der von uns erzeugten Produktion. Wir verlangen Eigentumsrecht an den Schätzen, die sich auf und unter der Erde vorfinden. Wir verlangen das Paradies auf Erden und lassen uns nicht länger mit der Hoffnung auf ein besseres Jenseits abspeisen." [11]) Am Spätnachmittag des 2. April 1920 zog sich die Reichswehr, nachdem sie Haus

Soldaten der „Roten Ruhrarmee" vor dem Dinslakener Rathaus.

Auf dem Pferdekarren zur Front.

für Haus durchsucht hatte, aus Dinslaken-Lohberg zurück. Willkürlich wurden einige Bewohner der Bergarbeiter-Kolonie ausgewählt und mitgenommen, berichtet der Historiker Erhard Lucas. Vergeblich warteten die Angehörigen der Geiseln auf deren Rückkehr. Erst später entdeckten die Lohberger ihre Leute in einem Wäldchen bei Hiesfeld. Die Soldaten hatten ihnen die Knochen zerbrochen und die Köpfe eingeschlagen, um kein Aufsehen durch eine Erschießung zu erregen.
Auf beiden Seiten der kämpfenden Armeen herrschte unbeschreiblicher Haß, wobei Freikorps und Regierungstruppen mit einer Härte vorgingen, die die Exzesse der „Roten Armee" noch um einiges übertraf. [12]) Doch die brutale Niederwerfung der „roten Revolution" im Auftrage der SPD-geführten Weimarer Regierung hatte nach dem Schock, den sie in der Arbeiterschaft des Ruhrgebietes hinterlassen haben muß, auch politische Folgen. Bei den Reichstagswahlen am 6. Juni erlitt die SPD im Rheinland und in Westfalen große Verluste.

Einwohnerwehr Duisburg 1919 – 1920.

Generalleutnant Freiherr von Watter.

1) Fittkau/ Schlüter, S. 185.
2) Kastner/ Torunsky, S. 56.
3) Lukas, E. Zit.n.: Fittkau/Schlüter, S.31.
4) Holthausener Schulchronik. Zit.n.: Dahlmanns, S. 191.
5) a.a.O., S.192.
6) Spethmann, H. Zit.n.: Dahlmanns, S. 192.
7) Augenzeugenberichte. Zit.n.: Dahlmanns, S. 192.
8) Kölnische Zeitung v. 26.3.1920. Zit.n.: Dahlmanns, S. 193.
9) Schulchronik Löhnen. Zit.n. Dahlmanns. S. 194.
10) Scholten H. Zit.n.: Dahlmanns, S. 196.
11) Flugbl. des Arbeitervollzugsrates. Zit.n.: Fittkau / Schlüter, S. 186.
12) Janssen, S. 379.

Das Felke-Denkmal in Repelen wurde am 25.06.1949 enthüllt, Reliefbild: Professor Bertlings.

Die Heilmethoden des Pastors Emanuel Felke

Felke-Brunnen in Moers-Repelen, Stiftung der Sparkasse Moers, Bildhauer: Bonifazius Stirnberg, Aachen.

Lange Zeit verbanden nur holprige und staubige Landstraßen das Dorf Repelen bei Moers mit der Außenwelt, doch der 23. September 1894 sollte für den niederrheinischen Ort zu einem Wendepunkt seiner Geschichte werden. An diesem Tag nämlich traf Emanuel Felke in Repelen ein, um seinen Dienst als Pfarrer der evangelisch-reformierten Gemeinde anzutreten. Es dauerte aber nicht lange, bis die Nachricht von seinen Fähigkeiten als Heilkünstler in der Umgebung durchsickerte, und bald „da war das Repelener Pfarrhaus beinahe wie ein Bienenkorb, so emsig gingen Kranke aus und ein.“ [1])

Schon im bergischen Kronenberg bei Elberfeld, wo Felke zwischen 1890 und 1894 als Gemeindepfarrer wirkte, hatte er durch außerordentliche Heilerfolge bei einer Diphtherie-Epedemie Popularität erlangt. Kinder, die von ortsansässigen Ärzten behandelt wurden, starben, während Felkes Patienten durch die Einnahme des homöopathischen Mittels „Mercurius cyanatus“ C30 dem Tod entronnen. Um den Zwängen seiner Heilerrolle zu entfliehen, habe er in Kronenberg seinen Abschied genommen, notierte Felke später in einer Chronik. [2]) Aber was sich dort angebahnt hatte, nahm nun in Repelen erst recht Formen an. Von nah und fern kamen jetzt Leidende zum Pastor ins Pfarrhaus an der Dorflinde, und Felke behandelte seine Patienten neben der seelsorgerischen Arbeit unentgeltlich.

In seinem Kalender notierte er: „Ich gab den Kranken die homöopathischen Mittel gratis und wäre wohl dabei an den Bettelstab gekommen, wenn nicht aus der Gemeinde heraus verständige und sich interessierende Leute einen homöopathischen Verein gegründet hätten, der die nötigen Mittel beschaffte.“ [3]) Bereits im Februar 1896, nur ein gutes Jahr nach seinem Dienstantritt in Repelen, gründeten Anhänger seiner Heilweise aus dem Dorfe jenen „Homöopathischen Verein“.

Aber dabei blieb es nicht. Emanuel Felke, seit Kindertagen bereits mit „alternativen“ Heilmitteln vertraut (sein Vater kurierte Krankheiten der eigenen Familienmitglieder mit homöopathischer Medizin und Kräutertees), verfeinerte seine Heilkünste bald zu einem komlexen Therapieprogramm. Dabei sollte er sich nach und nach all der Methoden bedienen, die namhafte Naturheil-Pioniere vor allem während des 19. Jahrhunderts entwickelt hatten. Die Heilkraft der vier Naturelemente „Licht, Luft, Wasser und Erde“ wurde zum Charakteristikum auch der felke'schen Heilweise. Kalte Sitzbäder gehörten zunächst zu den Anwendungen, bald auch die Nacktgymnastik im Freien, das sogenannte „Lichtluftbad“ kam hinzu und schließlich die Behandlung mit feuchtem Lehm, der den Körper entgiften sollte. In all diesen Therapieformen hielt sich Felke an die bewährten Rezepte seiner Vorgänger. Die Kaltwasserbäder hatten bereits Prießnitz und Pfarrer Kneipp entwickelt, die Homöopathie kannte Felke u. a. von deren Begründer Samuel Hahnemann und die Anwendung der vier Elemente ging auf Adolf Just zurück. In der Diagnostik bediente sich Pastor Felke schließlich der Gesichtsausdruckskunde von Louis Kuhne und der von Dr. Péczely entdeckten Augendiagnose. Daß er kein echter Neuerer in naturheilkundlichen Methoden war, dessen war Felke sich vollkommen bewußt. „Ich reiche Hahnemann, Kneipp und Just die Palme, will ihr Schüler heißen und für mich keinen Ruhm ...“ [4]), gab er freimütig zu.

Aber Felke kombinierte therapeutische Maßnahmen neu und schuf ein für viele überzeugendes Programm, die „Felke-Methode“. Vor allem jedoch hat er dieses naturheilkundliche Wissen leidenschaftlich vermittelt und vorgelebt, womit er Kritik und Zuspruch gleichermaßen anregte.

Ungefähr zwei Jahre nach Gründung des homöopathischen Vereins, am 5. Mai 1898, hatten seine Ideen sich schon so erfolgreich verbreitet, daß Bürger aus Repelen die „Naturheilanstalt Jungborn“ ins Leben riefen. 50.000 Goldmark brachten 81 Anteilseigner des Ortes auf, um auf den Ackerflächen am Südrand des Dorfes einen großzügigen Kur- und Badepark zu schaffen.

Genau genommen handelte es sich um zwei Parkanlagen, einen Bereich für Frauen und einen, streng von diesem getrennt, für Männer. Beide waren durch drei Meter hohe Bretterzäune vor den neugierigen Blicken Fremder abgeschirmt. 50 Licht-Luft-Hütten errichtete man an den Rändern der ovalen Parkflächen. In diesen Holzhäuschen gab es keine schließbaren Fenster, sondern nur Vorhänge. Frischluft sollte durch alle Räume zirkulieren. Hier schliefen die Kurgäste, gemäß den Anweisungen des Pastors, naturnah auf Strohsäcken. 120 bis 150 Ruheplätze dieser Art standen in den Pavillons des Parks zur Verfügung.
Hunderte von Bäumen und Sträuchern pflanzten die Jungborn-Gesellschafter in Eigenleistung, legten Spazierwege an, Anlegestellen für Ruderboote am nahen Repeler Meer und errichteten hölzerne Wandelhallen in der Parkmitte. Die tägliche Freikörper-Gymnastik konnte darin sogar bei Regenwetter absolviert werden. Zweimal am Tag wurde geturnt; Felke selbst leitete die Freiübungen der Männer am Morgen. Voraus ging in der Regel das Sitzbad in einer mit naturkaltem Wasser handbreithoch gefüllten Zinkwanne. Eine bis fünf Minuten lang dauerte dieser kurze Schock; der Patient saß mit angewinkelten Beinen in der Badewanne und schöpfte mit der hohlen Hand Wasser auf seinen Unterleib, um es nach unten abzustreichen. Eine Anregung des Kreislaufs, eine Stärkung der Nerven und eine Abhärtung des Körpers sollten damit erzielt werden.
Großen Wert legte Felke auf Fasten und maßvolles Essen, dabei wurde er nicht müde, die Vorzüge der vegetarischen Vollwertkost zu betonen. Gerade, weil seiner Auffassung nach das eigentliche Ziel der Kur im Hinaustreiben von kranken Säften aus dem Körper bestand, baute Felke auf die reinigende Wirkung naturnaher Speisen. Auch Jahrzehnte nach der Repeler Jungborngründung traf er mit seinen Speisevorschriften noch eines der zentralen Anliegen von Naturheil- und Körperkulturbewegung. In einem Kochbuch-Vorwort aus dem Jahre 1927 wird diese vegetarische Ernährungsphilosophie auf den Punkt gebracht:
„Heute geht durch alle Fachzeitschriften die Forderung: ‚Gebt dem Körper mehr Vitamine, eßt Rohkost, um euer Blut zu erneuern, Eure Nerven zu stärken!' Es ist das gleiche Gebot, das unser unvergeßlicher Altmeister der Naturheilweise, Herr Pastor Felke, schon vor 30 Jahren seinen Anhängern gab. Im Ungekochten steckt das Leben, alles Gekochte ist tot, darum trinkt rohe Milch, eßt rohes Obst, nehmt rohes Gemüse in Form von Salaten." [5])

Herren-Park im Repeler „Jungborn" um 1900.

Lustwandeln im Repeler Kurpark, um 1900.

Morgen-Gymnastik im Herren-Park, um 1900.

Auch im Speisehaus der Repeler Naturheilanstalt wurden natürlich vorwiegend vegetarische Gerichte angeboten, die nach Felkes Heilkonzept auf verschiedene Krankheitsbilder abgestimmt waren. Am Montagmorgen gab es beispielsweise „Steife Hafergrütze mit Obst drin“ und am Sonntagmittag „Grünkernsuppe mit gerösteten Semmelbrocken“.
Mit erstaunlicher Geschwindigkeit wuchs die Zahl der Felke-Begeisterten in den ersten Jahren des neuen Jahrhunderts. Bald zählte man rund 400 Kurgäste in Repelen während der Saison, die von Mai bis Oktober dauerte. Die Lufthütten reichten als Schlafstätten schon lange nicht mehr aus, so daß außerhalb des Parks Übernachtungsgelegenheiten geschaffen werden mußten. Jeder, der im Dorfe verfügbaren Wohnraum besaß, bemühte sich Kurgäste aufzunehmen. Vor dem Jungbornpark entstanden noble Kurpensionen, die Bauern richteten Fremdenzimmer ein und man bewirtete seine Gäste nach Felkes Speiseplänen. Als selbst für die Kuranwendungen der Platz in den Parks nicht mehr ausreichte, entstand in der Bauernschaft Rheinkamp ein Jungborn-Nebenbetrieb. Aus allen Gegenden des Reiches und auch aus dem Ausland strömten Kurgäste in das „weltentlegene“ Repelen. Und es entstanden weitere Kurorte nach dem Repeler Vorbild, unter anderem in Essen, Köln, Berlin, Stettin, sogar in den USA. So reiste Pastor Felke im Januar des Jahres 1909 nach Port Angeles im US- Bundesstaat Washington, um dort die Einweihung eines Jungbornparks vorzunehmen, der nach dem niederrheinischen Vorbild gestaltet worden war. Vielerorts entstanden Felke-Vereine, die sich die Verbreitung der felke'schen Naturheillehre zur Aufgabe gemacht hatten. Bis zum Ersten Weltkrieg bildeten sich 21 solcher Zirkel, die sich in Essen zu einem Dachverband zusammenschlossen.
Sicherlich traf Emanuel Felke den Nerv der Zeit, als er am Beginn des neuen Jahrhunderts die Damen der gut bürgerlichen Gesellschaft zumindest zeitweise aus der Enge ihrer fest geschnürten Korsetts befreite und Sonnenbäder verordnete, wo man bisher vornehme Blässe pflegte. Felke wollte sie zurückführen zu einem einfachen naturnahen Lebenswandel jenseits von überflüssigem Luxus und den Entfremdungen der modernen Zivilisation. Auf alten Fotografien aus Repelen sieht man Damen im modischen Kostüm und Herren im Anzug allesamt barfuß auf staubigen Wegen wandeln. Der Meister selbst erschien, wenn er nicht barfuß ging, gerne in leichten Reformsandalen. Im Moersbach nahe des Parks trafen sich die Kurgäste zum Wassertreten, und die weite Landschaft rings des Dorfes lud zu ausgiebigen Wanderungen ein.

Seit 1912 nahm der Pastor dann auch jenes Naturelement in sein Therapieprogramm auf, das ihm den Beinamen „Lehmpastor“ einbrachte. Nun hielt er seine Patienten zum Bad im schlammigen Lehmbrei an. Dazu wurden flache Erdgruben ausgehoben, in denen der Lehm mit Wasser zu einer zähflüssigen Masse vermengt wurde. Der Patient ruhte dann, eingewühlt in den Lehm bis zum Nabel, für eine Dauer, die der Pastor individuell festlegte. Bis zu einer Stunde konnte das Bad ausgedehnt werden. Noch immer ist die Heilwirkung des Lehms nicht vollkommen geklärt. Neben einer Reihe positiver Effekte, wie der Verbesserung von Blutzirkulation und Sauerstoffversorgung des Gewebes, betonen Naturheiler heute wie damals die Reinigungskraft des Naturelements. Durch seine große Absorptionsfähigkeit ziehe er Schlacken und Gifte über die Haut aus dem Körper heraus, erklären sie.
Zwar predigte Felke Natürlichkeit und Einfachheit, aber trotzdem wollten die Jungborn-Gesellschafter den „besseren Herrschaften“ ein modernes Kurhotel nicht vorenthalten. Bis 1913 entstand in der Nähe des Parkeinganges das „Jungborn-Hotel“ im Jugendstil mit einem repräsentativem Säulenportal. Gesellschaftsräume, Billardzimmer und ein Tanz- und Vortragssaal ergänzten das Naturleben im Jungbornpark nun durch den nötigen Komfort, auf den betuchtere Gäste nicht verzichten wollten. Die große Zeit des Kurhotels jedoch sollte ausbleiben. Als 1914 der Weltkrieg ausbrach, verließen die Gäste Repelen fluchtartig. Das Hotel wurde ein Militär-Lazarett und der Kurbetrieb ruhte fortan.
Trotz zahlloser Heilerfolge, die Felke zweifellos vorweisen konnte und trotz der Lobeshymnen einer begeisterten Anhängerschaft, waren, schon bald nachdem Felke begonnen hatte als Heiler zu wirken, auch Kritiker der felke'schen Heilweise auf den Plan getreten. Bereits 1897 begannen die Anfeindungen durch die einheimische Ärzteschaft, die sicherlich auch die wirtschaftliche Konkurrenz des populären Heilers fürchtete. Vor allem Felkes Methode, Krankheitsursachen aus Farb- und Formveränderungen der Iris zu diagnostizieren, wurde für viele Schulmediziner zum Stein des Anstoßes.
„Aus den Augen sieht man sofort, ob der Magen, die Leber oder die Milz krank ist, was die Wissenschaft mit all ihrer feinen Untersuchungskunst nicht leicht sagen kann“,[6]) erklärte Felke bei einem öffentlichen Vortrag in Essen 1914 vor etwa 2000 Zuhörern. Doch noch einige Jahre zuvor hatte er sich einem Gerichtsverfahren stellen müssen, weil man an seinen Diagnosefähigkeiten zweifelte. Am 14. Januar 1909 mußte sich der Pastor vor der Strafkammer in Kleve wegen einer fol-

Licht-Luft-Häuschen im „Repeler-Jungbornpark“, um 1900.
E. Steiger / Postkarte

Die Kurgäste reisten von überall her nach Repelen, um mit der Felke-Methode zu genesen.

Sitzreibebad im Jungborn-Park, um 1900.

genschweren Fehldiagnose verantworten. Ein 18-jähriger Bäckerlehrling aus Repelen war nach dem Besuch der Felke-Sprechstunde an einer Blinddarmentzündung gestorben, der Pastor hatte „auf die weitere Untersuchung der ungefährlich auftretenden Krankheit" [7]) verzichtet. Zunächst erfolgte der Freispruch Felkes vom Schuldvorwurf der „fahrlässigen Tötung". Ein Revisionsverfahren führte jedoch zur erneuten Aufnahme des prekären Falles. In einer achttägigen Verhandlung vor dem Landgericht Krefeld, im sogenannten „Felke-Prozeß" (Oktober/November 1909) kam man dann endgültig zu der Auffassung, daß Felke unschuldig am Tod des Patienten sei. Insgesamt 14 Mal mußte sich der „Lehmpastor" vor Gericht bezüglich seiner Heilpraktiken verantworten, doch jedesmal endete das Verfahren mit dessen Freispruch.

Kritik hagelte aber nicht nur aus den Reihen der wissenschaftlichen Medizin, sondern auch aus der lokalen Presse, die das Geschehen im Jungborn mit empörten Artikeln kommentierte. Die hohen Holzzäune der Badeparks müssen die Phantasie und den Argwohn der Skeptiker ringsum ungeheuer beflügelt haben. „Wegen Gefährdung der Sittlichkeit" kam es schon 1899 zur ersten kurzfristigen Schließung der neuen Anstalt durch die Polizei. Später wurde der Kurbetrieb erneut „wegen groben Unfugs" für eine längere Dauer verboten. Felke selbst hatte sich schon seit Beginn seiner nebenberuflichen Kurarzttätigkeit gegen die Ermahnungen der Kirchenleitung zu wehren. Das Königliche Konsistorium der evangelischen Kirche war ganz und gar nicht mit seiner Doppelrolle als Priester und Heiler einverstanden. Immer wieder warf man ihm Vernachlässigungen seiner seelsorgerischen Pflichten vor. Schließlich gab Felke dem massiven Druck der Kirchenbehörde nach und legte im Jahre 1912 sein Amt als Pfarrer nieder. Damit verzichtete er auch auf seine Pensionsansprüche und war nunmehr auf ein geringes Einkommen aus den Sprechstundengebühren angewiesen. Als jedoch der beginnende Weltkrieg 1914 den Kurbetrieb zum Erliegen brachte, war die Zeit reif für eine Entscheidung.

Ein Jahr später (1915) übersiedelte Felke in das pfälzische Sobernheim, ein Städtchen im Weinbaugebiet des idyllischen Nahetals. Hier entstanden zwischen 1907 und 1928 drei weitere Naturheilanstalten, die Pastor Felkes Heilweise praktizierten, wie sie am Niederrhein entwickelt worden war. Die drei Kurhäuser gibt es noch heute, und wie damals kurt der „Patient" dort noch immer nach den Regeln des „Lehmpastors", zumindest in wichtigen Grundzügen. In Repelen war nach dem Ersten Weltkrieg (ab 1924) der Kurbetrieb noch einmal aufgenommen worden; Felke arbeitete eine Zeitlang im 14tägigen Wechsel dort und in Sobernheim. Doch die wachsende Industrialisierung der Region ließ das Geschäft mit dem „Jungborn-Park" bald stark zurückgehen und als Felke 1926 starb, fehlte der Heilanstalt die inspirierende Kraft seiner Persönlichkeit.

Im Dezember 1934 kündigte der Jungbornverein in Repelen schließlich seinen letzten Geschäftsraum im Kurhotel am Park.

1.) Felke-Kalender 1913, Zit. n.: Kelter, S. 311.
2.) ebd. 3.) ebd. 4.) a.a.O., S. 313.
5.) Dhonau, Zit. n.: Kramer, S. 120.
6.) Felkes Rede in Essen 1914, Zit. n.: Kramer, S. 77.
7.) Kramer, S. 22.

Der Klever Denkmalsturz

Seit dem 11. Dezember 1981 liegt die Figur des „Toten Kriegers" vor der Klever Stiftskirche St. Mariä Himmelfahrt auf dem Kleinen Markt.

„Als die Hüllen fielen, bekam die SA einen Schluckauf", heißt es in den Notizen eines Beobachters. [1]) SA Stabschef Lutze sei nach dem Entfernen des schwarzen Tuches mit steinernem Gesicht vor Schreck einen Schritt zurückgetreten, wußte ein Zeitungsreporter. [2]) Und eine Zeitzeugin erinnert sich: „Da ging ein Raunen durch die Reihen ‚Aaahhhh …', und das war wohl ein Zeichen dafür, daß niemand, oder wenige, davon begeistert waren." [3]) Noch 64 Jahre nach jener denkwürdigen Ehrenmalweihe vom 22. Oktober 1934 ist ihr der theatralische Festakt in lebendiger Erinnerung. Schon am frühen Mittag des regnerischen Herbsttages hatten sich die Abteilungen der nationalsozialistischen Verbände an der neuen Weihestätte gegenüber dem Gymnasium eingefunden. SA, SS, Arbeitsdienst, Hitlerjugend und die Kriegervereine nahmen Aufstellung vor dem Ehrenmal mit den vier wuchtigen Pfeilern. Auf ihnen brannten Feuer in eisernen Schalen. Vor der eigentlichen Enthüllung der Ehrenmalsfigur, die den gefallenen Soldaten des vergangenen Weltkrieges gewidmet war, wurde ein Weihespiel aufgeführt. Sprecher und Chöre rezitierten Verse und Gesänge. Darauf folgte die Weiherede des SA-Stabschefs Lutze, und danach wurde der Blick auf die Skulptur des „Toten Kriegers" freigegeben. Zu seinen Seiten wachten je drei SA- und SS-Männer, und vor dem Haupt der Figur stand der Träger der Parteistandarte. Dann tönte bei gesenkten Fahnen der Marsch „Ich hatt einen Kameraden", anschließend wurde die Nationalhymne gesungen und zuletzt das „Horst-Wessel-Lied", das Kampflied der „nationalsozialistischen Bewegung".

Aber schon bald nachdem die neue Ehrenmals-Figur der Öffentlichkeit übergeben worden war, setzte Kritik ein. Und die kam zunächst nicht aus den Reihen der Nationalsozialisten, sondern aus Teilen der Klever Bevölkerung. Zu abstrakt, zu modern, zu ungewöhnlich erschienen vielen Zeitgenossen die Formen, die der Bildhauer Ewald Mataré geschaffen hatte. In einem offenen Brief an die Stadtverwaltung machte sich eine Anzahl unzufriedener Bürger Luft und beklagte sich darüber, daß die „… abstrakten Formen der Figur beim besten Willen wirkungslos blieben auf das Gefühl, das einen beim Andenken an die gefallenen Söhne und Brüder erfülle". [4]) Sie baten dringend darum, „dem unwürdigen Zustand ein Ende zu bereiten". [5]) Dabei war der Spottname „Walfisch", mit dem Klever Zeitgenossen das neue Denkmal betitelten, eine Anspielung auf die Wuchtigkeit und die Überlebensgröße der Figur, auf ihre glatte Oberfläche und die dreieckige fischähnliche Form des Körpers.

Die Nazis aber, die das Projekt energisch gefördert hatten, verteidigten das neue Denkmal. Die Weihestätte samt der Figur des „Toten Kriegers" sollte den Parteiorganisationen als Projekt der Propaganda dienen, und zusätzlich hatte man mit dem Platz an der Ringstraße gegenüber dem Gymnasium ein Aufmarschgelände im Herzen Kleves geschaffen. Außerdem beabsichtigte man durch das Denkmalsprojekt, „Bürger aller Stände und politischer Überzeugungen, die Angehörige im Krieg verloren hatten" [6]), auf die Seite der Partei zu ziehen.

Es ist bis jetzt nicht bekannt, wann sich die Einstellung der Nationalsozialisten zum Denkmal änderte, doch man darf wohl davon ausgehen, daß sie nach Matarés Diffarmierung als „entarteter Künstler" im Sommer 1937 schon umgeschlagen war. Bereits im Juni 1933 war Ewald Mataré aus seiner Lehrtätig-

Die Einweihung des Ehrenmales am 22. Oktober 1934.

keit an der Düsseldorfer Kunstakademie ohne Angabe von Gründen entlassen worden. Im Dezember 1936 nannte die Reichsleitung der NSDAP Matarés Namen in der Liste „unerwünschter Künstler". Einige seiner Plastiken in öffentlichen Sammlungen wurden beschlagnahmt und zum Verkauf freigegeben. Und auf der Wanderausstellung „Entartete Kunst", die 1937 in München eröffnet wurde, war auch Mataré mit einer Arbeit vertreten. Spätestens jetzt mußten seine Persönlichkeit und seine Kunst den Anhängern des Nazi-Regimes suspekt erscheinen.
Auch lag es nahe, daß nun, zu einer Zeit, wo deutsche Männer zu neuem Kriegsmut erzogen werden sollten, sein Kriegerdenkmal bei den neuen Machthabern auf Widerspruch stoßen würde. Die Skulptur des „Toten Kriegers" war zu sehr Opfer und zu wenig Held, sie gab Gefühlen von Trauer und Ohnmacht Ausdruck, wo die Propagandisten des Dritten Reiches unbeugsamen Kampfeswillen verkörpert sehen wollten. Den „Nazi-Ideologen" konnte sie nur ein Dorn im Auge sein.
Schließlich ließ die nationalsozialistische Stadtverwaltung in Kleve das Denkmal in einer Nacht- und Nebelaktion beseitigen. In den frühen Morgenstunden des 9. Mai 1938 machte sich eine Kolonne von sieben Arbeitern daran, die Figur mit Vorhämmern in ihre Einzelblöcke auseinanderzuschlagen. Dann wurden die teilweise stark beschädigten Stücke der Skulptur auf einen Flachwagen geladen und abtransportiert. Noch am gleichen Tage verschwand der „Tote Krieger" in einer Erdgrube auf dem Gelände der Stadtwerke, wo er für immer vor den Augen der Klever verborgen bleiben sollte. Kopf und linke Hand der Skulptur kamen aber schon in der Zeit vor dem Beginn des Zweiten Weltkrieges wieder zum Vorschein und gelangten später in den Besitz des Klever Bürgermeisters Fritz Kock (1895 –1968). Kock schätzte die „Krieger-Figur" Matarés sehr und sammelte ihre Fragmente. Die Hauptteile des Denkmals aber wurden erst am 6. Januar 1977 wieder entdeckt, als die Zähne einer Baggerschaufel auf dem Stadtwerksgelände an einen der schweren Basaltsteinbrocken des Monumentes stießen. Nach und nach wurden alle drei Hauptteile der Figur zutage gefördert. Nur die rechte Hand und die Füße des „Toten Kriegers" blieben verschollen, doch mit der Wiederentdeckung der großen Rumpfstücke war nun die Möglichkeit einer Restaurierung gegeben.
Joseph Beuys, gebürtiger Klever und ehemaliger Mataré-Schüler, machte damals den Vorschlag, den wiederhergestellten „Toten Krieger" in einer offen einsehbaren Gruft am Eingang der Fußgängerzone aufzubahren. So, in einer leichten Draufsicht, hatte nämlich auch Mataré die Skulptur ursprünglich positionieren wollen. Doch der Beuyssche Vorschlag fand im Klever Stadtrat keinen Anklang. Dieser entschied sich schließlich zu einer vollständigen Restaurierung der Figur durch den Bildhauer Elmar Hillebrand, der ebenfalls Schüler von Mataré war. Auf dem „Kleinen Markt" vor der Klever Stiftskirche St. Mariä Himmelfahrt sollte das Denkmal einen neuen Platz erhalten.
So kam es 47 Jahre nach der Weihe des „Toten Kriegers" durch die Nationalsozialisten in Kleve zur Wiederaufstellung der Matarèschen Skulptur. Am 11. Dezember 1981 wurde sie in einem schlichten Festakt durch den Bürgermeister der Stadt ein zweitesmal den Klevern übergeben. An seinem neuen Standort, losgelöst von der einstigen Einbindung in eine martialisch-pathetische Ehrenmals-Architektur, liegt der „Tote Krieger" nun da „als Mahnmal gegen Unrecht und Gewalt".

Prof. Elmar Hillebrand und Steinmetz Schmitz besprechen die Restaurierung des „Toten Kriegers".

1) Tüllmann, C.: Spott für ein Denkmal. In: RP. v. 8.1.1977.
2) Eine Mataré-Plastik ..., In: NRZ v. 19.3.1966.
3) O-Ton: Frieda Altner, Kleve. 4) Zacher, S. 51.
5) Brief an die Klever Stadtverwaltung. Zit. n.: Weghmann.
6) Zacher, S.32.
7) Info z. Artikel-Samml. „Toter Krieger" des Stadtarchivs Kleve.

Ewald Mataré

Denkmal für Friedrich Alfred Krupp in der Siedlung Margarethenhof-Rheinhausen. Bildhauer: Lederer, enthüllt im Juni 1937.

Das Unternehmen Krupp und die Idee der Arbeiterfürsorge

„Auch der alte Kruppianer-Geist ist tief gekränkt worden. (...) Das Krupp-Denkmal haben Arbeiter umgeworfen," [1]) heißt es in einem Artikel in der „Zeit" vom 18. 12. 1987, also gut drei Wochen nach dem Eintreffen jener „Hiobsbotschaft" für die Rheinhauser Stahlarbeiter. Am Abend des 26. November 1987 war die Nachricht bekanntgeworden, daß Rheinhauser Hütte und Stahlwerk der Friedrich-Krupp AG mit rund 5300 Beschäftigten in absehbarer Zeit stillgelegt werden sollten. Es folgte einer der längsten und spektakulärsten Arbeitskämpfe in der Geschichte der Bundesrepublik. Doch so wie die Tragödie um das sterbende Stahlwerk die Gemüter der Region erhitzte, so erweckte sie auch das Denkmal für den Erbauer der Hütte – vielleicht zum letztenmal – zu neuem Leben, machte sie zu einer Gedenkstätte, die für eine kurze Zeit noch einmal Gefühle aufwallen ließ. „Am Krupp-Platz unter der Büste des Firmengründers Friedrich Alfred (hängt) ein Transparent mit dem Porträt des neuen Krupp- Managers: Cromme zerstöre nicht mein Werk und unsere Stadt!" [2]), berichtete die „Die Zeit" am 18. Dezember. Die monatelangen Proteste konnten die Hütte nicht retten, brachten aber immerhin ein Kompromißpaket, das durch den Krupp-Vorstand, eine Abordnung des Betriebsrates und NRW-Ministerpräsident Johannes Rau als Vermittler am Abend des 1. Mai 1988 in einem Kölner Hotel ausgehandelt wurde. Im August 1993 sollten dann die letzten 2252 „übriggebliebenen" Kruppianer mit einem Sozialplan in den Vorruhestand gehen oder Ersatzarbeitsplätze erhalten. [3]) Die Hütte wurde, wie die Rheinhauser es zu sagen pflegen, „plattgemacht".

Abgerissen, zerlegt und ausgeschlachtet sind nun die Anlagen, die vor mehr als 100 Jahren am linken Rheinufer Duisburgs, 26 Kilometer westlich der Essener Krupp-Werke, errichtet wurden. Ein Bild, das manchen Rheinhauser Hüttenarbeiter sicherlich eine Zeit lang mit Wut und Trauer erfüllte, denn es gab mal so etwas wie gegenseitige Treue zwischen Arbeiter und

Alfred Krupp (1812-1887), Gemälde von J. Grün.

Friedrich-Alfred-Hütte Rheinhausen, Hafen und Hochöfen, um 1900.

Friedrich-Alfred-Hütte Rheinhausen, Straßenbild der Kolonie Margaretenhof, um 1907.

Friedrich-Alfred-Hütte Rheinhausen um 1912, Siedlung Margaretenhof, Bierhalle.

Werk, aber von dem fühlen sich nun viele „Kruppianer" im Stich gelassen. Und daß während des Arbeitskampfes die Enttäuschung der Rheinhauser den Herrn Krupp vom Sockel zwang, wird noch ein gutes Stück verständlicher, wenn man in die Geschichte des Kruppschen Weltunternehmens hinabtaucht. Denn der Name „Krupp" stand einmal für mehr als nur wirtschaftliche Macht, Qualitätsstahl und Kanonen. Krupp, das war lange Zeit auch die Idee einer großen Familie, die zusammenhielt und dabei die Vorteile einer durchaus fortschrittlichen Arbeiter-Fürsorge genoß.

Schon Alfred Krupp (1812 – 1887), bereits zu Lebzeiten unter dem Namen „Kanonenkönig" berühmt, der Mann, der die Essener Gußstahlfabrik zum damals größten Stahlunternehmen der Welt ausbaute, der mit 7 Arbeitern seine Fabrikation begann und seinem Sohn einen Konzern mit über 20.000 Belegschaftsmitgliedern hinterließ, machte die „Kruppschen-Wohlfahrtseinrichtungen" berühmt. Bereits 1836 richtete er eine freiwillige „Hilfskasse für Krankheits- und Todesfälle" ein, die 1853 für seine Arbeiter verpflichtend wurde. Doch erst zwei Jahre später zahlte die Firma ihren Arbeitern zur „Kruppschen Kranken- und Pensionskasse" Beitragszuschüsse in der Höhe von 50 Prozent. Immerhin war Alfred Krupp damit der Bismarckschen Sozialgesetzgebung, die ab 1883 Krankenversicherung, Unfallversicherung und Alters- und Invaliditätsversicherung gesetzlich verankerte, noch um einige Jahre voraus. Außerdem zahlte er seinen Arbeitern von Anfang an etwas bessere Löhne, als es die benachbarten Konkurrenten taten. Und das hatte seinen Grund. Alfred Krupp war sehr daran interessiert, daß eine hochqualifizierte Stammarbeiterschaft, in soliden Verhältnissen lebend, dem Unternehmen eng verbunden blieb. Gerade in der industriellen Aufbauphase jener Jahre war die Fluktuation unter den Belegschaften der jungen Fabriken relativ hoch. Einem Fabrikanten aber, der Qualitätsprodukte aus Stahl weltweit verkaufen wollte, konnte das verständlicherweise nicht recht sein. Ab 1856 entstanden Wohnheime für unverheiratete Arbeiter, 1861 erste Werkswohnungen für Meister und nach 1863 eine Anzahl größerer Arbeiterkolonien in Essen. Dazu kamen Schulen, Konsumanstalten für den Lebensmittelbedarf und 1870 das erste Werkskrankenhaus.

Daß solche Taten patriarchalischer Fürsorglichkeit letztlich dem Unternehmen zugute kommen sollten, daraus hat der „Kanonenkönig" nie einen Hehl gemacht. Ihm muß es daher auch als ganz natürliche Konsequenz erschienen sein, daß er von seinen Arbeitern Treue und unbedingten Gehorsam als Gegenleistung für seine Wohlfahrtsleistungen verlangte. Streik, gewerkschaftliche und sozialdemokratische Betätigungen, sogar das Lesen sozialdemokratischer Schriften in den Werkskolonien hat Alfred Krupp seinen „Kruppianern" wie selbstverständlich verboten. Dennoch resümiert der nicht gerade unkritische Krupp-Biograph Bernt Engelmann: „Trotz alledem ... war durch die umfangreichen ‚Wohlfahrtseinrichtungen' ..., die Lage der Kruppianer im ganzen besser als die der meisten Industriearbeiter im Ruhrrevier. Sie wurden nicht gerade verhätschelt – nichts hätte Alfred ferner gelegen – aber solange sie parierten und sich mit dem beschieden, was ihnen die Firma zukommen ließ, waren sie der drückendsten Sorgen enthoben." [4]) Trotz der strengen Reglementierungen, die sogar bis in die Privatsphäre des Arbeiters hineinreichten, gelang es Alfred Krupp, daß seine Arbeiter ein Zugehörigkeitsgefühl zur Firma entwickelten. Unter dem gütigen und strengen Patriarchen Alfred wurde also der „gut versorgte und treue Kruppianer" geboren.

Nach Alfreds Tod ging das Unternehmen an dessen einzigen Sohn Friedrich Alfred (1854 – 1902) über. Nur 15 Jahre führte dieser das Weltunternehmen seines Vaters als Firmenchef und vergrößerte dennoch die Krupp-Belegschaft auf das Doppelte (rund 42.000 Mitglieder). Er baute das Unternehmen zum nun auch horizontal gegliederten Konzern aus. Neben den Grusonwerken, einer Magdeburger Maschinen- und Anlagenfabrik, und der Germaniawerft in Kiel schloß Friedrich Alfred seinem Essener Werk auch das in Rheinhausen bei Duisburg entstehende Hüttenwerk an. Aber die Zusammenballung solch wirtschaftlicher Macht in den Händen eines einzelnen Mannes erregte schon bald die Kritik vieler Zeitgenossen. Und die guten Verbindungen der Krupps zum deutschen Kaiserhaus verstärkten noch den Groll der Öffentlichkeit gegen den „reichen Schwerindustriellen Krupp". Als schlauer Kopf wird er uns geschildert, der geschickt seine Chefposition innerhalb des nach mehr Macht strebenden Direktoriums zu behaupten wußte, aber ein skrupelloser Tyrann war er wohl kaum. Krupp-Archivar Ernst Schröder urteilt sogar: „Eben jener Typ des Schwerindustriellen war Friedrich Alfred Krupp nicht. Er sah die Fabrik mit anderen Augen an als sein Vater ... oder als sein Zeitgenosse Stumm-Halberg. Das Kruppsche Sozialwerk wurde unter F. A. Krupp nach freieren Prinzipien und unter Leitung von Persönlichkeiten, die nicht mehr patriarchalisch, sondern zeitgemäß dachten, ausgebaut." [5])

In jedem Falle aber war „Fritz Krupp", wie man ihn in der Kurzform nannte, aus weicherem Holz geschnitzt

als sein herrischer Vater, der zuweilen wie ein Fürst auftrat. Ihm Nahestehende schilderten ihn als außerordentlich liebenswürdig und verständnisvoll. Zwar gewährte auch er seinen Arbeitern keinerlei Formen betrieblicher Mitbestimmung, das Kruppsche Arbeiter-Wohlfahrtssystem wurde jedoch konsequent ausgebaut und erweitert. In den 90er Jahren entstanden neue Wohnsiedlungen in Essen. Der idyllisch anmutende „Altenhof" war eine Siedlung für alte und invalide Arbeiter, die dort mietfrei wohnten. Die bekannte Essener Gartenstadt-Siedlung „Margarethenhöhe" wurde zwar erst nach seinem Tode errichtet, liegt aber in der bewährten Kruppschen Tradition. 1899 gründete Friedrich Alfred die Kruppsche Bücherhalle und den Kruppschen Bildungsverein, der eine freiwillige Fortbildung der Werksangehörigen förderte.

Als Friedrich Krupp 1902 plötzlich und unerwartet starb, war „soziale Fürsorge" bereits allgemeine Unternehmensstrategie geworden. So begann auch in Rheinhausen, wo 1897 die ersten Hochöfen angeblasen wurden, der Aufbau jenes Wohlfahrtssystems, das sich in Essen so bewährt hatte. Ab 1903 entstand in einiger Entfernung vom Hüttenwerk die Margarethensiedlung mit Doppel- und Reihenhäusern, deren Anlage zum Teil dörflichen und und auch kleinstädtischen Charakter zeigte. An der Ecke zur Erzstraße gab es den „Konsum", in dem Werksangehörige verbilligt Lebensmittel, Textilien, Haushaltswaren und sogar Möbel kaufen konnten. Die „Bierhalle" lag direkt an der Hauptkreuzung (Margarethenstraße / Atroperstraße) und diente den Kruppianern als Treffpunkt und Veranstaltungsort für kulturelle Darbietungen. 1904 baute man die „Menage", eine Art Hütten-Kantine, und bis 1905 entstanden drei Schlafhäuser für insgesamt 531 (ledige) Arbeiter. Außerdem wurde die Margarethensiedlung erweitert; bis zum Beginn des Ersten Weltkrieges entstanden 686 Wohnungen, die zur Hütte gehörten, weitere Kolonien kamen hinzu, und 1963 waren es rund 5500 Wohnungen, die Krupp seiner Belegschaft zur Verfügung stellte. Daß die werkseigene Behausung den Arbeiter auch an die Hütte kettete, kann man sich leicht vorstellen, denn wer dort seinen Abschied nahm, verlor damit auch sein Recht aufs Kruppsche Heim. Dann gab es das gut ausgestattete Bertha-Krankenhaus und eine Kruppsche Betriebskrankenkasse, den werksärztlichen Dienst mit vier Ärzten, die auch die Familien der Arbeiter versorgten. Und in der Zeit, wo Mütter das Wochenbett hüteten, halfen Hüttenschwestern kostenlos in den Kruppianer-Haushalten. Auch in Rheinhausen waren die „Kruppianer" in ein „Rundumpaket sozialer Absicherungen" [6]) bis zur Kruppschen Werksrente eingebunden. Das Hüttenwerk bot eigentlich alles, was der Mensch zum Leben brauchte. „Man trug Kruppsche Säuglingswäsche, den Kruppschen Konfirmationsanzug, ging in den Kruppschen Kindergarten und später in den Kruppschen Bildungsverein." [7]) Erst zu Beginn der sechziger Jahre begannen Staat und Interessenverbände eine Reihe der noch bestehenden Kruppschen Wohlfahrtseinrichtungen zu ersetzen. Blicken wir also zurück auf die einstige Kruppsche Fürsorge-Kultur, so wird verständlich, daß für die allermeisten Werksangehörigen die Hütte mehr gewesen sein muß als nur ein Arbeitsplatz. Und zumindest in den nicht-krisengeschüttelten Zeiten (die viele in der langen Aufbauphase nach dem Zweiten Weltkrieg erlebten) gab es so etwas wie Treue auf beiden Seiten. Nach 1987 war die Treue des Essener Stahl-Konzerns zu den Rheinhauser Kruppianern wohl nicht mehr aufrechtzuerhalten; für diese verschwanden aber mit ihrer Hütte auch ein Stück Heimat und Sicherheit. Daß das Kruppsche Denkmal dafür wackeln mußte, ist nicht verwunderlich.

Speisesaal am Hauptportier, Friedrich-Alfred-Hütte, um 1910.

1) Grefe, C. In: Die Zeit, v. 18. 12. 1987.
2) ebd.
3) Bierwirth/ Vollmer, S. 9.
4) Engelmann, S. 220/ 221.
5) Schröder, S. 91.
6) Lison/ Lukas, S.28, 29.
7) Erl. Gesch. Montanmitbest. in Rh. ..., S. 272.

Das Denkmal des „Reeser Bären“ stellt einen spanischen Offizier in einem Bärenfell dar, Bronzeplastik: Dieter von Levetzow.

Vom spanischen Hauptmann, der seine Soldaten necken wollte

Auf den Resten der Wallanlagen der ehemaligen Festungsstadt Rees steht eine Bronzeplastik, die einen Soldaten im Bärenfell darstellt. Diese Figur, die seit 1995 auf dem Rondell am Bärenwall in Rees ihren Platz hat, erinnert an eine Sage, die man sich noch heute in dem Niederrheinstädtchen erzählt.

Als die Spanier am Ende des 16. Jahrhunderts für einige Zeit die Festung Rees besetzt hielten, schickten sie des Nachts Wachtposten auf Türme und Wälle, die rechtzeitig vor einem herannahenden feindlichen Heer warnen sollten.

Nun hatten an einem schönen Sommerabend die Hauptleute der Spanier noch lange bei Wein und Kartenspiel zusammengesessen und waren guter Dinge. Und als die lustige Zecherei die Offiziere zu einigen kühnen Vorstellungen ermunterte, da stieg es einem von ihnen zu Kopfe, er müsse seinen wachenden Soldaten einen Streich spielen. „Wir wollen doch mal sehen, ob unsere Männer furchtlos ihre Pflicht tun!“, erklärte er seinen Kameraden. Diese wollten ihn zurückhalten, doch der toll gewordene Hauptmann stülpte sich ein Bärenfell über seine Kleider und bestieg den Wall vor der Stadtmauer, auf dem seine Posten standen. Zuerst näherte er sich den Wachen leise und unbemerkt, und dann stürmte er hochaufgerichtet, brummend und mit erhobenen Tatzen auf seine Soldaten zu. Diese erschraken fürchterlich, wie er es erwartet hatte, und rannten davon. Nur einer der Wachtposten ließ sich nicht ängstigen, kniete nieder, spannte das Schloß seiner Muskete, nahm den Bären aufs Korn und schoß. Mit einem Schrei stürzte das Ungetüm vor ihm zu Boden. Seine Kameraden kamen mit Freudenrufen zurückgelaufen. Doch als sie an den Bären herantraten und ihn genauer betrachten wollten, da erkannten sie, daß in dem Fell ihr Hauptmann, von einer Kugel in der Brust getroffen, verblutete.

Eine kuriose Geschichte, die möglicherweise der Phantasie eines einheimischen Geschichtenerzählers entsprungen ist. Doch so wie viele Sagen und Legenden einen wahren Kern haben, gibt es auch hier einen historisch- waren Hintergrund.

Im Oktober 1598 hatte der spanische Feldherr Mendoza mit einem 24.000 Mann-Heer die Stadt Rheinberg erobert, und nun war er auf dem Vormarsch nach Norden. Auf der rechten Seite des Rheins sollte er seine Truppen in die Niederlande führen, die sich nun seit genau 30 Jahren in einem erbitterten Freiheitskampf gegen die spanische Fremdherrschaft zur Wehr setzten. Nach der Einnahme Rheinbergs entsandte Mendoza Truppen nach Rees, doch die Bürger verweigerten den gefürchteten Söldnern den Einlaß in ihre Stadt. Darauf ließ der spanische Kommandant weitere Geschütze anfordern. Schließlich blieb den Reesern nichts anderes übrig, als der fremden Besatzungsmacht ihre Tore zu öffnen. Etwa 1000 Soldaten hatten die Einwohner der kleinen Handelsstadt am Rhein in ihren Mauern zu beherbergen. Auch die Burgen nahe des rechtsrheinisch gelegenen Rees wurden mit spanischen Söldnern belegt. Die schlimmsten Elemente aus verschiedenen Nationen taten damals Dienst in solchen Söldnerheeren, schildert der Geschichtsforscher Jacob Düffel. [1])

Für die Bewohner der Region muß der Aufenthalt einer so großen Streitmacht, die bei Zivilpersonen Quartier bezog und von der Bevölkerung ihren Unterhalt erpresste, eine wahre Qual gewesen sein. Doch die Regierung des Herzogtums Kleve sah sich außerstande,

Rees heute, rechts liegt das Rondell, auf dem die Plastik des „Reeser Bären“ steht.

Die Festungsstadt Rees um 1650, Kupferstich nach Henrik Feltmann.

Arkebusier-Soldat mit Hakenbüchse.

militärisch gegen die Besatzer vorzugehen. Mehr als ein halbes Jahr seit dem Einmarsch der spanischen Söldner verging, erst dann erreichte im Juni 1599 Graf Simon von der Lippe mit einem 15.000 Mann starken Reichsheer den Niederrhein. Zuvor jedoch hatte Mendoza schon weitere Truppen bei Rees konzentriert und über den Rhein in die Niederlande geführt, während in Rees eine 1200-köpfige Besatzung unter dem spanischen Kommandanten Don Ramiro de Guzmann die Stadt halten wollte. Das deutsche Reichsheer des Grafen Simon von der Lippe hatte schon Wesel, Emmerich, Gennep und andere Orte befreit, als es am 29. August endlich in Rees eintraf. Sogleich begann man mit der Belagerung der Stadt. Schanzen wurden angelegt und Laufgräben ausgehoben. Am 10. September 1599 begann die Beschießung von Rees mit zehn Geschützen. Einige Häuser gingen in Flammen auf, auch eines der Stadttore wurde stark zerstört. Doch die Erstürmung der Stadt wurde hinausgeschoben, um die Unterstützung durch zusätzliche niederländische Truppen abzuwarten. Da rückten die Spanier selbst zu einem Angriff aus und überrumpelten die hessischen Söldner des Reichsheeres. Beinahe 300 Soldaten fielen der Attacke zum Opfer, mehrere Kanonen konnten unbrauchbar gemacht werden. Außerdem erbeuteten die Angreifer ein kleines Mörser-Geschütz, das sie mit in die Stadt nahmen. (Heute steht der Mörser auf dem Rondell in Rees, neben dem Denkmal.) Sollte Simon von der Lippe mit seinen Soldaten nun zum Gegenschlag ausholen und Rees stürmen?

„Wohl großen Willen und Lust“ [2]) hätten die Söldner des Reichsheeres gehabt, die Stadt sturmreif zu schießen und zu erstürmen, erklärten die Soldaten später, doch dazu kam es nicht mehr.

Der spanisch-burgundische Gesandte hatte das Angebot unterbreitet, die Stadt unter der Bedingung, die burgundischen Kanonen mitnehmen zu dürfen, freiwillig zu räumen. Simon von der Lippe nahm das Angebot an und gab die Belagerung auf, womit er die Stadt wohl zu ihrem Glück vor weiteren Beschießungen, Besatzungen und Plünderungen bewahrte. Die Reste der spanischen Truppen verließen Rees im Dezember 1599. Rees soll nach dem Abzug der Besatzer, so heißt es in einem Ratsprotokoll, eine verwüstete Stadt gewesen sein. [3])

1) Düffel, S. 55.
2) Prozeßprotokoll des Gerichtsschreibers Ortlepius. Zit. n.: Düffel, S. 58.
3) Kastner, In: Städt. Museum ..., S. 81.

Die Sage vom Klever Schwanenritter

Der Lohengrin-Brunnen in Kleve von Hans-Henning Seemann.

Nach einer alten Chronik der Klever Herzöge begann die Geschichte des Schwanenritters im Jahre 713. Derik, der Herr des Landes bei Kleve, war gestorben, ohne einen männlichen Nachkommen zu hinterlassen. Nun war seine einzige Tochter, die schöne Beatrix, die Besitzerin der klevischen Ländereien und einer kaiserlichen Burg, der Nimweger Kaiserpfalz, die ihr zu Lehen gegeben war. Nach dem Tode des Vaters jedoch versuchten die Widersacher der jungen Frau das Land bei Kleve und Nimwegen in ihren eigenen Besitz zu bringen. Einmal, an einem schönen und klaren Tag, stand Beatrix auf den Zinnen der Burg und schaute voller Kummer in die Ferne. Als sie jedoch auf den Fluß sah, bemerkte sie ein „gar wunderlich Ding", das daher getrieben kam. Von einem schönen weißen Schwan gezogen, näherte sich ein Schiffchen, in dem ein stolzer Jüngling stand. Er hielt ein vergoldetes Schwert in seiner Hand und ein Jagdhorn hing an seiner Hüfte, auch zierte ein „köstlicher Ring" seinen Finger. Vor ihm prangte sein Schild in leuchtendem Rot. Das Wappenzeichen darin zeigte acht „güldene Königszepter", welche die Form von Lilien hatten und sich überkreuzten, so daß sie sich in der Mitte zu einem goldenen Knauf vereinigten. Darin funkelte ein schöner Edelstein aus grünem Zinnober, ein Smaragd. Der Name des stolzen Jünglings war Elyas, und er kam aus dem irdischen Paradiese, das manche den Grail nennen. Dies jedenfalls erzählten einige Chroniken, bemerkt der Verfasser der Klever Schwanenritter-Geschichte.

Der Jüngling trat an Land, und die Jungfrau Beatrix stieg zu ihm hinunter und begrüßte ihn freundlich. Sie bat ihn, zu verweilen und geleitete ihn auf ihre Burg. Beatrix fand Gefallen an ihm, und der Jüngling offenbarte seiner Gastgeberin, daß er gekommen sei, um ihr Land zu beschützen und ihre Feinde zu bezwingen. Schon früher hatte Beatrix in einer Vision die Botschaft empfangen, daß das Schicksal ihr einen Mann senden würde, durch den alle ihre Nachkommen sieghaft sein würden. Beatrix verliebte sich in den jungen Fremden, und dieser erzählte ihr, daß Gottes Fügung und glückliche Abenteuer ihn zu ihr geführt hätten, damit er ihr Gemahl würde. Auch würden sie zahlreiche Nachkommen haben und ein großes Geschlecht begründen, das viele Abenteuer und Siege erleben werde. Schließlich vertraute er ihr an, daß er Elyas heiße und ein Ritter sei, warnte sie jedoch eindringlich, weiter nach seiner Herkunft zu fragen. Sobald sie die Frage stelle, müsse er sie für immer verlassen. Bald vermählte sich Beatrix mit dem schönen Jüngling, und dieser besiegte wirklich alle Feinde, die ihr Land bedrohten. Bei allen Fürsten und Prinzen stand Elyas in hohem Ansehen, und der Kaiser Theodosius machte ihn zum Grafen und erhob das Land Cleve zur Grafschaft. So lebte der Schwanenritter Elyas als Graf von Kleve einundzwanzig Jahre lang an der Seite seiner schönen Frau Beatrix. Aber eines Nachts, als die beiden miteinander sprachen, stellte sie ihm unversehens die verbotene Frage. „Herr, wollt ihr selbst euren eigenen Kindern nicht verraten, von wo ihr gekommen seid?" Aber als sie diese Worte gesprochen hatte, verschwand ihr Gemahl, wie er vorausgesagt hatte. Die Gräfin Beatrix aber war von Reue sehr ergriffen und starb noch im gleichen Jahr.

So erzählt die erste schriftliche Überlieferung aus der Schwanenstadt Kleve die berühmte Geschichte.[1] Verfaßt wurde sie von dem Chronisten Gert van der Schuren im Auftrag Herzog Johanns I. von Kleve im Jahre 1472. Die Sage vom Schwanenritter jedoch ist um einiges älter als diese Fassung der ersten Klever Chronik. Die ältesten schriftlichen Hinweise auf die Schwanenritter-Geschichte stammen aus einem Brief des Gui de Bazoches, der heute in der luxemburgischen Staatsbibliothek aufbewahrt wird. Er bezeugt den unbekannten Retter als einen Vorfahren des Kreuzritters Gottfried von Bouillon (1060 – 1100) und wurde wohl zwischen 1175 und 1180 verfaßt.[2] Am Ende des 12. Jahrhunderts entstand dann die anonyme Dichtung „Le chevalier au cygne" (frz.: Der Schwanenritter). Diese berichtet ebenfalls über den märchenhaften Vorfahren Gottfrieds. Geglaubt wurde die Geschichte von der Schwanenritterabkunft des Gottfried von Bouillon, wie der Erzbischof Wilhelm von Tyrus (gest. vor 1179) in

Ankunft des Schwanenritters, Lithographie um 1820.

Lohengrin und Elsa – Die Wagner-Oper 'Lohengrin' machte den Schwanenritter-Stoff populär.

Das Lohengrin-Denkmal in Kleve wurde 1882 auf dem Kleinen Markt errichtet, zerstört wurde es bei den Bombardements 1944, Bildhauer: Friedrich Custodis.

Lohengrin-Postkarte aus Kleve, um 1900.

seiner Geschichte der ersten Kreuzzüge schilderte, allerdings schon um die Mitte des 12. Jahrhunderts.
Im Heldenlied „Chevalier au Cygne" wird erzählt, daß der Sachsenherzog Rainier im Begriffe war, das Land der Herzogin von Bouillon in seine Gewalt zu bringen. Der Schwanenritter Elyas zog umher mit seinem Schwan auf der Suche nach Abenteuern und gelangte über den Fluß „Waal" bis an die Stadt Nimwegen. Dort besiegte er in einem Zweikampf den Sachsenherzog Rainier und heiratete die Tochter der Herzogin, die den Namen Beatris trug. Elyas wurde Landesherr und Vorfahr (Großvater) Gottfrieds von Bouillon. Doch die Geschichte, die dem Hause Bouillon eine höchst noble Herkunft und gleichsam einen göttlichen Willen bei der Entstehung des Geschlechts zusprach, sollte bald auch andere Ahnenreihen veredeln. Zwischen dem 12. und 16. Jahrhundert nahmen die meisten Adelsgeschlechter des nordwestdeutsch-flandrischen Raumes den „Schwanenritter" für ihre Abstammungsgeschichte in Anspruch. Auch die Herzöge von Brabant beriefen sich seit dem 13. Jahrhundert auf ihre Abkunft vom Schwanenritter. Durch sie kamen schließlich die Grafen von Kleve in den Genuß, ebenfalls Kinder des geheimnisvollen Ritters zu sein.
Irgendwann im Verlaufe des 13. Jahrhunderts muß die zunächst in Frankreich verbreitete Sage vom Schwanenritter von den Klever Grafen übernommen worden sein, vermutete der Klever Geschichtsforscher Friedrich Gorissen. Wahrscheinlich hatten die Vermählungen der Klever Grafen mit Fürstinnen aus dem Herzogtum Brabant das Klevische Haus bewogen, die Sage der Brabanter mit der ihrigen zu verknüpfen.
Eine weitere Vorlage für die Klever Schwanenritter-Geschichte war wohl das um 1210 entstandene Epos „Parzival" des Dichters Wolfram von Eschenbach. Hier heißt der Schwanenritter „Loherangrin" und ist der Sohn des Gralskönigs Parzival. Er kommt jedoch in dieser Sage nicht nach Nimwegen, sondern steht der Gräfin von Brabant bei, die in einer bei Antwerpen gelegenen Burg an der Schelde lebt.
Die Geschichte, wie sie der Klever Chronist Gert van der Schuren niederschrieb, war ohne sichere Belege oder gar Urkunden verfaßt worden. Er selbst bemerkt in seiner Chronik, daß dies zwar „eine wunderliche Geschichte" sei, jedoch auf sehr alte Überlieferungen zurückgehe. [3]) Immerhin war es im Mittelalter noch üblich, in die Chroniken der Fürstengeschlechter auch mündliche Überlieferungen und Legenden einfließen zu lassen. Herrschaftsansprüche konnten erheblich an Überzeugungskraft gewinnen, wenn sie mit einer weit in die Zeit zurückreichenden Sage oder Legende verbunden waren. Und war nicht die Sage vom Schwanenritter bestens geeignet, den Klever Grafen und Herzögen, deren Geschichte in Wahrheit im Dunkeln lag, eine standesgemäße Abkunft zu verschaffen?
Am Ende des Mittelalters geriet die klevische Schwanenrittergeschichte in Vergessenheit. Als der letzte Herzog Johann Wilhelm 1609 kinderlos starb, gaben die Begräbniszeremonien keine Hinweise mehr auf seine sagenhafte Abkunft vom Gralsritter Elyas.
Erst in der romantischen Bewegung des frühen 19. Jahrhunderts regte sich neues Interesse für die Legende vom Schwanenritter. Allein in den Geschichtensammlungen der Gebrüder Grimm fanden sich sechs Versionen der Sage. 1882, als Kleve längst nicht mehr Residenzstadt war, sondern ein beliebter Kurort, enthüllte man dann in Erinnerung der Erzählung vom Schwanenritter auf dem „kleinen Markt" ein Denkmal für „Lohengrin". Durch die Oper Richard Wagners hatte die Geschichte „Lohengrins", die starke Parallelen zur Schwanenrittersage aufwies, erheblich an Popularität gewonnen. Und nun trug die beliebte Legende auch zur Popularität der Schwanenstadt bei. Bald wurde das klevische „Lohengrin-Denkmal" zum Werbeträger des niederrheinischen Bad Kleve. Doch so wie viele andere Monumente versank auch dies im Bombenhagel des Zweiten Weltkrieges.
45 Jahre sollte es dauern, bis Kleve ein neues „Lohengrin-Denkmal" erhielt, nun allerdings als Figuren-Ensemble, das nicht mehr die heroisch-sentimentale Geste des alten Lohengrin-Standbildes spüren ließ.
In einem humoristischen Realismus präsentieren sich heute auf dem Fischmarkt die Figuren, die der Bildhauer Professor Karl Henning-Seemann 1986 schuf. Sie interpretieren den „Abschied des Schwanenritters" von seiner schönen Beatrix ganz neu. Ein derbes Frauenzimmer und dessen (vermeintlich) verzweifelte Knaben versuchen ihren „Lohengrin", einen Ritter von gar trauriger Gestalt, ans heimische Ufer zurückzuzerren. Doch der Schwan scheint stärker zu sein und zieht den Gralsritter auf den Strom herab, über den er gekommen war.

1) Chroniktext des G. van der Schuren.
In: 150 Jahre Landkreis Kleve, S. II.
2) Vgl. Cramer, S. 69. 3) Schnütgen, S. 101.

Die Kopie des Marcus-Caelius-Steins auf dem Dorfplatz in Birten. Das Original befindet sich im Rheinischen Landesmuseum in Bonn.

Von Xanten aus in die Varus-Schlacht

„Xanten" war zur Zeit des Kaisers Augustus ein wichtiger Stützpunkt für die römischen Legionen am Niederrhein, eine geschichtliche Tatsache, die auch im jüngsten Film über die legendäre „Hermannsschlacht" nicht unberücksichtigt blieb. Fünf Freunde, die meisten von ihnen wuchsen am Fuße des Hermannsdenkmals bei Detmold auf, realisierten 1993 in Düsseldorf und an anderen Drehorten eine satirische Spielfilmkomödie über die Ereignisse im Jahre 9 n. Chr. Damals wurden die Legionen des römischen Feldherren Varus ein Opfer des Germanenaufstandes, den der Cheruskerführer „Arminius" anführte. Mehr als 300 Komparsen, Professoren, Studenten und Ehemaligen der Düsseldorfer Kunstakademie, hatten die fünf Jungregisseure aufgeboten, um die legendäre Schlacht noch einmal ganz anders in Szene zu setzen. Eine Handvoll professioneller Schauspieler verlieh dazu einigen Hauptrollen Farbe und Schwung.

So wurde aus dem Heldenlied von Hermann dem Cherusker eine geistreich-witzige Parodie auf die Tragödie des Varus-Feldzuges. Die Filmhandlung beginnt im Jahre 7 n. Chr, als Publius Quinctilius Varus das Kommando über die Legionen am Rhein übernimmt. In einer römischen Herberge des niederrheinischen Militärstützpunktes „Castra Vetera" (gedreht wurde im Archäologischen Park Xanten) erläutert Varus den skeptischen Offizieren die bevorstehende Unterwerfung Germaniens. Das Unternehmen scheitert bekanntermaßen, und die meisten römischen Legionäre des Varus fallen in den Wäldern Germaniens. Nur für einen der Unglücklichen scheint es heute ein Denkmal zu geben, und das wurde einst in der Nähe von Xanten gefunden.

Daß der Feldzug des römischen Heerführers Varus gegen Stämme im rechtsrheinischen Germanien in Xanten seinen Anfang nahm, ist zwar nicht mit letzter Sicherheit bewiesen, aber mehr als wahrscheinlich. Denn unweit der Stadt lag das bedeutende Legionslager „Castra Vetera", das für die römische Rheinarmee den Ausgangspunkt sämtlicher Vorstöße in die Westfälische Bucht und dessen Hinterland bildete. Durch die Aufzeichnungen des Historikers Tacitus ist uns überliefert, daß seit dem Jahr 13 v. Chr. das Kastell „Vetera" entstand, von dem aus die Befriedung Germaniens entscheidend vorangetrieben werden sollte. Welche Truppenteile in dieser Frühzeit des Stützpunktes bei Xanten stationiert waren, ist nicht bekannt, doch in der Zeit vor dem Jahre 9 n. Chr. hat wohl die 18. Legion dort Dienst getan. Sie war eine der drei unglücklichen Legionen des Feldherrn Publius Quinctilius Varus, die im „Teutoburger Wald" („haud procul Teutoburgiensis Saltus"), wie Tacitus den Ort des Kampfes nennt, vernichtend geschlagen wurden. Zudem verweist ein Denkmal, ein steinernes Monument, auf Xanten als Ausgangspunkt des Varus-Feldzuges und als Heimat der 18. Legion, die wie die 17. und die 19. Legion von den verbündeten Germanenkriegern ausgelöscht wurde. „... OCCIDIT BELLO VARIANO ..." („... er fiel im Kriege des Varus ...") heißt es in der Inschrift des Gedenksteins, den der Bruder eines gefallenen Offiziers als „Kenotaph" (als ein leeres Grabmal) fern des Leichnams errichten ließ. Der Stein zeigt das Relief-Portrait des in der Varus-Schlacht gefallenen „Hauptmanns" Marcus Caelius. Umrahmt wird er von den Bildnissen seiner beiden freigelassenen ehemaligen Sklaven, die nun im Dieste des Offiziers standen. Marcus Caelius, der den militärischen Rang eines Centurio einnahm (Befehlshaber einer Hundertschaft), ist mit seinen sämtlichen Orden und Ehrenzeichen geschmückt. In der Rechten hält er den Rebstock als Zeichen seiner Centurionenwürde, und auf dem Haupt präsentiert er die Corona, den Ehrenkranz. An seinem Brustpanzer hängen bronzene Schmuckplaketten und dazu trägt er eine Halskette und Armreifen.

Das Caelius-Monument ist der einzige steinerne und inschriftliche Beweis für die Varus-Schlacht. Es wurde bereits in der ersten Hälfte des 17. Jahrhunderts auf den Äckern des Fürstenberges, zwei Kilometer südlich von Xanten, am Ort des einstigen Römer-Kastells entdeckt. Später vermauerte man es zusammen mit anderen antiken Fundstücken in der bekannten Grabanlage des Fürsten Johann Moritz von Nassau bei Bergendael in Kleve. Heute befindet sich das Original des Caelius-

Steins im Rheinischen Landesmuseum in Bonn. Ein Nachguß des Denkmals aber steht nun auf dem Dorfplatz in Birten, wo es die Erinnerung an die Zeit der römischen Legionen wachhält.
Die Geschichte aber, auf die der Caelius-Stein hinweist, kennen wir heute einzig und allein durch die schriftlichen Überlieferungen der römischen Geschichtsschreiber. Etwa 100 Jahre nach den Ereignissen im „Teutoburger Wald" schrieb Publius C. Tacitus darüber. Dio Cassius wurde zwar erst 155 n. Chr. geboren, doch möglicherweise beruht seine relativ detaillierte Schilderung auf Augenzeugenberichten. Zeitgenosse des Varus aber war nur der römische Offizier und Geschichtsschreiber Velleius Paterculus. Er verfaßte im Jahre 29 eine Geschichte Roms, die auch Berichte über die Feldzüge in Germanien beinhaltet.
Als um die Zeitenwende mindestens eine römische Legion mit ca. 5500 Soldaten nahe des Lagers „Vetera" die Grenze zum freien Germanien sicherte, mündete die Lippe noch bei Xanten in den Rhein. Das Legionslager auf dem Fürstenberg hatte damals die strategische Aufgabe, die Flußtäler von Rhein und Lippe zu überwachen. Außerdem war es neben dem Kastell in Mainz die wichtigste römische Militärbasis für den Vormarsch nach Osten. Mit großer Wahrscheinlichkeit ist auch der Lauf der Lippe als Transportweg während der Feldzüge ins Germanenland genutzt worden.
Zu Beginn des Jahres 9 n.Chr. zogen dann unter dem Oberbefehl des Varus drei Legionen, drei Reiterschwadrone und sechs weitere Kohorten nach Osten. Varus' Aufgabe war es, erste Voraussetzungen für die Angliederung einer Provinz Germanien an das römische Imperium zu schaffen. Er förderte römische Rechtsprechung und Steuererhebung unter den germanischen Stämmen, was möglicherweise Unmut und Widerstandswillen bei einigen Volksgruppen schürte. Von „Vetera" bei Xanten aus muß ein Teil der Armee des Varus aufgebrochen sein. Ihr genaues Ziel ist nicht überliefert. Aber an einem Herbsttag des gleichen Jahres machten sich die Legionäre erneut auf, um von der Weser aus, wie Dio Cassius schrieb, den Rückmarsch zu den Winterlagern am Rhein anzutreten. Eine riesige Marschkolonne mit rund 20000 Soldaten setzte sich in Bewegung nach Westen. Auf dem Wege wollte Varus noch weiter entfernte aufständische Stämme beruhigen. Der unendlich lange Heerwurm, dem auch noch Frauen, Kinder und Wagen des Trosses folgten, wälzte sich nur langsam durch dichte Wälder und Sümpfe. Am ersten Tag des Marsches wurden die römischen Legionäre noch von den Führern der germanischen Cherusker begleitet, doch dann verschwanden diese und eilten ihrem Volk zu. Kurze Zeit später erfolgten die ersten Angriffe der aufständischen Germanen.
Unter der Führung des Cheruskers „Arminius" (später irrtümlich mit „Hermann" übersetzt) stürmte ein Verband benachbarter Stämme, zu denen möglicherweise auch Marser, Brukterer und Chatten gehörten, auf die römischen Kolonnen ein. Die jedoch konnten in dem unwegsamen Gelände, das zuerst bergig und zertalt war, keine erfolgreiche Kampfordnung aufbauen. Nach verlustreichen Kämpfen sammelte sich der Heerzug am Abend und errichtete ein Nachtlager. Die Wagen und andere Ausrüstungsgegenstände, die den Marsch behinderten, wurden am folgenden Tage verbrannt, so daß die Kolonnen nun leichter vorwärts kamen. Doch in den Wäldern erfolgten immer neue Angriffe der noch wachsenden Streitmacht germanischer Krieger. In hoffnungslosen Versuchen, sich gegen den Feind zu verteidigen, behinderten sich die römischen Reiter und Infanteristen sogar gegenseitig. Unwetter setzten ein, und der Regen machte Bogen und Speere der Legionäre unbrauchbar. Die ledernen Schildbezüge hatten sich bald so stark mit Wasser vollgesogen, daß die Schilde nicht mehr zu handhaben waren. Am dritten oder vierten Tag der Kämpfe (hier machen die römischen Geschichtsschreiber unterschiedliche Angaben) fiel die Entscheidung. Erschöpft, vom Regen durchnäßt und durch den Marsch im aufgeweichten Gelände verdreckt, unterlagen die Legionäre in den Attacken der

Kunststudenten und Professoren liefern sich für die Kamera „blutige" Scheinkämpfe.

Gegner, von denen sie umzingelt worden waren. In der Ausweglosigkeit der Lage wählten Varus und einige seiner Offiziere den Freitod. Der Feldherr stürzte sich in sein eigenes Schwert. Nur wenige kamen mit dem Leben davon, sogar die fliehenden Reiter wurden niedergehauen. Schließlich waren die drei Legionen, die Varus zurück an den Rhein führen wollte, so gut wie ausgelöscht. Ein paar versprengte römische Soldaten erreichten mit Frauen und Kindern des Trosses das Kastell „Aliso“, das den germanischen Belagerern standhielt, berichtet Velleius. Sie überlebten und konnten sich später in das römische Gebiet jenseits des Rheins retten. Wie Tacitus überliefert, kam es in „nahegelegenen Hainen“ auch zu Hinrichtungen und Opferungen von römischen Legionären. Manche Soldaten seien als Sklaven auf germanische Höfe gekommen, und nur einzelne wären durch Freikauf ihrer Gefangenschaft entronnen.

Eine der größten Katastrophen der römischen Armee hatte sich in den Wäldern Germaniens ereignet. Nach der Niederlage des Varus gab Rom seine Truppenlager östlich des Niederrheins auf und beschloß zunächst auf die Ausdehnung des Reiches bis zur Elbe zu verzichten. Die römische Rheinarmee aber wurde um zwei zusätzliche Legionen auf die Anzahl von acht verstärkt. Die Katastrophe der Varus-Schlacht hatte die Hälfte der römischen Armee am Rhein dezimiert. Sie machte damals den vierten Teil des gesamten römischen Heeres aus. Kein Wunder also, daß es Kaiser Augustus zu dem schmerzerfüllten Ausruf drängte: „Varus, Varus, gib mir meine Legionen wieder!“, wobei er, wie der römische Historiker Sueton beschrieb, seinen Kopf verzweifelt gegen die Wand schlug. Nach der Varus-Schlacht wurden die Ziffern der vernichteten Legionen 17, 18 und 19 im römischen Heer nie wieder vergeben. Publius Quinctilius Varus hatte als Oberbefehlshaber und Statthalter in Gallien dem römischen Weltreich eine neue Provinz schaffen sollen. Nach dem Befreiungsschlag des Arminius jedoch schien der Plan sinnlos und undurchführbar. Germanien blieb frei und entging in der Folge der Varus-Schlacht einer möglichen Romanisierung, wie sie in Gallien verwirklicht wurde.

Über den Ort der Varus-Schlacht standen einmal mehr als 750 Theorien zur Diskussion, bevor Anfang der 90er Jahre eine Landschaft bei Osnabrück ins Blickfeld der Archäologen rückte. Ein 1987 in Kalkriese bei Bramsche gefundener Schatz römischer Silbermünzen und vor allem die darauf entdeckten bleiernen Schleudergeschosse sowie weitere Waffenreste gaben Anlaß zu der

Germanen auf der Wanderung.

Arminius „Hermann“ der Cheruskerführer entführt Thusnelda.

Annahme, den Ort der Varus-Schlacht hier gefunden zu haben. 1992 schließlich konnte der wissenschaftliche Leiter der Forschungen in Kalkriese, Prof. Dr. Wolfgang Schlüter, sicher sein, den Ort eines Kampfes zwischen Römern und Germanen aus der Zeit um 9 n. Chr. gefunden zu haben.

Eine beträchtliche Reihe von Indizien spricht seitdem dafür, daß hier am Nordrand des Wiehengebirges die Legionen des Varus untergingen; eindeutige Beweise gibt es auch heute noch nicht. Daß die Schlacht aber, wie man lange Zeit glaubte, in der Region stattfand, die heute „Teutoburger Wald“ genannt wird, ist durch nichts belegt, denn der berühmte Höhenzug erhielt seinen Namen im 17. Jahrhundert. Erst der Paderborner Fürstbischof Ferdinand von Fürstenberg (1626 – 1683) taufte den bewaldeten Gebirgszug, der bis dahin „Osning“ hieß, mit dem Namen „Teutoburger Wald“, der sich nach 1672 durchzusetzen begann. Überliefert aber ist der Name für den Ort des Kampfes allein durch die Berichte des Tacitus. „... unweit des Teutoburger Waldes (haud procul Teutoburgiensis saltus) in dem die Gebeine des Varus und seiner Legionen unbestattet vermodern sollten ...“ [1] standen im Jahre 15 die Truppen des Germanicus, berichtet der Historiker. Wo genau der Ort der Schlacht lag, erfahren wir nicht. Die Umbenennung des Osning-Höhenzuges erfolgte vor allem deshalb, weil man hier den Platz der Varus-Schlacht vermutete. Gut möglich also, daß das Hermannsdenkmal bei Detmold für den Cheruskerführer Arminius an der falschen Stelle steht. Die Kopie des Caelius-Steins in Birten dagegen scheint ein Denkmal am historisch richtigen Ort zu sein.

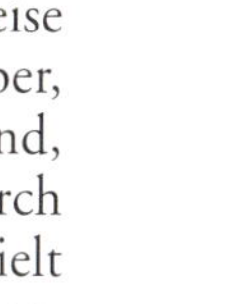

1) Tacitus, Zit. n.: Döbler, S. 274.

Der Plan des „Spargelmajors"

Das Denkmal für den „Spargelmajor" am Walbecker Dorfrand.

Als der Ex-Weltkriegs-Major Dr. Walther Klein mit seiner schönen Frau Marianne 1921 von Bonn aus auf sein ererbtes Schloß Walbeck bei Geldern übersiedelte, erlebte das noch jung vermählte Paar erst einmal eine herbe Enttäuschung. Besatzungstruppen hatten nach dem verlorenen Kriege im Hause logiert, und nun fanden die neuen Besitzer das Rittergut in einem verwahrlosten Zustand vor. Über diese erste Zeit in der für sie fremden niederrheinischen Heimat schrieb Marianne später in ihren Memoiren: „Wir waren jung, glücklich, vermögend, tatendurstig und sehnten uns nach Heimat. Wir hatten keine Ahnung von den Schwierigkeiten, einen derartigen Besitz wiederherzustellen. Verwöhnt, und fast ein wenig blasiert wie wir waren, reizte uns gerade das Abenteuerliche und Neue, das aus dem Rahmen-fallende eines Daseins in dieser Wildnis. Der Plan einer Militärattaché-Stellung in Washington versank im Dunkeln und was konnte man bei dem allgemein zermürbenden Zusammenbruch nach dem Kriege besseres tun, als aufbauen?" [1]

1920 hatte Walther seinen erbetenen Abschied vom Militär genommen und war nun ganz und gar Gutsbesitzer und Verwalter seiner Ländereien. Was blieb ihm also anderes übrig, als aufzubauen? Dabei galt es aber nicht nur das Schloß, das zwischen Wäldern und Heideflächen nahe des Dörfchens Walbeck lag, in einen wohnlichen Zustand zu versetzen, sondern auch eine Existenz zu schaffen, die das Leben auf dem kostspieligen Gut sichern würde. „Das mitgebrachte Personal (Köchin, Bursche und Kindermädchen), hatte keinen Sinn für diese Romantik und entfloh. So lernte das junge Paar den Ernst des Alltagslebens kennen", [2] schildert eine Familienchronistin. Doch was sollte ein promovierter Jurist mit Welterfahrung, der im Krieg eine glänzende militärische Karriere gemacht hatte, nun in dieser niederrheinischen „Wildnis" anfangen?

Der Major blickte auf seine umfangreichen Äcker und Weiden rings des Schlosses und faßte den Entschluß, sein Gut zu verwalten. Zunächst versuchte er es mit der Zucht von Fohlen, später wechselte er zu Kälbern, auch mit Schweinen und mit Küken (die wurden sogar ein Erfolg) versuchte er sein Glück. Doch als zu Beginn des Jahres 1923 die Inflation ein immer größeres Tempo entwickelte, wurde auch das Bargeld-Vermögen des Majors verschlungen. Nunmehr mittellos, allein mit dem Kapital seiner mageren Sandböden ausgestattet, besann sich der Schloßherr von Walbeck auf eine Erfahrung seiner Kriegesjahre.

Als Mitglied einer Kommission des großen Generalstabs hatte Major Dr. Klein 1914 an dem Plan des Blitzkrieges mitgearbeitet. Das Westheer der deutschen Truppen sollte durch Holland und Belgien ins nördliche Frankreich vorstoßen. Während der militärischen Erkundungen lernte der Major aber nebenbei auch die Besonderheiten des niederländischen Gemüseanbaus kennen. Erstaunt bemerkte er, welch große Erträge die Bauern auf ihren Flächen ernten konnten. Und während seiner weiteren Kriegsjahre, die er seit 1916 als Nachrichtenoffizier im Hauptquartier des deutschen Heeres in Antwerpen verbrachte, lernte er auch die belgischen Spargelanbaugebiete kennen.

Nun erinnerte er sich an jene sandigen Felder Belgiens, auf denen so üppig der Spargel wuchs und sah, daß vor seinem Schlosse ganz ähnliche Böden lagen. Vielleicht war es ein Brief, den seine Frau Marianne vor einiger Zeit erhalten hatte, der die Erinnerungen des Majors weckte. Darin schrieb der Berliner Gartendirektor von Böttner, einstiger Tanzstundenfreund der schönen Majors-Frau, folgende Zeilen:

„Da Dein Mann Walter ja nun seinen Abschied vom Militär nahm, werdet ihr von dem Gut leben müssen. Dazu muß ich einen Wermutstropfen in den Wein Deiner Hochzeitsfreude schütten, denn ich kenne aus meiner Militärzeit in Wesel die arme Gegend, darum möchte ich Dir auch einen Rat geben. In dem beigefügten Päckchen sind Spargelsamen und im März kommt ein Paket mit Spargelpflanzen. Es ist Spargel meiner eigenen Züchtung 'Böttners Riesen'." [3]

Diese Spargelsamen nahm der Major und säte sie im Schloßgarten aus, in der festen Überzeugung, daß sie auf den mageren Walbecker Heideböden gute Triebe hervorbringen würden. Kopfschüttelnd beobachteten die Bauern des Umlandes die Experimente des Schloß-

Der „Spargelmajor" und seine Frau Marianne, die später das „Spargelmustergut" des Schlosses Walbeck verwaltete.

herren. Ein studierter Bauer („enne studierten Buur!"), was soll der schon zustande bringen?", sagten sich die Leute im Dorf. Doch immer zahlreicher und länger wurden die Spargelbeete am Schloß, und bald brachte der Major seine erste Ernte ein. Schließlich wurden doch einige Walbecker neugierig und interessierten sich für die neue Feldfrucht, die in den 20er Jahren noch keineswegs ein allseits beliebtes und erschwingliches „Volksgemüse" war. Und bald bemerkten sie, daß man mit der Delikatesse Spargel durchaus mehr verdienen kann als mit Kartoffeln und Getreide.

Nun machte sich der Major daran, seine Nachbarn vom Spargelanbau im großen Stile zu überzeugen. Er rief zu Versammlungen auf und versuchte, die Dorfbewohner von den Vorteilen eines genossenschaftlichen Vorgehens zu überzeugen. Noch immer zögerten die meisten Walbecker; sie mißtrauten der neuen Idee, die ja auch Investitionen verlangen würde. Doch der Major wurde nicht müde, für seinen guten Plan zu werben, und am 1. Januar 1929 war es dann endlich soweit. Während einer denkwürdigen Zusammenkunft gründete der Major mit 55 Kleinbauern, Handwerkern und Arbeitern die „Spargelbau-Genossenschaft für Walbeck und Umgebung". Alle Interessierten, die sich an jenem Neujahrstag um vier Uhr nachmittags im Lokale Eyckmann eingefunden hatten, erklärten per Unterschrift ihren Beitritt zur neuen Gemeinschaft, in der der Major den Vorsitz übernahm.

Nicht wenige setzten Hoffnungen in das mutige Unternehmen, denn in dem armen Heidedörfchen fristeten die meisten ein bescheidenes, mühseliges Leben. Als „Sijwäwer, Schüsterkes und Klompenmakers"[4]) verdienten viele ihr Brot. Manche versuchten, durch Warenschmuggel über die nahe niederländische Grenze ihr Einkommen aufzubessern. Etliche junge Männer des Ortes aber waren arbeitslos und traten damals in den „Freiwilligen Arbeitsdienst" ein. Tag für Tag zogen sie in Kolonnen zum Westrand des Dorfes, um Buschwerk zu roden und Ödland urbar zu machen.

In dieser trostlosen Zeit wird manchem Walbecker die Idee des Majors wie eine rettende Insel erschienen sein. Und der „empfand als Rittergutsbesitzer und preußischer Offizier eine Pflicht, nicht nur sich selbst zu helfen, sondern auch für das Gemeinwohl einzustehen"[5]), betonen seine Nachfahren. Schon 1927 hatten 33 Walbecker begonnen, Spargelfelder anzulegen und durch die Fürsprache des Majors beim Kreistag hohe Kredite erhalten. Als dann die neue Genossenschaft 1930 ihre erste Ernte auf der „Veiling-Versteigerung" in Straelen zu einem Spitzenpreis verkaufte, flossen bald neue Gelder für den Spargelbau. Jetzt hatten die Gemeindevertreter Vertrauen gefaßt und bürgten für weitere Kredite, mit denen nun auch neue Interessenten die Anlage von Spargelbeeten vorfinanzieren konnten. Wahrscheinlich wäre es für den Major ein Triumph gewesen, hätte er den Spargelboom, der in der Mitte der 30er Jahre das Dorf erblühen ließ, noch miterlebt. Doch bevor die Ernte des Jahres 1931 begonnen hatte, starb Major Dr. Klein-Walbeck plötzlich und unerwartet auf seinem Schloß.

Die Spargelgenossen verloren ihren Führer, ihre Mitte, aber sie gaben die Sache deswegen nicht auf. Im Gegenteil, neue Spargelbauern kamen hinzu (bis 1939 wuchs die Mitgliederzahl auf über 300) und ebenso neue Anbauflächen, so daß die Walbecker bald 500 Morgen Spargelland bewirtschafteten. Das Erfolgsrezept des Majors, nur besten Qualitätsspargel aus Walbeck in einheitlicher Sortierung auf den Markt zu bringen, sollte sich auch in den kommenden Jahren bewähren.

Der „Spargelkrieg" zeigte bald, wie konkurrenzfähig die Ware aus Walbeck sein konnte. Als im Frühjahr 1931 riesige Mengen an Spargel aus Braunschweig und Mitteldeutschland in Krefeld zu Niedrigstpreisen versteigert wurden, konnte sich der Walbecker Spargel dank seiner hervorragenden Qualität auf dem Markt durchsetzen. Sein Ruf war sogar so gut, daß Erzeuger ihren „minderwertigen" Spargel in Kisten aus Walbeck anboten, um die gleichen hohen Preise zu erzielen, die die Bauern des Heidedorfes verlangen konnten. Um diesen Marken-Schwindel zu unterbinden, brachten die Walbecker ab 1935 ihren Spargel nur noch mit einem geschützten Markenzeichen zum Verkauf. Von nun an leuchtete in roter Farbe das Emblem mit der historischen Bockwindmühle des Ortes auf den Kistendeckeln.

Aber auch der Spargel-Absatz im eigenen Dorfe sollte angekurbelt werden und zusätzliche Einnahmequellen erschließen. 1934 hatte man bereits einen „Verkehrs- und Verschönerungsverein" gegründet, der das Dorf in einen Feinschmecker-Ausflugsort verwandeln sollte. Einige Gastwirte bauten ihre „verräucherten Kneipen" zu gemütlichen Spargellokalen aus. Jetzt kamen die Spargel-Freunde in Scharen, vor allem an den Wochenenden. Die ehemals vornehme Speise war durch ihren massenhaften Anbau nun auch für „Normalverbraucher" bezahlbar geworden. 1,50 Reichsmark kostete die große Portion, bestehend aus einem Pfund Spargel, einem Viertelpfund Schinken, Buttersauce und reichlich Kartoffeln. Mit der „Kraft durch Freude"-Organisation der nationalsozialistischen Gauämter rollten damals ganze „Autobus-Karawanen" aus dem nahen Ruhrgebiet an. Wer solch eine preisgünstige „KdF"-

Tour, beispielweise von Essen nach Walbeck, machte, der zahlte nur ganze fünf RM für Busreise inclusive Spargelschmaus. Nach dem Verzehr eines üppigen Spargelgerichtes spazierten die Ausflügler dann hinaus in die Felder, um den fleißigen Spargelstecherinnen bei der Arbeit zuzuschauen.

Wenn die Ernte gut ausfiel, sah man am Tage mehr als 250 Erntehelferinnen aus allen Teilen des Kreises Geldern zwischen den endlosen Sandwällen Walbecks. Ein großer Teil der meist jungen Frauen und Männer war auf dem „Spargel-Rittergut" des verstorbenen Majors beschäftigt. Allein 120 Morgen Spargel-Fläche besaß der Schloßherr, der in seinen letzten Lebensjahren einen straff organisierten Betrieb auf die Beine gestellt hatte. Der Major, der auch als Zivilist für seine Mitbürger im Dorfe „Major" geblieben war, plante hier durchaus „generalstabsmäßig" und setzte auf „preußische Disziplin". Pünktlich um fünf in der Früh marschierten seine 170 Erntehelfer hinaus in die Felder, und auch im Schloß waren alle Arbeitsabläufe wie Säubern, Sortieren und Verpacken genauestens aufeinander abgestimmt. Den Titel „Spargelmustergut des Rheinlands" brachte ihm und seinen Hinterbliebenen diese Pionierleistung ein. Aber auch das Dorf profitierte vom Plan des Majors. Schon zwei Jahre nach Gründung der Genossenschaft hatten die Walbecker für 1.087 angelieferte Zentner Spargel rund 39.000 Reichsmark erhalten. „Ein warmer Regen für das ganze Dorf", urteilt der Chronist Helmut Schopmans.

Bis zum Beginn des Zweiten Weltkrieges erarbeiteten sich die Walbecker Bauern insgesamt mehr als 1,3 Millionen Reichsmark an Erlösen für ihre Spargelproduktion. Reich wurden die einst armen Heidebewohner nicht, aber es stellte sich ein bescheidener Wohlstand ein. Und daß dieser, neben dem eigenen Fleiß und Unternehmergeist, auch dem Plan des Majors zu verdanken war, das vergaßen die Walbecker nicht.

In jedem Jahr ehrten sie ihren „Gründer des Spargelanbaus". Immer, wenn die Ernte eingebracht war, trafen sich die Walbecker zum großen Spargelfest und einem feierlichen Umzug. Dann rollten buntgeschmückte Erntewagen durch die Dorfstraßen, dahinter gingen Schulkinder mit Blumensträußen, Mädchen trugen einen Erntekranz und in einer Kutsche thronte eine Dorfschöne als Spargelkönigin.

Vor dem Denkmal des Majors traf sich dann die Gemeinde, um einen Kranz niederzulegen. 1939 war die Gedenkstätte anläßlich des Spargelfestes feierlich enthüllt worden. Und da, wo sie errichtet wurde, steht sie noch immer, am Dorfrand, da wo ehemals die Heide begann. Ein mannshoher Findling hält ein

Kranzniederlegung vor dem Denkmal des „Spargelmajors".

Spargelfest in Walbeck, 50er Jahre.

Spargelernte in Walbeck, 30er Jahre.

bronzenes Porträt-Medaillon. Es zeigt den Geehrten so, wie dieser den Dorfbewohnern in Erinnerung geblieben war: als Major in seiner Uniform. Auch wenn er diese später nicht mehr trug, muß sie wohl etwas von seinem Wesen widergespiegelt haben.

1) Klein-Walbeck, M.: Vom Zusammenbruch der Heimat ... . Zit. n.: Klein-Walbeck, Inge.
2) ebd.
3) ebd.
4) „Sijwäwer, Schüsterkes und Klompenmakers" sind Namen in örtlicher Mundart für: Seidenweber, Schuster und Holzschuhmacher
5) O.-Ton: Inge Klein-Walbeck, Walbeck.
6) Schopmans, S. 3.

Der Wegstundenstein (Meilenstein) vor dem Hauptpostamt in Langenfeld.

Mit der Postkutsche von Köln nach Düsseldorf…

… war man damals einen ganzen Tag lang auf der holprigen Landstraße unterwegs. Zwischen neun und 13 Stunden dauerte zu Beginn des vorigen Jahrhunderts noch eine solche Reise. Miteingerechnet waren allerdings die Rheinüberfahrt nach Deutz und ein deftiges Mittagessen in der Poststation von Langenfeld, wo die Postillione frische Pferde einschirrten. Als aber die Preußen nach 1816 den Postverkehr übernahmen, war es bald vorbei mit der gemütlichen Bummelei auf der Düsseldorf-Kölner Landstraße. Seit 1821 fegten die preußischen Schnellpost-Kutschen über die Chausséen und besorgten die Fahrt zwischen den beiden Rheinmetropolen nun in knapp 4 ½ Stunden.

Zu jener Zeit war die Landstraße entlang des rechten Rheinufers, die heutige Bundesstraße 8, schon lange ein bedeutender Handelsweg. Im Norden führte dieser in die Niederlande nach Arnheim, im Süden in Richtung Frankfurt. Bei Langenfeld kreuzte sie den vielbefahrenen Weg ins Bergische Industriegebiet. Bis zur Mitte des 16. Jahrhunderts hatte sich die „Holländische Straße“ zu einer der Hauptverkehrsadern des Herzogtums Berg entwickelt. Als sich dann nach dem Dreißigjährigen Kriege der straff geführte neuzeitliche Territorialstaat Bahn brach und die Prinzipien von Schnelligkeit, Pünktlichkeit und Regelmäßigkeit immer mehr in den Vordergrund traten, war wohl auch im Herzogtum Berg die Zeit reif für ein gut organisiertes Postwesen.

So erhielt im Jahre 1668 der Düsseldorfer Fuhrunternehmer Johann Maurenbrecher vom Kurfürsten Philipp Wilhelm (1653–1679) die Erlaubnis, zwischen Düsseldorf und Köln eine regelmäßige „Postfuhr“ zu unterhalten. Zweimal in der Woche pendelte die Kutsche, die acht Personen faßte, zwischen den beiden Städten. Und „alle mittwoch morgens“ ging sogar ein Wagen über Duisburg nach Wesel. Von hier aus konnten die Passagiere dann mit sich anschließenden Postlinien über Hamm und Lippstadt bis nach Berlin weiterreisen. 30 Jahre später ordnete Kurfürst Jan Wellem (1679 – 1716) sogar die tägliche Fahrt eines „Post- und Rollwagens“ an, und im Jahr darauf gingen im Frühjahr und Sommer gleich zwei tägliche Postfuhren zwischen Düsseldorf und Köln. Neben dem Postverkehr des Fuhrunternehmers Maurenbrecher, der im Auftrage des Landesherrn rollte, gab es allerdings auch damals schon einen kaiserlich Thurn- und Taxisschen Postbetrieb. Seit 1615 bestand die Reitpostlinie zwischen Frankfurt und Köln, und um 1700 ritten die Thurn- und Taxis-Kuriere zum erstenmal bis nach Pempelfort bei Düsseldorf. Von 1749 an liefen dann auch kaiserliche Postkarren von Köln-Deutz über Düsseldorf nach Ürdingen.

„Langenfeld“, das sich aus dem Flurnamen „das Lange Feld“ herleitete, war damals noch nicht mehr als eine öde Wegstrecke zwischen der Wupper und Benrath, doch schon wenige Jahre später sollte für den Ort am Schnittpunkt der alten Handelswege die große Stunde schlagen. Am 22. Oktober 1774 erhielt der Gutsverwalter Albert Wenzler, der in Berghausen-Langenfeld Gebäude und Stallungen besaß, vom Hause Thurn und Taxis die Lizenz, eine Postlinie zwischen Köln und Düsseldorf zu führen. Nach 14 Jahren wurde die Kaiserliche Reichs-Posthalterei zwar noch einmal nach Opladen zurückverlegt, 1794 jedoch, nachdem der Opladener Betrieb viel Kritik geerntet hatte, übertrug die Thurn- und Taxis-Zentrale wieder einem Langenfelder Bürger die Posthalterei.

So richtete der Landwirt Herman Braches in den Gebäuden seiner Gastwirtschaft und seines Hofes an der Langenfelder Hauptkreuzung eine Poststation ein. Die Lage des Anwesens am Schnittpunkt der Hitdorf-Solinger und der Köln-Düsseldorfer Straße hätte dafür nicht günstiger sein können. Und tatsächlich, das bislang noch ganz einsam auf freiem Felde liegende Haus erlebte in den folgenden Jahrzehnten die Blütezeit des Langenfelder Postbetriebes.

Nach den Freiheitskriegen gegen die napoleonischen Heere wuchs der Verkehr weiter an. Sogar Vergnügungsreisende nutzten jetzt vermehrt die Postkutschenlinien. Die Posthalterei war inzwischen in den Besitz der Familie Lungstras gelangt, die den Betrieb über 70 Jahre lang unter ihrem Namen führte. Posthalter Johann Peter Lungstras, der sein Geschäft außerordentlich erfolgreich betrieb, brachte es damals zu beachtlichem Wohlstand und genoß hohes Ansehen in der

Kreuzung Düsseldorfer Straße, 1915,
links die Wirtschaft „Zum alten Rathaus“.

Der Gasthof der Langenfelder Post in der „guten alten Zeit“.

Die letzte Fahrt der Postkutsche auf der Linie Langenfeld-Solingen am 31.03.1905.

Der alte Gasthof der Langenfelder Post heute.

Gemeinde Richrath, der er eine Zeit lang auch als Bürgermeister vorstand. Doch während Johann Peter nach seiner Übernahme der Poststation im Jahre 1804 den Betrieb noch mit 18 Pferden und sechs gedeckten Chaisen (halbverdeckte Kutschwagen) bewältigen konnte, steigerte sein Sohn Wilhelm den Postverkehr zu bisher nicht gekannten Leistungen. 1844 fanden allein in der Langenfelder Station 24 Postillione Beschäftigung, und über 90 Pferde standen in den Stallungen bereit, dazu liefen nun mindestens elf verschiedenfarbige Chaisen auf den Straßen.
Aber nur ein Jahr nachdem die Langenfelder Post diesen höchsten Leistungsstand erreicht hatte, trat ein „unüberwindlicher Konkurrent" der Postkutsche auf den Plan. Schon zehn Jahre nachdem die erste Eisenbahn Deutschlands mit der Adler-Lokomotive 1835 von Nürnberg nach Fürth gedampft war, eröffnete die Köln-Mindener Eisenbahngesellschaft ihre Zugstrecke

Langenfeld, Ansicht der Hauptstraße, auf der die Postkutsche in Richtung Solingen bzw. Hitdorf fuhr.

von Deutz nach Düsseldorf. Was die preußische Schnellpost in damals einzigartigen 4 ½ Stunden bewältigte, brachten die neuen Dampfloks nun in einer Stunde und zehn Minuten zuwege. Noch im gleichen Jahr zimmerte man am neuen „Bahnhof Langenfeld" wenige hundert Meter westlich der alten Poststation ein einfaches Bretterhaus, das der Abwicklung des Bahnpostverkehrs zwischen Köln und Düsseldorf diente. Immer mehr verlagerte sich der Postbetrieb zum neuen Bahnhof.
Noch aber war das Ende der Langenfelder Posthalterei nicht gekommen. Im Nahverkehr blieb es auch weiterhin bei den bewährten Postwagenlinien, von denen sich einige sogar bis in das 20. Jahrhundert hinein halten konnten. So blieb bis zur Einstellung des Postkutschenbetriebes (1905) der Personenverkehr mit dem Postwagen die einzige Möglichkeit als Reisender aus dem Solinger Raum direkt den Langenfelder Bahnhof zu erreichen. Die alte Poststation an der Langenfelder Hauptkreuzung war allerdings schon im Jahre 1868 geschlossen worden, denn die im Jahr zuvor eröffnete Strecke der Bergisch-Märkischen Eisenbahn, die nun auch Solingen und Wuppertal mit Köln verband, hatte weite Teile des Langenfelder Postverkehrs ins Bergische Land überflüssig gemacht. Das Postamt wurde zu dieser Zeit in die Nähe des Bahnhofes Langenfeld verlegt. Seine letzte Fahrt von Langenfeld nach Solingen absolvierte der Postillion am 31. März des Jahres 1905. Damit war die Postkutschenzeit für Langenfeld endgültig vorbei.
Heute sind Spuren der Postkutschen-Ära, die eng mit den Langenfelder Handelsstraßen verknüpft ist, im Stadtbild kaum noch sichtbar. Vielleicht wird dem aufmerksamen Besucher Langenfelds das alte Wirtshaus an der Kreuzung und der Wegstundenstein vor dem neuen Postamt ins Auge fallen. Dieser stammt wahrscheinlich aus dem späten 18. Jahrhundert.
Damals ordnete Kurfürst Karl Theodor an, daß an den neuangelegten Chausséen im Abstand von je einer Wegstunde solche Steinsäulen aufzustellen seien.
Sie zeigten dem Reisenden die Dauer des Weges in Stunden an und bezogen sich auf das durchschnittliche Marschtempo eines Fußgängers. Doch sonst ist kaum etwas erhalten aus der „guten alten Zeit" der langen Wege. Eine historisch belegte Begebenheit gehört vielleicht noch zu den lebendigen Relikten. Sie hat in Büchern und Bildern die Zeit überdauert. Viele in der Region kennen noch jene Geschichte, die damals vor 200 Jahren manchen Zeitgenossen zutiefst erschütterte.
Es war in einer Herbstnacht des Jahres 1799, als eine Abteilung der „Großen Niederländischen Räuberbande" sich von Deutz aus nach Langenfeld aufmachte, um den schwer mit Geld beladenen Postwagen zu überfallen. Im sogenannten „Postkarrenraub von Langenfeld" erbeuteten zwei bis drei Dutzend Banditen beinahe 50.000 Livres [1]) aus der Postkutsche, die während der Nacht in Langenfeld Station machte. Mit den Geldsäcken flüchteten die Räuber dann bei Hitdorf mit einem Nachen über den Rhein. Ein großer Teil der beteiligten Bandenmitglieder konnte allerdings nach weiteren Raubzügen von der Polizei gefaßt werden. So wurde einer der Hauptleute, Mathias Weber, der auch unter dem Namen „Fetzer" Angst und Schrecken verbreitete, im Februar des Jahres 1803 auf dem Kölner Altermarkt hingerichtet. Zwei Tage vorher hatte man in Mainz den berüchtigten Schinderhannes mit 19 seiner Kumpane vom Leben zum Tode gebracht.

1) Livre: frühere französische Währungseinheit

Auswanderer aus Meerbusch berichten aus Amerika

Gedenktafel am Missouri-Platz in Lank-Latum, eingeweiht 1990.

Johann Joseph Aretz muß einer der ersten Meerbuscher Bürger gewesen sein, die damals das große „Auswanderungsfieber" packte. Er war 30 Jahre alt, nicht mittellos und ledig, als er zu Beginn des Jahres 1834 seiner niederrheinischen Heimat den Rücken kehrte, um in der „neuen Welt" sein Glück zu suchen. Zusammen mit dem Zimmermeister Adolph Scheulen aus Lank und dessen großer Familie hatte sich Joseph Aretz der Solinger Auswanderungsgesellschaft angeschlossen. Möglicherweise war er, wie viele seiner Zeitgenossen, den schillernden Reisebeschreibungen Gottfried Dudens verfallen. Der schilderte in seinem 1829 erschienenen Buch das Land am Missouri-Fluß als fruchtbar, voller Naturschönheiten und von angenehmem Klima. Verglichen mit dem mühsamen Bauernleben daheim, das oft genug festgefahren und chancenlos erschien, muß die Vorstellung von einem „weiten Land", das nur auf seine Besiedlung wartete, große Anziehungskraft besessen haben. Und dazu kam wohl auch die Sehnsucht nach persönlichen Freiheiten, die Joseph Aretz aus dem preußischen Rheinland fort lockte.

In den ersten Märztagen des Jahres schließlich verließ er mit dem Segelschiff „Jefferson" den Hafen von Rotterdam. Am 5. Juni traf die Reisegruppe in Baltimore an der amerikanischen Ostküste ein. Die Solinger-Gesellschaft reiste dann, so wie es auch von westfälischen Auswandererern[1]) überliefert ist, auf dem Landwege nach Wheeling am Ohio-Fluß. Nun ging es mit dem Dampfschiff weiter westwärts, zunächst über den Ohio und dann auf dem Mississippi bis nach St. Louis. Angeführt wurde der Solinger Trupp von dem Auswandererführer Friedrich Steines, dessen Frau und vier seiner Kinder in St. Louis von einer dort grassierenden Cholera-Epidemie dahingerafft wurden. Auch von einem Passagier mit dem Namen Christoph Schütz aus dem Dörfchen Lank vermuten die Lokal-Chronisten, daß ihn die Cholera befiel. In einem Brief wird erwähnt, daß er während der Reise viel Branntwein trank, in St. Louis erkrankte und noch auf dem Dampfboot, das den Missouri stromauf fuhr, starb.

Vierzehn Meilen vor Jefferson City wurde seine Leiche vom Schiff gebracht und in den Urwäldern am Flußufer begraben.

Das Paradies, das Joseph Aretz endlich erreichte, war eine kleine ehemals französische Siedlung im Hügelland nahe der Mündung des Osage-Flusses in den Missouri. „L'Ourse Creek", zu deutsch „Bärenfluß", hatten die französischen Farmer den Ort getauft; von den englisch sprechenden Siedlern wurde der Name später in „Loose Creek" verwandelt.

Bevor Joseph Aretz aber einen Bericht über die neue Heimat für seine Verwandten schrieb, hielt er es für unbedingt nötig, die Beschaffenheit des Landes genau zu untersuchen. Das Urteil, zu dem er gelangte und das er den Seinen daheim schilderte, war mehr als befriedigend. „Missouri und Mississippi Flußthäler und das sogenannte American Bottum in Illinois gegen St. Louis über,

Lank um 1900.

bedürfen wohl nie des Düngers. Der Missouri Bottum hat sechs bis zehn Fuß kohlenschwarze Erde, und der Boden ist so fett, daß man nach einem Regen sich kaum auf den Beinen erhalten kann." [2])

Nach seiner Ankunft in Loose Creek kaufte Joseph Aretz sich in der Gegend, wo der St. Maries River in den Osage-Fluß mündet, eine Farm, die für seine noch daheim wohnenden Schwestern bestimmt war. Bewirtschaftet wurde das Land jedoch zunächst von Adolph Scheulen, dessen Frau und den sieben Söhnen, die mit ihm nach Osage-County gereist waren.

Die Aretz-Farm am Maries-River, die erste der Auswanderer aus Lank, wurde in der Folgezeit auch zum Domizil für die nachfolgenden Familien Bössen, Stiefermann, Mertens u.a.

1879 berichtete das deutschsprachige „Wochenblatt: Amerika" über die Pionierleistungen der ersten Meerbuscher Einwanderer folgendes: „Der erste Deutsche, der sich auf jenem Strich Landes niederließ, der jetzt die Grafschaft Osage genannt wird, war ein Junggeselle aus Lang bei Neuss mit Namen Arzt (Joseph Aretz). Er war sehr reich und kaufte ein großes Stück Land. (...) Die Gegend sah noch entsetzlich wild aus, und man mußte sich mit der Axt einen Weg durch den Urwald hauen. Nur wenige machen sich einen Begriff von den endlosen Urwäldern ohne Weg und Steg, von tiefen breiten Flüssen durchkreuzt. Man mußte sich mit einer Kost begnügen: Brot und Maiskorn, Bohnen und vielleicht einem gesottenen Eichhörnchen. Das Bett war ein wenig Heu oder Stroh. Aus niedergefällten Baumstämmen wurden die Hütten erbaut und das durch diese Rodung gewonnene Land mit Maiskorn bepflanzt, das damals der einzige Nahrungszweig war." [3])

Daß die ersten Jahre im „gelobten Land" Amerika für viele kein Zuckerschlecken, sondern eine von Entsagungen geprägte Zeit des Durchhaltens war, bezeugen auch die Briefe des Maurers Mathias Blommer aus Bovert. Blommer, der sich 1840 am Osage-Fluß niedergelassen hatte, schrieb Jahrzehnte später, die erste Zeit sei „erbärmlich gewesen", sprach vom „lumpen Amerika" jener Jahre und erzählte, wie er sich damals wünschte, „daß Kolumbus, der Amerika entdeckte, versoffen wäre". [4]) 15 Jahre lang farmte Blommer in Loose Creek, doch wegen des ungesunden feuchtwarmen Klimas, das seiner Ansicht nach Schuld an zahlreichen tödlichen Fieberanfällen bei seinen Verwandten war, verließ er schließlich das „Missouri-Rhineland" am Osage-Fluß. 1855 machte er sich gemeinsam mit seiner Frau auf, um in einer siebenwöchigen Überlandreise einen Flecken in Minnesota zu erreichen. In St. Joseph erwarben er und zwei seiner Söhne Farmen. Doch auch dort warteten harte Prüfungen auf die Auswandererfamilie Blommer. In zwei aufeinanderfolgenden Jahren vernichteten riesige Heuschreckenschwärme einen Großteil der Ernte. Aber durch Fleiß und kluge Betriebsführung gelangten Mathias Blommer und auch seine Kinder mit der Zeit zu einem „gediegenen Wohlstand". In einem Brief vom 25. Februar 1874 an seine Verwandten daheim zog Blommer noch einmal Bilanz und beschrieb den Reichtum, den seine Familie sich in Minnesota erarbeitet hatte. „Wenn ich jetzt bedenke, was meine Kinder alle hier in Amerika für ein Leben haben, ein jeder dritteinhalbhundert Acker Land, was alle unter den Pflug kann genommen werden, ein jeder sein schönes Farmhaus, was jedes Jahr schön geweißelt wird, wie auch in Deutschland, schöne Stallungen fürs Vieh, fünf bis sechs Pferde ein jeder, sechs bis sieben Stück Rindvieh ein jeder, zehn bis zwölf Schweine ein jeder. Unser Johann ... hat vorigen Herbst sechs Schweine geschlachtet ... bloß für unseren kleinen Haushalt zum Essen, wir essen hier fast jeden Tag dreimal soviel Fleisch, ausgenommen die Fasttage ..." [5])

Joseph Aretz dagegen scheint in der „neuen Welt" nicht sein Glück gefunden zu haben. Schon in seinem ersten Brief, den er aus Loose Creek nach Deutschland sandte, klangen neben dem Lob paradiesischer Zustände auch kritische Töne an. „Andere kamen ohne Capital hier an und wollten schnell reich werden, ohne zu bedenken, daß sich hier, wie in aller Welt ohne Geld nichts ausrichten läßt" [6]), resümierte er. Im Sommer 1836, nach nur zwei Jahren, kehrte er an den Niederrhein zurück. Bald darauf jedoch wohnte er im niederländischen Venlo, möglicherweise weil die Behörden die Rückkehr auf preußischen Boden nicht mehr gestatteten. Drei Jahre später machten sich seine Geschwister und seine Mutter auf nach Amerika, um dort auf dem Anwesen Josephs zu leben. Dennoch gehörte Joseph Aretz, wie sein Nachbar Adolph Scheulen, zu den Gründervätern der niederrheinischen Siedlung, die bald nach deren Ankunft im Jahre 1834 in Loose Creek entstand.

Mehr als 350 Menschen aus dem Gebiet der heutigen Stadt Meerbusch besiedelten zwischen 1834 und 1865 die Gegend an der Osage-Flußmündung. Auch in den umliegenden Orten ließen sich Meerbuscher Bürger nieder. Rund 700 Niederrheiner waren es insgesamt, die bis 1855 in das sogenannte „Missouri-Rheinland" kamen. In Loose Creek besteht noch heute die Einwohnerschaft zu einem erheblichen Teil aus den Nachfahren Lanker und Osterather Auswanderer. Die ältesten unter ihnen sprechen sogar noch die Mundart, die ihre Urgroßmütter und -väter aus dem Niederrheini-

Gehöft in Meerbusch, 30er Jahre.

Kirche „Immaculate Conception“ in Loose Creek, Missouri USA.

Farmer „Old Man Bössen“, um 1914.

Hauptstraße von Loose Creek.

schen mitbrachten. „Low-German“ nennen die Amerikaner die rheinischen Dialekte. Zur Erinnerung an die Auswanderer aus den Meerbuscher Stadtteilen, 215 allein stammten aus der ehemaligen Bürgermeisterei Lank, wurde am 15. Juli 1990 die Gedenktafel des Lank-Latumer „Missouri-Platzes“ eingeweiht.

1) Vgl. hierzu: Reiseweg der Familie des Dr. Bruns aus Oelde in Westfalen. dargestellt in: Radmacher, S. 148.
2) Aretz-Brief Nr. 3. Zit. n.: Abschrift von F. J. Radmacher.
3) „Amerika“ (1872 - 1924) Röm.-Kath. Tageszeitung im US-Staate Missouri. Zit. n.: Herbrandt, S. 76, 77.
4) Briefe des M. Blommer. Zit. n.: Herbrandt, S. 78.
5) Brief des M. Blommer vom 25.2.1874. Abschrift von F. Wankum.
6) Brief des J. Aretz, Nr. 3. Zit. n.: Abschrift von F.J. Radmacher.

Die Bössen-Farm, 1914.

Das Denkmal für Förster Kleinn im Baumberger Wald nahe des Hauses Bürgel.

Der Mord an Förster Kleinn

Es war frostig geworden in den Vorweihnachtstagen des Jahres 1908. Wie gewöhnlich kam auch an diesem Sonntag Förster Kleinn mit seiner Familie im zweispännigen Wagen zur Kirche nach Monheim gefahren. Und nach dem Hochamt kehrte er wie immer im Gasthof Rüphan ein, wo er in vertrauter Runde seinen Frühschoppen einzunehmen pflegte. Als er sich an diesem Sonntag jedoch im Hinausgehen noch einmal umwandte, da sagte er zu seinen Freunden „Jetzt kommen für uns Forstaufseher schwere Tage." Und alle, die ihm zuhörten, wußten was gemeint war, denn schließlich wollten auch Wilddiebe, und davon gab es in Monheim und Baumberg nicht wenige, zu den Festtagen einen Braten auf dem Tisch. Kleinn war ein angesehener, aber auch volkstümlicher Mann im Dorfe und ein sehr gut ausgebildeter Förster dazu. Seit 24 Jahren stand er schon in den Diensten des Grafen von Nesselrode und pflegte die Auenwälder, Felder und Waldreviere des Hauses Bürgel. Der Umgang mit Wilddieben gehörte zu seinen alltäglichen Erfahrungen und er war sicher, daß einige der altbekannten Übeltäter jetzt in den stillen Tagen um Weihnachten zur Tat schreiten würden. Eine weit verbreitete und sehr lautlose Methode war das Auslegen von Schlingen, das „Ströpp" setzen, wie man in Monheim sagte, womit wilde Kaninchen und Hasen erbeutet werden konnten. Einige Baumberger taten das aus Zeitvertreib und Gewohnheit, obwohl harte Strafen dafür drohten. Manch einer wilderte aber auch aus echter Not, um den kargen Speisezettel daheim mit einem Stück Wild aufzubessern.

Die Festtage kamen, und wie Kleinn es erwartet hatte, wurden die Fallensteller in Baumberg aktiv. Für den zweiten Weihnachtstag verabredete Kleinn schließlich mit seinem Kollegen Forstaufseher Fuchs, dem das Nachbarrevier des Pächters Muhr unterstellt war, eine gemeinsame Observation. Doch als sie sich am Abend im Baumberger Wald trafen, waren die Schlingen schon aufgestellt und die Wilddiebe wieder verschwunden. Auch hatten Kleinn und Fuchs die Schüsse nicht gehört, mit denen kurz zuvor ein Reh zur Strecke gebracht worden war. Baumberger Wilddiebe hatten es vor wenigen Augenblicken erst aus dem Unterholz getragen und begannen nun, die Beute im Hause des F. Wessel zu zerlegen.

Am folgenden Morgen kamen Kleinn und Fuchs wieder zur gleichen Stelle, doch der Reif lag noch auf den Gräsern und Blättern, so daß sie sich den Schlingen nicht nähern konnten, ohne deutliche Spuren zu hinterlassen und sich den Wilderern damit zu verraten. Doch Kleinn war davon überzeugt, daß die Diebe noch an diesem Sonntag, den 27. Dezember, ihr Glück versuchen würden.

Irgendwann, während der Mittagsstunden, muß der kleine Wilderertrupp von Baumberg aus zum Waldstück beim Hause Bürgel marschiert sein. Fiedler, Scholz und Wessel kannten sich aus der Fabrik und waren immer mal wieder eine verschworene Gemeinschaft. Fiedler war ein ziemlich rücksichtsloser Charakter, der schon allerhand auf dem Kerbholz hatte und seine Kumpane ständig zu neuen Unternehmungen anstiftete. Noch im November hatten Fiedler und Scholz an einem Tage allein vierzehn Fasanen geschossen. Viele im Dorf wußten von diesen Raubzügen, aber verpfiffen hätte den Fiedler niemand, denn der war nicht zimperlich, wenn ihm jemand in die Quere kam. Manche behaupteten sogar, er habe das ganze Dorf in seiner Gewalt. Auch Scholz war als Wilderer bekannt; er stellte gewöhnlich in den Ellerer Wiesen Hasenschlingen, was auch dem Förster Kleinn nicht verborgen geblieben war. Doch an diesem Sonntag wollte Fiedler seinen Rehbock schießen, dem er schon seit Tagen auf der Spur war, und alles schien bestens geplant. Scholz mußte auf dem Weg patrouillieren, der längs des Waldrandes zur Rheinfähre führte. Hier hatte er gleich zwei Seiten des Waldstückes unter Kontrolle und konnte, sobald ein unerwünschter Gast auftauchen würde, einen Warnpfiff ausstoßen. Wessel aber machte sich auf zur anderen Seite des Waldes, um dort auf dem Feld Schmiere zu stehen.

Die Zeit verging und schon seit einer Stunde war Fiedler im Unterholz, ohne daß ein Schuß gefallen war. Gegen drei Uhr etwa kam plötzlich der Kollege Becker mit zwei Begleitern und näherte sich über den gefrorenen Acker dem Waldsaum. Er besaß eine Erlaubnis, auf Kaninchen zu frettieren und streifte des öfteren durch das Gelände. Er und Wessel kannten sich aus der Fabrik. Als Becker näher kam, rief Wessel ihn an: „Geht da weg, Fiedler ist da im Busch drin." Auch auf dem Waldweg begannen jetzt die ersten Ausflügler zur

Förster Clemens Kleinn mit seiner Jagdhündin Irma.

Fährstelle zu pendeln, um nach Zons überzusetzen. Bald traf Jakob Deutzmann hier auf den Scholz, der noch immer unruhig auf- und abschritt. „Geh weiter, da sind sie wieder im Gange“, rief er dem Deutzmann zu, und sein Gesicht überzog sich mit einem triumphierenden Grinsen. Auch für Deutzmann bestand kein Zweifel darüber, was da im Gange war. Scholz bückte sich und versuchte, in dem noch belaubten Eichenwald etwas zu erkennen, doch ohne Erfolg. Nur ein Fasan, der aufgeschreckt vom Waldrand aufflog, störte für kurze Zeit die Stille, die jetzt eingetreten war. Deutzmann war schon ein gutes Stück in Richtung Fähre weitergegangen. Einige Rabenkrähen kreisten über ihren Horsten. Da plötzlich fielen zwei Schüsse – Scholz hielt inne – dann noch einer. Scholz bemühte sich, im Waldesinnern den Fiedler zu erkennen, doch da war nichts zu sehen. Nur ein kurzer Moment verging, dann kamen Fiedler und Wessel eilig über den Acker am Waldrand auf ihn zu gelaufen. Wessels Gesicht war bleich vor Schreck. „Wir müssen weg hier!“, rief er seinem Kumpan Scholz zu. Der ahnte schon, was geschehen war und schloß sich rasch seinen Freunden an. Sie überquerten den Waldweg und eilten durch einen Graben zum Dorf zurück. Am anderen Morgen fand ein Suchtrupp den Förster Kleinn im Bürgeler Wald, tot, „von Wilderern erschossen“, wie man sogleich vermutete.
Soweit sei die Geschichte erzählt, wie sie sich in etwa nach Kenntnis der überlieferten Fakten abgespielt haben könnte. Ein Prozeßprotokoll, das in der „Rheinischen Criminalzeitung“ veröffentlicht wurde, gibt uns einigen Aufschluß über den Tathergang und auch über den Strafprozeß gegen die „Mittäter“ vor der Düsseldorfer Strafkammer. Es dauerte nicht lange, bis mit Hilfe eines Polizeihundes der mutmaßliche Täter Fiedler ausfindig gemacht werden konnte. Später hat er sich „unter dem Druck der in der Voruntersuchung bekannt gewordenen Tatsachen“ im Gefängnis erhängt. Scholz und Wessel aber wurden vor der Düsseldorfer Strafkammer für schuldig befunden, den Fiedler bei seiner Tat geschützt zu haben und erhielten beide Freiheitsstrafen. Scholz, den man zudem der „gewerbsmäßig ausgeübten Wilderei“ überführte, wurde zu zwei Jahren Gefängnis, Wessel zu neun Monaten Haft verurteilt. Dem Förster Kleinn aber setzten seine Freunde im Wald, wo er das Opfer eines rücksichtslosen Wilddiebes geworden war, ein Denkmal.

(frei nach einem Bericht von Hans Kurt Peters und dem Prozeßprotokoll)

First Lieutenant Louis A. Miller, Befehlshaber der „4th Cavalry Group“, 1945.

1945 – „Die Amis sind da!“

Dormagen, 5. März 1945

Die Gedenktafel für die „4th Cavalry Group“ im Historischen Rathaus Dormagen.

„‘Die Amis sind da!’ Dieser Ruf pflanzt sich am 4. März (1945) in Straberg und Hackhausen, in Ückerath und Worringen von Haus zu Haus fort.“ [1]) So beginnt eine Chronik der Stadt Dormagen mit der Beschreibung der letzten Kriegstage in den linksrheinischen Ortschaften nördlich von Köln. In Straberg „... leisten vereinzelte deutsche Soldaten Widerstand. Sie müssen es mit ihrem Leben bezahlen. Auf der Horremer Straße fallen an diesem Tag zwei deutsche Soldaten, die versuchen die vorrasselnden US-Sherman-Panzer mit Panzerfäusten abzuschießen und dann durch die Gärten fliehen wollen. Der Versuch, die Amerikaner mit wenigen Soldaten, einigen Handgranaten und Maschinengewehren noch aufzuhalten, mißlingt überall.“ Die Zivilbevölkerung, die schon seit den Herbsttagen des Vorjahres das Heranrücken der Westfront gespürt und erlitten hat, ist kriegsmüde. In Worringen hißt man an diesem Sonntagmorgen am Kirchturm die weiße Fahne, um den Ort kampflos zu übergeben. Truppenverbände der Alliierten bilden nun einen Halbkreis um Dormagen. Am Abend und in der Nacht beginnen amerikanische Panzer auf die Stadt vorzurücken. Die Chronik berichtet über den Morgen des 5. März 1945: „Um 5.45 Uhr werden die Dormagener durch heftiges Maschinengewehrfeuer und Artillerieeinschläge aufgeschreckt. Die Offiziere des deutschen Divisionsstabes, ..., die sich am Vortag in den Gebäuden der Brauerei und in den Häusern um den Höhenberg einquartiert haben, flüchten über den Rhein. Keinen Augenblick zu früh. Denn kurz darauf dringen Amerikaner in die Ortschaft ein. Alle Schlüsselpositionen werden von Sherman-Panzern besetzt.

Obwohl es zu einer regelrechten Verteidigung der Ortschaft nicht kommt, leisten an verschiedenen Stellen deutsche Einheiten, meist nur kleine Gruppen, dem Gegner noch heftigen Widerstand. Auf der Westseite Dormagens, ..., beziehen deutsche Soldaten noch Verteidigungsstellungen und bringen Infanteriegeschütze zum Einsatz. Doch nach kurzer Zeit wird der Widerstand sinnlos. (...) Auch im Nordteil Dormagens müssen die schwachen Infanterie-Einheiten dem Gegner weichen. Im Eckhaus Kölner- und Neusser Straße zur Florastraße, bei Fiedler, haben sich deutsche Soldaten eingenistet. Die Bewohner sitzen im Keller und sind auf das Schlimmste gefaßt. Da rollt auch schon ein US-Panzerspähwagen heran und greift das Widerstandsnest mit Flammenwerfern an.“ Bald darauf verständigt Major Zorn, der bis jetzt entschlossen war, Dormagen mit 40 Soldaten zu halten, das Raphaels-Hospital und meldet zwei Verletzte. Ein Medizinstudent und eine

„Die Amis sind da!“, Dormagen am 5. März 1945.

Krankenschwester eilen durch den Hagel einschlagender Granaten an den Unglücksort. Im Hause Fiedler finden sie einen der deutschen Verteidiger bereits tot, ein zweiter leidet unter hoffnungslosen Brandverletzungen.

„Zwei deutsche Tigerpanzer, die auf ihrem Rückzug am Morgen des 5. März durch Dormagen fahren, werden ins Kampfgeschehen einbezogen. Mitten im Ort gibt es ein regelrechtes Panzerduell. Ein Tigerpanzer wird auf der Einmündung der Rheinfelder Straße in die Kölner Straße, wo er an der Tankstelle Kappenberg das halbe Gemäuer fast mitnimmt, abgeschossen. Der andere wird auf der Kölner Straße in Grund und Boden geschossen, nachdem die deutsche Panzerbesatzung eine Übergabeaufforderung der Amerikaner, ein Dormagener Bürger überbringt diese als Parlamentär, ignoriert. Von den Panzersoldaten überlebt keiner.

Dormagen ist um 7.10 Uhr, also eine gute Stunde nach Angriffsbeginn, in der Hand der Amerikaner. Die Panzer sondieren nun das Terrain und schießen die letzten deutschen Soldaten, die sich fluchtartig in Richtung Rhein absetzen müssen, wie die Hasen ab."

Einen Tag nach der Einnahme Dormagens schon, am Mittag des 6. März, befindet sich das gesamte westliche Rheinufer zwischen Düsseldorf und Remagen in der Hand der Alliierten. Einer der alliierten Befreier, die damals in Dormagen kämpften, ist heute namentlich bei den Bürgern der Stadt bekannt. Ein Hobbyhistoriker hatte ihn ausfindig gemacht, und die Stadt widmete dem Ex-GI darauf eine Gedenktafel. Sie hängt heute im Treppenhaus des historischen Rathauses. Doch damit nicht genug, der Amerikaner aus dem Staate Kentucky wurde offiziell nach Dormagen geladen. Am 5. März 1999, 54 Jahre danach, ehrten Dormagener Bürger den 81jährigen Kriegsveteranen, der im März '45 als Befehlshaber der „4th cavalry group" sein Leben riskierte, um den Ort vom Nazi-Terror zu befreien.

Louis A. Miller, „first lieutenant" in der 1. US-Armee, kam mit seiner Einheit damals aus Bergheim, wo er heftige Gefechte gegen deutsche Verteidiger durchgestanden hatte. Als Miller mit seiner „4th cavalry-group" Dormagen erreichte, hatte er keine Ahnung, was ihn erwarten würde, erzählte er während einer Pressekonferenz. [2]) „Meine Angriffsspitze lag in der Nähe des Areals einer Chemiefabrik und wir wußten nicht, ob man sie verteidigen wird. Es gab dort Scharfschützenfeuer, aber der größte Widerstand wurde im Zentrum Dormagens geleistet." [3]) Der Angriff auf Dormagen erfolgte in drei Stoßrichtungen und Lew Miller, der mit seinen Leuten die Westflanke sicherte, durchkämmte das Gelände nahe der IG-Farben-Fabrik (heute Bayer-Werk). Die amerikanischen Soldaten hatten vor allem Angst vor Minenfallen („booby-traps"). Auf eine schlagkräftige Gegenwehr trafen sie jedoch nicht mehr. In vielen Fenstern hingen bereits weiße Fahnen und deuteten an, daß die Deutschen das Gebiet aufgegeben hatten.

Einige Tage nach der Befreiung Dormagens wurde Miller mit seiner Kampfeinheit nach Remagen verlegt. Hier war es Soldaten der 3. US-Armee am 7. März gelungen, eine völlig intakte Rheinbrücke zu erobern und durch einen Brückenkopf am feindlichen Ufer zu sichern. Louis Miller hatte mit seiner Einheit den Rhein auf einer Pontonbrücke zu überqueren und sollte dann am jenseitigen Rheinufer weiter in östliche Richtung vorrücken. Noch wurde das Ostufer beinahe vollständig von den deutschen Verteidigern gehalten. Und so wurde die geheime Operation der Amerikaner von den Deutschen entdeckt. Millers Leute gerieten in einen Kessel. Der US-Kommandoposten befahl den Ausbruch aus der Zange des Gegners. Beim eiligen Rückmarsch durch einen Wald gerieten Miller und seine Männer in feindliches Maschinengewehrfeuer. Fünf Kugeln trafen den jungen Offizier, zwei davon am Kopf, die anderen an Arm und Schulter. Danach befand er sich zwei Tage lang in den Händen deutscher Wehrmachtssoldaten, aber als diese sich zurückzogen, überließen sie die Verwundeten sich selbst. So gelangte Miller bald wieder in die eigenen Reihen. Er wurde von einer Schwestern-Gruppe der „4th cavalry" gefunden und in Sicherheit gebracht. Drei Wochen lag er in völliger Bewußtlosigkeit da. Durch die Schußverletzungen hatte er Sprache und Gleichgewichtssinn verloren. Wie ein Kleinkind mußte er später das Gehen und Sprechen noch einmal erlernen. Insgesamt sechs Jahre verbrachte Miller in Hospitälern und Rehabilitationsanstalten, bis seine Gesundheit einigermaßen wiederhergestellt war. Doch heute, so scheint es, wenn der sympathische Mann aus Kentucky vor Dormagener Bürgern erzählt, ist kaum eine Spur von Haß oder Verbitterung über sein damaliges Schicksal zurückgeblieben. Niemals aufgeben und an das Gute glauben sei seine Devise, erklärte Miller in Dormagen, und daß er helfen wolle, aus der Geschichte zu lernen, denn die Geschichte sage eine Menge über unsere Zukunft.

1) Engler/ Pankalla, S. 101 – 103.
2) Pressegespräch mit Louis A. Miller am 5. 3. 1999 im Historischen Rathaus-Dormagen
3) Original-Ton: Louis A. Miller 1999.

Nach der Eroberung von Dormagen durch Einheiten der 1. US-Army wurden alle deutschen Soldaten mit erhobenen Händen zu einem Sammelplatz geführt, 5. März 1945, Kölner Straße.

Ex-G.I. Louis A. Miller und seine Tochter Betty (links) wurden im März 1999 in Dormagen herzlich empfangen.

Die Gedenktafel für Maria Reymer in Rindern.

Das Käsemädchen

Bronzestandbild der Maria Reymer in Niedermörmter.

In früheren Zeiten waren die Bauern der Rheinniederung bei Kleve sehr arm. Als die französischen Besatzungstruppen zum Jahresbeginn 1814 die alte Residenzstadt räumten, ließen sie ein ausgelaugtes und heruntergekommenes Land zurück. Sogar in der fruchtbaren Rheinaue herrschte 1816 nach der verheerenden Mißernte eine bedrohliche Lebensmittelknappheit. Die Behörden sahen sich gezwungen, Getreide aus Ostpreußen und Kartoffeln aus dem nahen Holland einzuführen, um eine Hungersnot zu verhindern. Aber auf den Straßen trieben Räuberbanden ihr Unwesen, so daß die Hilfstransporte nur unter strenger Bewachung einheimischer Bürger in das Klever Magazin überführt werden konnten. Zu diesen Vertrauensleuten hatte der Landrat auch den Gutsbesitzer Theodor Reymer aus Rindern berufen, eben jenen Mann, der zusammen mit seiner Tochter später Wege aus der Misere finden sollte.
Als England sich in den zwanziger Jahren des 18. Jahrhunderts gegen Getreideimporte vom Kontinent zur Wehr setzte, fielen die Preise erneut, und das traf auch die Landwirte im Klever Land. Nicht wenigen Bauern blieb unter dem Druck der sinkenden Einkünfte kein anderer Ausweg, als ihre Anwesen zu veräußern. Diese für die Bauern damals so schwierige Situation beschrieb der Gutsherr Reymer in einer Denkschrift im November 1826 so: „In der Zeit, wo die Preise der verschiedenen Getreidearten und selbst des Viehes so weit heruntergegangen und der ehemalige Wohlstand der Landwirte der hiesigen Gegend leider schon so tief gesunken, muß der denkende Landwirt notwendig seine Spekulation auf neue Gegenstände der Industrie richten …“ [1])
Was aber ein solch „neuer Gegenstand der Industrie“ sein konnte, zeigten in beispielhafter Weise die holländischen Händler, die in jenen Jahren den Niederrhein mit ihren Waren überschwemmten. Damals boten die gerade entstehenden Industriestädte an Rhein und Ruhr den reisenden Kaufleuten attraktive Absatzmärkte. Vor allem der berühmte Gouda- und Edamer-Käse brachte gute Gewinne, und die Bauern im Klevischen blickten mit Neid auf das schmackhafte Milchprodukt, das zu dieser Zeit noch ausschließlich als vierpfündige Kugel feilgeboten wurde. Die einträgliche Kunst des Käsemachens, wie sie auf unzähligen Bauernhöfen im benachbarten Holland gepflegt wurde, war nämlich am Niederrhein in Vergessenheit geraten. Zwar gab es noch im 15. Jahrhundert bei Kranenburg eine bäuerliche Käseproduktion von gutem Ruf, aber irgendwann in den Wirren des Dreißigjährigen Krieges muß die Tradition des Käsens abgebrochen sein. Die Niederländer jedoch hüteten ihr altbewährtes Käserezept sorgfältig. Von Neugierigen befragt, verbreiteten sie das Gerücht, nur die Milch von Kühen, die auf den besonders hochwertigen holländischen Futterweiden gegrast hätten, sei geeignet, um Käse zu machen.
Eine ganze Zeit lang hatte man am Niederrhein diesem „Märchen“ Glauben geschenkt, doch als in diesen Jahren des 19. Jahrhunderts die Not nach neuen Erwerbsquellen rief, faßte der Gutsbesitzer Reymer einen Plan. Von den Erzählungen der Händler wenig überzeugt, bereiste er selbst die Niederlande, um auf den Wiesen befreundeter Landwirte Grasarten und Futterkräuter zu untersuchen. Auch die Prüfung der Bodenbestandteile ließ in ihm die Überzeugung reifen, daß die niederrheinischen Weiden der marschigen Rheinaue ebensogut wie diejenigen im benachbarten Holland zur Käseproduktion geeignet seien. Fest entschlossen, nun selbst eine Käserei aufzubauen, machte er seine Tochter Maria mit dem Vorhaben vertraut, von den Niederländern das Käsemachen zu erlernen.
Wahrscheinlich war es das Jahr 1824, in dem Maria Reymer auf der großen Holländerei ihrer Verwandten nahe des niederländischen Utrecht eintraf. Hier auf dem „Veerhof“ sollte sich die 21jährige Bauerntochter heimlich mit Rezeptur und Methode der Käseproduktion vertraut machen. Und ihre Mission hatte Erfolg: Maria lernte das Käsen so gründlich, daß sie das Handwerk bald selbst vollkommen beherrschte. Bei ihrer Rückkehr auf den väterlichen Gutshof im Frühjahr 1825 war nun das Geheimnis des Holländerkäses gelüftet. Noch im Mai wurde dort eine Käserei eingerichtet und der erste Gouda hergestellt. Er fand sofort reißenden Absatz. Der Bauer Reymer berichtete später, daß in der Hofkäserei seiner Tochter Maria gleich im ersten

Clevische Käserei:
Die Käseprobe.

Clevische Käserei:
Die Vorratskammer,

Beide Abbildungen aus „Illustrierte Zeitung" vom 25. August 1855.

In der fruchtbaren Niederungen des Klever Landes entstand die „Käsekammer Niederrhein".

Jahr des Versuchs 4300 Pfund Käse verfertigt wurden. Zehn Milchkühe standen auf dem Gutshofe „Hogefeld" der Reymers für die Käseproduktion zur Verfügung; kleinere Landwirtschaften verfügten über fünf bis acht Stück Milchvieh, aber auch hier bot das Verkäsen ein lohnendes Zusatzgeschäft. Und der Großbauer Reymer hielt mit seinem neuerworbenen Wissen keineswegs hinter dem Berg, sondern unterrichtete bereitwillig die benachbarten Bauern. Der Vorteil des Käsemachens, so propagierte es Reymer, könne sogar den Anstoß geben, Acker-Ländereien in Weide umzuwandeln, um so durch vermehrten Viehbestand mehr Milch für die Käseproduktion zu erhalten. Bald entstanden immer mehr Hofkäsereien im Klever Land, und die nun aufblühende Milchwirtschaft begann den bisher vorherrschenden Ackerbau und das Fettweiden von Rindern zu überrunden. Die Weiden des Niederrheins lieferten eine derart gute Milch, daß der daraus gewonnene Gouda sich in keiner Weise vom Original-Holländerkäse unterschied.

Damit war nun für das Problem der Milchverwertung auch im Klever Land eine Lösung gefunden worden. Jetzt wurde mit der gut zu lagernden und bestens transportfähigen Ware Käse ein weitreichender Handel möglich, den die schnell verderbliche Milch zuvor nie erlaubt hatte. Dazu kam der Vorteil, daß sich aus dem selbst fabrizierten Käse relativ hohe Gewinne schöpfen ließen. Diese überstiegen diejenigen, die sich beispielsweise aus der Butterproduktion ergaben, um mehr als das Zweifache. Das lag vor allem daran, daß sich aus der gleichen Menge Milch beinahe dreimal soviel Käse wie Butter herstellen ließ.

In den unzähligen Hauskäsereien, die in den folgenden Jahrzehnten auf niederrheinischen Bauernhöfen entstanden, waren es stets Frauen, vor allem die Töchter des Hauses, die hier ihrem Handwerk nachgingen. Auch in diesem Prinzip eiferte man den Niederländern nach, denn in Holland war die Bauernkäserei seit langer Zeit traditionsgemäß Frauensache, während der Handel den Männern vorbehalten blieb. Am Ende des 19. Jahrhunderts aber verlagerte sich die Hausfabrikation von Käse in die nun entstehenden dampfbetriebenen Molkereien, die beinahe in jedem größeren Dorf errichtet wurden. Allein bis zur Jahrhundertwende gründete man am Niederrhein und im Köln-Aachener Raum mehr als 50 Genossenschaftsmolkereien, die Milch verarbeiteten und meistens auch Holländer-Käse produzierten.

Der Gutshof „Hogefeld" in Rindern bei Kleve. Hier entstand 1825 die Hofkäserei der Maria Reymer.

Heute sind diese Produktionsstätten ausnahmslos verschwunden, geblieben ist am Niederrhein allein die Großkäserei in Niedermörmter nahe des Standortes der alten Zentral-Molkerei. Die „Käserei Niederrhein" unweit von Kalkar gelegen ist eine von nur noch zwei nordrhein-westfälischen Käsefabriken. Mit ihrer vollautomatischen Fertigung und der elektronischen Steuerung ist sie eine der modernsten Anlagen in Europa. Rund 12.000 Tonnen Käse verlassen die Lagerhallen jährlich. Ein Großteil der Ware wird zwischen Bonn und Kleve verzehrt, ca. 30 % der Produktion allerdings sind für den Export in vorwiegend europäische Länder bestimmt. Aber auch in diesem Großbetrieb ist die Geschichte der niederrheinischen Käseproduktion, die auf dem Gutshofe Hogefeld mit der Tat des „Käsemädchens" Maria Reymer begann, nicht ganz aus dem Blick geraten.

Portrait der Maria Reymer, Illustrierte Zeitung, 25. August 1855.

Das „Käsemädchen" Maria Reymer, Szenenfoto aus der Filmdokumentation „Ein Denkmal für Maria Reymer".

„Niederrheiner-Gouda ... nach Art der Maria Reymer", so wirbt das Unternehmen für sein Produkt, das heute im klassischen 12,25 kg Laib vertrieben wird. Und im Foyer des Fabrikgebäudes gibt das bronzene Standbild der Maria Reymer einen dezenten Hinweis auf die Pionierin der heimischen Käsemacherei.

Doch schon zu Lebzeiten wurde Maria Reymer für ihre Pioniertat geehrt. Während einer im Jahre 1830 einberufenen Versammlung lobte man ihre Verdienste um die klevische Landwirtschaft, und ihr Vater, der sich so energisch für den neuen Erwerbszweig eingesetzt hatte, erhielt sogar das Allgemeine Ehrenzeichen zweiter Klasse. Die Einführung einer florierenden Käseproduktion war nämlich anfangs durch erhebliche Hindernisse seitens der staatlichen Behörden erschwert worden. Als Theodor Reymer 1825 Anteile seiner ersten Käseproduktion nach Elberfeld versenden wollte, verdächtigten ihn Klever Zollbeamte, er habe holländische Ware über die nahe Grenze geschmuggelt und drohten seine Käserei zu schließen. Außerdem verordnete der Oberzollkontrolleur ihm ein lähmendes Kontrollverfahren, dem er sich zu unterziehen hatte. Sämtliche Käsestücke mußten nun mit den Angaben von Anzahl und Gewicht in ein spezielles Register eingetragen werden, auch sollte nun jede Ware auf dem Zollamt zu Kleve vorgezeigt und mit einem Begleitschein versehen werden. Der Gutsbesitzer Reymer aber, der sich in seinen redlichen Bemühungen um die Förderung eines neuen Wirtschaftszweiges ungerecht behindert sah, beschwerte sich darauf beim Geheimen Oberfinanzrat und auch beim Finanzminister persönlich. Ein sich lange hinziehender Schriftwechsel mit den staatlichen Behörden und dem Provinzial-Ständetag in Düsseldorf brachte dem Gutsherren jedoch schließlich den gewünschten Erfolg. Am 1. Januar 1827 erging an das Hauptzollamt in Kranenburg die Verfügung, daß die Käsefabrikationskontrolle aufgehoben sei. Nun stand dem Aufbau eines gewinnträchtigen und reibungslos funktionierenden Käsegewerbes nichts mehr im Wege.

Wie aber erging es dem „Käsemädchen" Maria? Die spärlichen Dokumente scheinen darüber zu schweigen und auch die wenigen Briefe und die Zeitungsberichte über das Käsereihandwerk geben keinen weiteren Aufschluß über ihr Leben. Die heimatkundliche Literatur berichtet, daß Maria sich 1828 in erster Ehe mit dem Landwirt Theodor Awater aus Warbeyen vermählte und sich später noch einmal mit dem aus Kellen stammenden Peter Voß verband. Ihr Totenbrief berichtet von ihrer langjährigen körperlichen Schwäche und von Leiden, die sie in musterhafter Geduld ertragen habe. Vom sonntäglichen Kirchgange zurückgekehrt sei sie bedeutend erkrankt und habe auf eigene Bitte die heiligen Sterbesakramente empfangen. Sie starb 48jährig, am 13. Februar 1852, in Warbeyen. Das Gut Hogefeld, auf dem Maria die niederrheinische Käserei-Kultur begonnen hatte, war bereits nach dem Tode ihres Vaters 1839 von den Erben versteigert worden.

Erst hundert Jahre nach der ersten Herstellung von Holländer-Käse auf „Hogefeld" ließ der Besitzer des alten Reymerschen Anwesens für Maria eine Gedenkplatte an der Außenmauer des Wohnhauses anbringen. Heute verirren sich oftmals Spaziergänger und Radfahrer auf die repräsentative Hofanlage mit dem schmucken Haus, das Turm und Treppengiebel zieren. Mancher Neugierige wird so vielleicht auf das Denkmal stoßen und ganz nebenbei etwas vom fast vergessenen „Käsemädchen" erfahren.

1) Reymer, „Promemoria", Zit. n.: Diederichs, S. 100.

Dank an

Elisabeth Arend, Trier; Tobias Arand, Münster; Dr. W. Antweiler, Wilhelm-Fabry-Museum Hilden; Frieda Altner, Kleve; Rolf Ahrens, Kleve; Dr. Werner Alberg, Stadtmuseum Düsseldorf; Rolf von Andel, Woudrichem, Niederlande; Tom van der Aalst, Gemeentearchief Heusden, Niederlande; Dr. Peter Barth, Düsseldorf; Dr. Susanne Brandt, Düsseldorf; Alexander Berkel, Mainz; Erwin te Bokkel, Openluchtmuseum Arnheim; Werner Böcking, Xanten; Peter von Bein, Heimatmuseum Bislich; Dr. med. A. Bolland, Kurhaus Dhonau, Bad-Sobernheim; Dr. Annette Baumeister, Stadtmuseum Düsseldorf; Dr. Wilhelm Busch, Fischereiberater Kreis Wesel; Klaus Blech, Gemeinde Niederkrüchten; Michael Dahlmanns, Voerde; Familie van Drefeldt, Xanten; Paul Dammberg, Duisburg-Rheinhausen; Horst Dickhäuser, Stadt Dinslaken; Willi Dittgen, Dinslaken; Prof Dr. Kurt Düwell, Heinrich Heine Universität Düsseldorf; Familie Dorsemagen, Bislich; Dr. Rolf Eilers, Bonn Bad-Godesberg; Anita van Elsbergen, Grieth; Diana Fischer, Stadtarchiv Meerbusch; Willi Fährmann, Xanten; Annette Fimpeler-Philippen MA., Stadtmuseum Düsseldorf; Dr. Stefan Frankewitz, Stadtarchiv Geldern; Steffen Fischer, Museum Goch; Dr. Romuald Graßt, Mönchengladbach; Goethe-Museum Düsseldorf; Anna Gammerschlag, Stadtarchiv Kalkar; Jürgen Grafen, Dinslaken; Alfred Grimm, Dinslaken; Dr. U. Grote, Stiftsarchiv/ Stiftsbibliothek St. Viktor Xanten; Marlene Goetze, Wesel; Anna Gammerschlag, Stadtarchiv Kalkar; Görres Gymnasium Düsseldorf; Dr. Ludwig Hügen, Willich-Schiefbahn; Heinrich-Heine-Institut Düsseldorf; Wolfgang Heimer, Heimatmuseum Priorhof Bad-Sobernheim; Dr. Joachim Harnecker, Museumspark Kalkriese; Helga Huld, Stadtarchiv Dinslaken; Helmut Haas, Kaarst-Büttgen; Dr. Bernhard Holtmann, Emmerich; Bob Heinemann, Essen; Bernhard Keuck, Stadtarchiv Straelen; Wolfgang Krebs, Kleve; Kunstmuseum Düsseldorf im Ehrenhof; Dr. W. Kraume, Stadtarchiv Duisburg; Dr. Renate Köhne-Lindenlaub, Historisches-Archiv-Krupp; Heribert Kleipass, Stadtarchiv Emmerich; Wolfgang Kruse, Stadtarchiv Emmerich; Dr. med. Inge Klein-Walbeck, Geldern-Walbeck; Kurt Kreuz, Moers Repelen; Dr. Urban Küsters, Heinrich Heine-Universität Düsseldorf; Prof. Dr. Hans Georg Kirchhoff, Dortmund; Arndt Kleesiek, Münster; Rudi Kempkes, Rees; Prof. Dr. Gerd Kleinheyer, Bonn; Familie Klösters, Kleve-Kessel; Therese Kräcker, Wesel; Dr. Helmut Lahrkamp, Münster; Joachim Lilla, Stadtarchiv Krefeld; Dr. Rüdiger Lison, Duisburg; Dr. Clemens von Looz-Corswarem, Stadtarchiv Düsseldorf; Dr. Roland Mönig, Museum Kurhaus Kleve; Rolf Müller, Leverkusen; Dr. Winrich Meiszies, Theatermuseum Düsseldorf; Lutz Mommartz, Düsseldorf; Bernd Morgner, Wilhelm Fabry-Museum Hilden; Monika Menschel, Kurhaus Menschel, Bad-Sobernheim; Sonja Mataré, Meerbusch-Büderich; Gisela Marzin, Stadtarchiv Dinslaken; Maria Maywald, Dinslaken; Thekla Meyer, Dinslaken; Dr. Wilhelm Müllers, Xanten; Max Mauritz, Kaarst-Büttgen; Helene Meurs, Stadt Kalkar; Carl Maaßen - Restaurant GmbH. Düsseldorf; Arie Nabrings, Viersen; Menachem Opher, Düsseldorf; Lutz Pinkert, Stadtarchiv Langenfeld; Heinz Pankalla, Stadtarchiv Dormagen; Dr. Meinhard Pohl, Kreisarchiv Wesel; Werner Pöhling, Kultur- und Stadthistorisches Museum Duisburg; Dr. Robert Plötz, Niederrheinisches Museum für Volkskunde und Kulturgeschichte in Kevelaer; Dr. Hans-Kurt Peters, Monheim; Robert Rameil, Korschenbroich; Herbert Remmert, Düsseldorf; Gemeentearchief Roermond; Dr. Christoph Reichmann, Museum Burg Linn Krefeld; Dr. Anita Rieche, Archäologischer Park/Regionalmuseum Xanten; Heinrich Riemenschneider, Düsseldorf; Peter Rübsam Düsseldorf; Dr. Martin W. Roelen, Stadtarchiv Wesel; Franz-Josef Radmacher, Heimatkreis Lank e.V.; Carl Ludwig Riedel, Milchwirtschaftliche Lehr- und Untersuchungsanstalt Krefeld; Theo Rodermond, Xanten; Theo Roesen, Xanten-Lüttingen; Anni Ramakers, Roermond, Niederlande; Erika Rutert, Alpen; Dr. Hans Joachim Schalles, Archäologischer Park/Regional-museum Xanten; Dr. Burkhard Schwering, Niederrheinisches Museum für Volkskunde und Kulturgeschichte in Kevelaer; Helmut Schopmans, Geldern-Walbeck; Dr. Johannes Spicker, Kaarst; Dr. Wilhelm Straatmann, Museum Burg Linn, Krefeld; Pastor Hans-Gerd Schütt, St. Clemens Viersen-Süchteln; Johannes Stinner, Historischer Verein für Geldern; Richard Schulte-Staade, Rektor der Wallfahrt Kevelaer; Pastor Walter Stempel, Wesel; Herbert Schürmann, Emmerich; Bernd Sommer, Emmerich; Peter Steinling, Bislich; Hedwig-Schepers-Wagner, Kleve; Drs. Bert Thissen, Stadtarchiv Kleve; Karl Heinz Tekath, Kreisarchiv Kleve; Dr. Kajo Trottmann, Stadtmuseum Düsseldorf; Töchter vom Heiligen Kreuz, Rees-Aspel; Dr. Gernot Tromnau, Kultur- und Stadthistorisches Museum Duisburg; Christine Knupp-Uhlenhaut, Grafschafter Museum Moers; Cornelius Völker, Düsseldorf; Roland Verheyen, Kleve-Rindern; Dr. Veit Veltzke, Preußen-Museum-Wesel; Hermann Vingerhoet, Kleve-Kellen; Drs. Guido de Werd, Museum Kurhaus Kleve; Dr. phil. Horst A. Wessel, Mannesmann-Archiv Düsseldorf; Christa und Friedhelm Wittfeld, Moers-Repelen; Margret Wolters, Stadtarchiv Emmerich; Egmont Worms, Dormagen; Dr. Otto Wirtz, Leiter des Görres-Gymnasiums Düsseldorf; Stadtarchiv Xanten und Thomas Nell, Düsseldorf.

Literatur

Siegfried – ein deutscher Mythos

Busch, Karl: Das Nibelungenlied in deutscher Geschichte und Kunst. München 1934

Döbler, Hansferdinand: Die Germanen. Lexikon zur europäischen Frühgeschichte – Legende und Wirklichkeit. Gütersloh 1975

Ehrismann, Otfrid: Das Nibelungenlied in Deutschland. Studien zur Rezeption des Nibelungenliedes von der Mitte des 18. Jahrhunderts bis zum Ersten Weltkrieg. München 1975. (= Münchner Germanistische Beiträge. Band 14.)

Fischer, Hans W.: Germanisch-Deutscher Sagenschatz. Eltville am Rhein 1985

Heinzle, Joachim: Das Nibelungenlied. Eine Einführung. Frankfurt 1994

Killy, Walther (Hrsg.): Literatur-Lexikon, München 1990

Kleesiek, Arndt: Siegfrieds Edelsitz – Der Nibelungen-Mythos und die „Siegfriedstadt" Xanten im Nationalsozialismus. Münster 1998

Kleesiek, Arndt: Von der „Siegfriedsgrabung" zum „Siegfriedsdenkmal". In: Kreis Wesel Jahrbuch 2000. Duisburg 1999. S. 150 – 157

Koch, Hans-Jürgen (Hrsg.).: Die deutsche Literatur in Text und Darstellung. Mittelalter I.

Mainzer, Udo: Historische Denkmäler und Aktuelle Denkmalpflege. In: Historische Denkmäler. Vergangenheit im Dienste der Gegenwart?. Bensberg 1994. S. 151 – 190. (= Dokumentation einer Studienkonferenz in Zusammenarbeit mit dem Landschaftsverband Rheinland/ Referat Heimatpflege. – Bergisch Gladbach: Thomas-Morus-Akademie Bensberg. Bensberger Protokolle 81.)

Martin, Bernhard R.: Nibelungen-Metamorphosen. Die Geschichte eines Mythos. München 1992

Milz, Joseph: Der Duisburger Ehrenfriedhof. In: Duisburger Jahrbuch 2000. S. 32 – 34

Müller, Jan Dirk: Das Nibelungenlied. In: Interpretationen. Mittelhochdeutsche Romane und Heldenepen. Hrsg.: Horst Brunner. S. 146 – 173

Das Nibelungenlied. Nach der Ausgabe von Karl Bartsch. 19. Aufl. Hrsg.: Helmut de Boor. Wiesbaden 1956

Schulte-Wülwer, Ulrich: Das Nibelungenlied in der deutschen Kunst des 19. und 20. Jahrhunderts. Gießen 1980

See, Klaus von: Das Nibelungenlied – ein Nationalepos. In: Barbar Germane Arier. Die Suche nach der Identität der Deutschen. Klaus von See. Heidelberg 1994. S. 83 – 135

Der Mann der Manhattan kaufte

Burkhard, Wolfgang: Peter Minuit. In Wesel geborener Kolonialpionier Nordamerikas. In: Niederrheinische Unternehmer. Hrsg.: Wolfgang Burkhard. Duisburg 1990. S. 14 – 15

Gorissen, Friedrich: Peter Minuit und die Stadt Kleve. Eine Forschungslücke schließt sich. In: Kalender für das Klever Land 1982. S. 112 – 118

Nelles, Günter: New York und New York State. München 1994.

Peitsch, Heinrich: Peter Minuit. Wesel 1963

Pohl, Meinhard: Minuit. In: Neue Deutsche Biographie. Hrsg.: Historische Kommission bei der Bayerischen Akademie der Wissenschaften. Berlin 1994. S. 549. (= 17. Band.)

Weslager, C. A.: A Man and his Ship. Peter Minuit and the Kalmar Nyckel. Wilmington (USA) 1990

O.-Ton: Pastor Walter Stempel. In: WDR-Filmbericht: Das Denkmal für Peter Minuit in Wesel. LS-Düsseldorf 1995

Arand, Tobias: Ein rheinischer Überseekaufmann im 17. Jahrhundert. In: „Publikation des Rheinischen Freilichtmuseums Kommern". (wird im Frühjahr 2000 erscheinen).

Ein Monument für Düsseldorfs blühende Eisenindustrie
Weidenhaupt, Hugo Hrsg.: Düsseldorf – Geschichte von den Ursprüngen bis ins 20 Jahrhundert, Band 2, Von der Residenzstadt zur Beamtenstadt (1614 – 1900), Düsseldorf 1988
Weidenhaupt, Hugo: Kleine Geschichte der Stadt Düsseldorf, 9. überarbeitete Auflage, Düsseldorf 1983

Bislich 24. März 1945 – Angriff über den Rhein
Berkel, Alexander: Krieg vor der eigenen Haustür, Rheinübergang und Luftlandung am Niederrhein 1945, Selbstverlag des Stadtarchivs Wesel, 1994
Die Kriegsjahre 1939 – 1945 – Bislicher erzählen erlebte Geschichte; Ausstellung im Heimatmuseum Bislich vom 9. April bis 16. Juli 1995, Schriftenreihe des Heimatmuseums Bislich Band 7, (insges. 105 Seiten), Wesel-Bislich, im März 1995
Christliche Zeichen in der Landschaft – Ein Begleitheft zu den religiösen Gedenkstätten in Bislich, Broschüre des Heimatmuseums-Bislich, August 1995
Rund um das alte Dorf – Wanderungen durch das historische Bislich; eine Broschüre des Heimatmuseums Bislich, Februar 1994

Über das Schicksal der jüdischen Waisenkinder aus Dinslaken
Sophoni-Herz, Yitzhak: Fast 50 Jahre sind vergessen, – Kristallnacht in Dinslaken am 10. November 1938, Dinslaken 1987, (Broschüre, 21 Seiten)
„Fremde Heimat" – Erinnerungen an den Besuch ehemaliger Dinslakener jüdischen Glaubens vom 8. bis 16. November 1993, Hrsg: Pressestelle der Stadt Dinslaken
Rothschild Dr., Leopold: Israelitisches Waisenhaus zu Dinslaken – 50 Jahre –, eine Dokumentation, Heft-Broschüre
Koall, Claudia: Verzeihen ja,– vergessen nie! Die Geschichte der Juden in Dinslaken, Scharbeutz, 1994
„Dinslaken in der NS-Zeit" – Vergessene Geschichte 1933 – 45, eine Publikation des Stadtarchivs Dinslaken
Grafen, Jürgen und Tohermes, Kurt: Leben und Untergang der Synagogengemeinde Dinslaken, Herausgegeben vom: Verein für Heimatpflege „Land Dinslaken" e.V., Dinslaken 1988

Belgische Soldaten in Kleve 1918 – 1926
Krebs, Werner: Ein „wiederentdecktes" Denkmal in Kleve, 1988, In: Denkmalpflege im Rheinland, Hrsg.: Landschaftsverband Rheinland, Köln 1988
Verwaltungsbericht Cleve 1910 bis 1926 des Bürgermeisters Wulff, In: Stadtarchiv Kleve
Eylers Rolf: Die schwere Besatzungszeit, In: Henning, Hansjoachim: Beiträge zur Geschichte der Stadt Kleve im 20. Jahrhundert, Selbstverlag des Stadtarchivs Kleve 1991
Vingerhoet, Paul: Besatzungszeit am linken Niederrhein, In: Klever Heimatkalender 1980, S. 47 – 50
Dyckmans, Paul: Gefängnisstrafen und Ausweisungen – Der „passive Widerstand" in Kleve, In: Klever Heimatkalender 1991, S. 194 – 196
Heid, Ludger u. Kraume, Hans-Georg: Kleine Geschichte der Stadt Duisburg, Duisburg 1983
Hilgemann: Atlas zur deutschen Zeitgeschichte – 1918 – 1968, Piper-Verlag
van Heugten, Wim: Ein kunsthistorisches Rätsel gelöst, Das Kellener Denkmal und dessen Schöpfer Arnold Breker Senior. In: Kalender für das Klever Land 1997

Von Flurkreuzen und Hageldämonen
Geschichte Straelens, 1980
Feltgen, Hildegard und Gerhard: „Zeugen am Wege" – Heiligenhäuschen und Flurkreuze, Duisburg 1989
Meyer, Georg Jakob und Freckmann Klaus: Wegekreuze und Bildstöcke in der Eifel, an der Mosel und im Hunsrück
Schroers, H: Das Hagelkreuz und das daneben stehende Kapellchen in der Nähe von Straelen, Die Heimat 1877, S. 11,14
Schroers, H.: Der Katechet Victor Scholten und die Kreuzkapelle zu Straelen, Nrh.G. Nr.21, 1879, S.83 f. – 3
Schroers, H.: Bericht des Katecheten M. V. Scholten über die Errichtung der drei Stationen auf dem Wege vom Gelderthor zu Straelen bis zur Kreuzkapelle, Nrh. G. Nr. 22, 1879, S. 87 f. – Lit. 1 – 3, Nachdruck in Geschichte Straelens (1980), S. 254 ff. – 4. Kd.Kr. Geldern (1891), S. 74
Hendrichs, Leopold: Über Straelen – Geschichtliche Aufsätze, Geldern 1898
Krämer, Karl-Emerich:Die Stummen Zeugen, Historische Stätten des Niederrheins in Bildern und Geschichten, Duisburg 1971
Handwörterbuch des deutschen Aberglaubens, Band 3, New York 1987

Wie die Preußen in den Besitz der Grafschaft Moers kamen
Beuys, B.: Der Große Kurfürst, rororo 1984
Knupp-Uhlenhaut, Christine: Hektor, Henriette & Co – Denkmäler in Moers, Hrsg.: Städische Galerie Peschkenhaus Moers, (Faltblatt-Broschüre)
Ottsen, Otto: Die Geschichte der Stadt Moers, I. Die Vorpreußische Zeit, Moers 1977
Ottsen, Otto: Die Geschichte der Stadt Moers, II. Die Stadt Moers von 1702 – 1814, Moers 1977
Oppers, Heinz (Stadtdirektor): „Moers" – Historische Einführung (in die Stadtgeschichte), Moers 1977/ 78
Hirschberg, Karl: Historische Reise durch die Grafschaft Moers, Moers 1975
„Kunst des 19. Jahrhunderts im Rheinland", Band 4, Plastik, Düsseldorf 1980

Der Seidenweber im Sonntagsstaat
Barkhausen, Max: Bilder aus der Krefelder Seidenindustrie vor 100 Jahren. Kapitel: Nach den Erinnerungen von Karl Weiß, S. 21 – 37
Köppen, Ernst: Krefeld in 30 Kapiteln, 1987
Koeppen, Ernst: Krefeld so wie es war, Droste-Verlag
Krefeld – Stadt wie Samt und Seide, 1992
Zum Beispiel Krefeld, Band 1 – „Die Soziale Frage im 19. Jahrhundert", Hrsg. Stadt Krefeld
Schnell, Gerda: Der Seidenweberaufstand in Krefeld im Jahre 1828, Arbeit im Fach Soziologie, August 1986
Broschüre: „Deutsches Textilmuseum Krefeld Linn", 1983
Broschüre: „100 Jahre Textilmuseum Krefeld"

1569 vollendete Gerhard Mercator seine neue Weltkarte für Seeleute
Gerhard Mercator. Europa und die Welt. Hrsg.: Kultur- und Stadthistorisches Museum Duisburg. Duisburg 1994. (Begleitband zur Ausstellung)
Gerhard Mercator und seine Welt. Hrsg.: Rienc Vermij. Duisburg 1997
Krämer, Karl Emerich.: Mercator. Duisburg 1980
Krücken, W. und Milz, J. (Hrsg.): Mercator Weltkarte 1569 und Begleitheft. Duisburg 1994

Meurer, Peter H.: Gerhard Mercator (1512 – 1594). In: Rheinische Lebensbilder. Hrsg.: Franz-Josef Heyen. Köln 1994. (= Band 14)
Patenburg, Vitalis: Das Porträt der Erde – Geschichte der Kartographie. Stuttgart 1970
Weber, Wolfgang: Gerhard Mercator – Kosmograph. Hrsg.: Ateliers des A.A.S.R. in Essen-Ruhr. Bochum 1991. (als Skript vervielfältigt im Mai 1991. Heft 35)
Eichholz, Renate: Geographie am Niederrhein. Das Lebenswerk des Gerhard Mercator. Köln 1970. (Hörspiel des Westdeutschen Rundfunks Köln. Sendung vom Sonntag, den 6. September 1970)

Die Schreckensherrschaft eines deutschen Majors in Roermond

Hügen, Ludwig: Elmpt und Niederkrüchten – Zwischen Schwalm und Grenzwald, Geschichte der Altgemeinden, Kleve 1993
Rheinische Post, Grenzland-Kurier – Niederkrüchten vom 24. 12. 1994 (3 Artikel)
Roermonder Knipsel – Nachrichten aus der Partnerstadt, „Het Bevrijdingsjournaal", Dezember 1994 von Otto Rick, 8 Seiten

„Die Kunst an die Macht verkauft?"

Riemenschneider, Heinrich: Gustaf Gründgens 1899 – 1963. In: Gall, Lothar, Hrsg.: Die großen Deutschen unserer Epoche
Riemenschneider, Heinrich, Hrsg: Gustaf Gründgens, Eine Dokumentation des Dumont-Lindemann-Archivs, München – Wien 1981
Meiszies, Winrich: Gustaf Gründgens 1899 – 1963, Düsseldorf 1997. In: Poll, Bernhard: Rheinische Lebensbilder, Köln 1998
Goertz, Heinrich: Gustaf Gründgens, Hamburg 1982 (rowohlts monographien)
Riess, Curt: Gustaf Gründgens, Freiburg 1988
Rieschbieter, Henning: Gründgens – Schauspieler, Regisseur, Theaterleiter, 1963

Wilhelm Fabry – größter deutscher Wundarzt seiner Zeit

Wennig, Wolfgang: Fabrystudien IV. Niederbergische Beiträge – Quellen und Forschungen zur Heimatkunde Niederbergs, Verlag Stadtarchiv Hilden, Hilden 1975
Van Hee, R. und Versailles-Tondreau, A.: Nadeln, Nähte und Narkose – Chirurgie im Wandel der Zeit, Katalog zur Ausstellung im Wilhelm-Fabry-Museum, Hilden 1995
Strangmeier, Heinrich (Hrsg.): Wilhelm Fabry von Hilden – Leben – Gestalt –Wirken. – Niederbergische Beiträge Band 6. Quellen und Forschungen zur Heimatkunde Niederbergs. Wuppertal-Elberfeld 1957
Wennig, Wolfgang: Hilden gestern und heute. Hilden 1977
Strangmeier, Heinrich Hrsg.: Fabrystudien I. – Niederbergische Beiträge – Quellen und Forschungen zur Heimatkunde Niederbergs, Hilden 1961

Die letzte Hexenverbrennung am Niederrhein

Bösken, Clemens-Peter: Hexenprozeß – Gerresheim 1737/38: Die letzte Hexenverbrennung im Rheinland, Düsseldorf 1996
Schormann, Gerhard: Der Krieg gegen die Hexen. Das Ausrottungsprogramm des Kurfürsten von Köln, Göttingen 1991
Bunte, Monika: Der Gerresheimer Hexenstein, (Broschüre), Hrsg.: „Arbeitskreis Hexengedenkstein" – Düsseldorf Gerresheim, Gerresheim 1989
Ennen, Edith: Frauen im Mittelalter, München 1994
„Frauen in Köln" – Reihe: „2000 Jahre Stadtgeschichte", bearbeitet von Gabriele Wagner, Kölnisches Stadtmuseum 1990
Hexenverfolgung am Niederrhein – Ursachen, Verlauf, Kritik, Hrsg.: Kreis Neuss – Kreisarchiv, (– ein Symposium im Kulturzentrum des Kreises Neuss Burg Friedestrom am 13. März 1993)

Als Kalkars Schöffen Martins Kopf forderten

Gammerschlag, Anna: 450 Jahre Gerichtslinde – Informationen zur Ausstellung (1. 5. 1995 – 28. 5. 1995), Stadtarchiv Kalkar, Broschüre
Wolff, J. A.: Geschichte der Stadt Calcar während ihrer Blüthe, Frankfurt 1893
Reckmann, Dr. Hans: Die Rats- und Schöffentafel von Kalkar, 1970, In: Kalender für das Klever Land 1970
Rechnung des Ditherich van den Stein für die Ausübung seines Richteramtes für die Jahre 1597 und 1598 in Kalkar, Kopie (unveröffentlicht) aus dem Bestand des Stadtarchivs Kalkar
Schild, Wolfgang: Alte Gerichtsbarkeit, Vom Gottesurteil bis zum Beginn der modernen Rechtsprechung, München 1980, 2. Aufl. 1985
Hinckeldey, Ch. Hrsg.: Justiz in alter Zeit, Rothenburg 1984
Heinemann, Franz: Der Richter und die Rechtsgelehrten, Düsseldorf, Köln 1976

Vom Pferdeknecht zum Reitergeneral

Lahrkamp, Helmut: Jan von Werth (1591 – 1652), Münster, 1968. In: Poll, Bernhard: Rheinische Lebensbilder Band 3, Düsseldorf 1968
Lahrkamp, Helmut, Jan von Werth, Köln 1988
Kirchhoff, Hans Georg, Geschichte der Stadt Kaarst, Kaarst 1987
Büttner, Eva, Jan von Werth und seine Zeit, Kaarst 1991
Osterbrauck, Willi, Jan von Werth, Köln?
Mauritz, Max, Büttgen – Jan von Werth in seiner Zeit, Büttgen 1991

„Poortekerls" – Kerle, die an den Toren stehen

Gies, Leo: Originale aus Alt-Emmerich, (Artikelserie über Emmericher „Originale"), Rheinische Post, November 1981 bis Februar 1982
Cuypers, Wilhelm: Emmerich, Düsseldorf 1991

Eine Römerstadt im Barbarenland

Rieche, Anita und Heimberg, Ursula – in einer Neubearbeitung von Ursula Grote: Die römische Stadt – Colonia Ulpia Traiana, Köln 1986
Rieche, Anita: Führer durch den Archäologischen Park Xanten, Köln 1994, Rheinland-Verlag
Horn, H. G. : Die Römer in Nordrhein-Westfalen, 1988

Von der Kaffeestube zur Kunstgalerie

Klapheck, Anna: Mutter Ey – Eine Düsseldorfer Künstlerlegende, Düsseldorf 1978, 3. Aufl.
Barth, Peter: Johanna Ey und ihr Künstlerkreis, Galerie Remmert und Barth, Düsseldorf 1984
Baumeister, Annette: Treffpunkt Neue Kunst – Erinnerungen der Johanna Ey, Düsseldorf 1999
Stadtmuseum Düsseldorf, Wieland Koenig Hrsg.: Das Junge Rheinland – Eine Friedensidee, Düsseldorf 1988

Das Wunder zu Kevelaer

Heckens, Josef und Schulte Staade, Richard (Hrsg.): Consolatrix Afflictorum – Das Marienbild zu Kevelaer, Botschaft, Geschichte, Gegenwart, Kevelaer 1992
Plötz, Robert: Die Wallfahrt nach Kevelaer – Ein Wallfahrtsort und seine Geschichte, Duisburg 1986 (Mercator-Verlag)
Schwering, Burkhard: Gelobt seist du Maria, München 1987

Der letzte Rheinlachs

Böcking, Werner: Nachen und Netze. Köln 1982
Böcking, Werner: So fischte man am Niederrhein. Kleve 1988

Von der Heldentat eines Bauernmädchens
Gahlings, Karl: Johanna Sebus, Kleve 1984 (2. überarbeitete Auflage)

Lebenslauf eines niederrheinischen Humanisten
Arand, Tobias: Herzog Johann III. von Kleve Jülich Berg. In: Humanismus als Reform am Niederrhein. – Konrad Heresbach 1496 – 1576. Hrsg.: Jutta Prieur. Bielefeld 1996. S. 159.
Beutler, Corinne u. Irsigler, Franz: Konrad Heresbach (1496 – 1576). In: Rheinische Lebensbilder. Hrsg.: Bernhard Poll. Köln 1980. S. 81 – 104.
Der Niederrhein im Zeitalter des Humanismus – Konrad Heresbach und sein Kreis. Hrsg.: Meinhard Pohl. Bielefeld 1997. (= Referate der 9. Niederrheintagung des Arbeitskreises niederrheinischer Kommunalarchivare. Schriftenreihe der Heresbach-Stiftung Kalkar, Bd. 5).
Finger, Heinz: IV. Leben und Persönlichkeit Konrad Heresbachs. In: Reform und Katholische Reform im Rheinland. Hrsg.: Heinz Finger. Düsseldorf 1996. S. 119 - 126. Begleitheft zur Ausstellung der Universitäts- und Landesbibliothek Düsseldorf – zum 500. Geburtstag Konrad Heresbachs und zum 450. Todestag Martin Luthers.
Geist & Macht. Konrad Heresbach – Humanist und Diplomat am jülich-klevischen Hof. Hrsg.: Stadt Jülich. Jülich 1999.
Humanismus als Reform am Niederrhein. – Konrad Heresbach 1496 – 1576. Hrsg.: Jutta Prieur. Bielefeld 1996. (= Schriftenreihe der Heresbach-Stiftung Kalkar, Bd. 4).
Kuhlmey, Georg: Konrad Heresbach – Prinzenerzieher und Staatsmann am Klevischen Hof. Mettmann. Mettmann o.J.

1920 – Die „Rote Armee“ am Niederrhein
Dahlmanns, Michael: Der Aufstand – Die Märzunruhen im Raum Dinslaken Wesel, Band 16 der „Dinslakener Beiträge zur Geschichte und Volkskunde, herausgegeben vom Verein für Heimatpflege „Land Dinslaken“ e.V., Dinslaken 1988
Dahlmanns, Michael: März/April 1920: Die Rote Ruhrarmee im Raum Voerde. In: Gollnik, Rüdiger und Pohl, Meinhard, Hrsg.: Heimatkalender Kreis Wesel 1985, Kleve 1984
Fittkau, Ludger und Schlüter, Angelika, Hrsg.: Ruhrkampf 1920 – Die vergessene Revolution – Ein politischer Reiseführer, Essen 1990
Peukert, Detlev: Die Weimarer Republik. Krisenjahre der Klassischen Moderne, Frankfurt a. Main 1987 (Suhrkamp-Taschenbuch)

Die Heilmethoden des Pastors Emanuel Felke
Kelter; Ernst: Chronik der Gemeinde Rheinkamp, Moers
Kramer, Waldemar (Hrsg.): Lehmpastor Emanuel Felke, Frankfurt am Main 1986,
Wittfeld, Christa: War Pastor Felke ein Repelener? (Broschüre) Repelen 1996
Wittfeld, Christa und Friedhelm: 100 Jahre Jungbornpark Repelen 1898 – 1998, (Broschüre), Repelen 1998
Rheinfeld, Maria: Handbuch der Felke-Heilweise, Repelen 1914

Der Klever Denkmalsturz
Zacher, Inge: Ewald Mataré – Der Tote Krieger, Kleve 1985
Eylers, Rolf: Kleve in der Zeit des Nationalsozialismus. In: Henning, Hansjoachim (Hrsg.): Beiträge zur Geschichte der Stadt Kleve im 20. Jahrhundert, Schriftenreihe des Stadtarchivs Kleve, Kleve 1991
Maja-Schilling, Sabine: Ewald Mataré – Retrospektive – Das plastische Werk
Mataré, Sonja und de Werd, Guido: Ewald Mataré – Zeichnungen, Kleve 1992
Landschaftsverband Rheinland / Referat Heimatpflege und Thomas-Morus-Akademie, (Hrsg.): Historische Denkmäler – Vergangenheit im Dienste der Gegenwart, Bensberg 1994
Pressemappe des Klever Stadtarchivs zum Thema „Toter Krieger“

Das Unternehmen Krupp und die Idee der Arbeiterfürsorge
Köhne-Lindenlaub, Renate: Die Familie Krupp – 5 Unternehmergenerationen 1811 – 1967 (Sonderdruck aus Neue Deutsche Biographie Band 13), Berlin 1982
Schröder, Ernst: Krupp – Geschichte einer Unternehmerfamilie, Essen 1965
Engelmann, Bernt: Krupp - Die Geschichte eines Hauses – Legenden und Wirklichkeit, München 1986
Lison, Rüdiger und Lukas, Reinald: ...war eine Lebensstellung damals. Und unser Werk – Ein Lesebuch zur Geschichte „von unten“ der KruppianerInnen auf der Hütte Rheinhausen, Duisburg 1988
Dammberg, Paul: Die Friedrich Alfred Hütte, das Herz der Stadt Rheinhausen, Teil II. In: Hrsg.: Freundeskreis lebendige Grafschaft e.V.: Jahrbuch 1997/ 98 der linksrheinischen Ortsteile der Stadt Duisburg mit Beiträgen zur Kultur und Heimatgeschichte, Duisburg 1997
Bierwirth, Waltraud: Aufruhr – Rheinhausen 1987/ 1997, Essen 1997
Lepper, Katharina: Die Kruppschen Werkssiedlungen in Rheinhausen, Duisburg 1990
Katalog zur Ausstellung im Wilhelm-Lehmbruck-Museum der Stadt Duisburg, 1990)
Tenfelde, Klaus (Hrsg.): Bilder von Krupp – Fotografie in Geschichte und Industriezeitalter, München 1994
„Rheinhausen muß leben“ – Eine Dokumentation der Krupp-stahlarbeiter in Rheinhausen Teil 1, (Sammlung von Presseberichten) in: Stadtbibliothek Rheinhausen

Vom spanischen Hauptmann, der seine Soldaten necken wollte
Düffel, Jakob: Bilder aus der Vergangenheit der Stadt und Festung Rees, Emmerich 1939
Städtisches Museum Koenraad Bosman – Museum für Kunst und Stadtgeschichte. Hrsg.: Stadt Rees. Rees 1997
Terlinden, Hermann u. Tüllmann, Carlheinz, Hrsg. Stadt Rees: Rees – Historie und Gegenwart, Rees 1978
Gies, Leo: Sagen und Spukgeschichten aus dem Kreis Rees. Altes Volksgut im neuen Gewand, Niederrheinische Verlagsanstalt Emmerich
Meyers, Fritz: Die schönsten Sagen vom Niederrhein, Essen 1985

Die Sage vom Klever Schwanenritter
Schnütgen, Wiltrud: Literatur am klevischen Hof vom hohen Mittelalter bis zur frühen Neuzeit, Kleve 1990
de Werd, Guido: Wie Lohengrin nach Kleve kam, Broschüre, Kleve
Spicker, Johannes: Genealogische Zuschreibung, niederrheinische Lokalisierung und erzählerische Strategie: Konrads von Würzburg „Schwanritter“. In: Heimböckel, Dieter, Hrsg.: Sprache und Literatur am Niederrhein, Schriftenreihe der Niederrhein-Akademie Band 3, Essen 1998
Cramer, Thomas: Lohengrin, Edition und Untersuchungen, München 1971
Char, Friedrich: Geschichte des Herzogtums Kleve, Leipzig 1845
Gorissen, Friedrich: 150 Jahre Landkreis Kleve, Kleve 1966
Gorissen, Friedrich: Geschichte der Stadt Kleve, Kleve 1977
Matenaar, Franz: KLEVE Burg und Stadt unter dem Schwan, Kleve 1959

Von Xanten aus in die Varus-Schlacht
Döbler, Hannsferdinand: Die Germanen, Legende und Wirklichkeit von A – Z – Ein Lexikon zur europäischen Frühgeschichte, Gütersloh 1975
Schlüter, Wolfgang: Kalkriese – Ort der Varusschlacht? – Die Ausgrabungen in der Kalkrieser-Niewedder Senke, in „Varusschlacht und Germanenmythos", Oldenburg 1993
Schlüter, Wolfgang: Die Varus-Schlacht: neue Erkenntnisse zur Örtlichkeit. In: Spektrum der Wissenschaft, Februar 2/1992
Horn, H. G. (Hrsg.): Die Römer in Nordrhein-Westfalen, 1988
Leise, Wilhelm: Wo Arminius die Römer schlug, Münster 1987

Der Plan des „Spargelmajors"
Schopmans, Helmut: Alles über Spargel – Spargeldorf Walbeck und die Spargelbaugenossenschaft, Walbeck
Klein-Walbeck, Inge: Das Leben von Dr. jur. Walter Klein, Walbeck 1998

Mit der Postkutsche von Köln nach Düsseldorf...
Müller, Rolf: Stadtgeschichte Langenfeld, Langenfeld 1993
Hinrichs, Fritz: (Broschüre über Langenfelder Postgeschichte), Langenfeld 1967, erschienen im Selbstverlag durch den Verfasser

Auswanderer aus Meerbusch berichten aus Amerika
Herbrandt, Johannes: Ein Auswanderer aus Osterath berichtet aus Amerika. In: Almanach des Kreises Neuss 1980
Hertel, Elke: Landleben in Missouri. Historische Studie zur ländlichen Lebensweise von Einwandererfamilien aus dem Raum Meerbusch/ Krefeld. In: Landleben und Brauch. Alltagsgeschichte im Gebiet des früheren Amtes Lank. Hrsg.: Peter Dohms. Meerbusch 1998. S. 321 – 358. (= Schriftenreihe des Heimatkreises Lank Bd. 6)
Meerbuscher Geschichtshefte. Heft 5. Hrsg.: Geschichtsverein Meerbusch. Meerbusch 1988
Meerbuscher Geschichtshefte. Heft 6. Hrsg.: Geschichtsverein Meerbusch. Meerbusch 1989
Meerbuscher Geschichtshefte. Heft 13. Hrsg.: Geschichtsverein Meerbusch. Meerbusch 1996
Radmacher, Franz Josef: 150 Jahre Auswanderung. In: Im Rheinbogen. Beiträge zur Lanker und Meerbuscher Geschichte. Hrsg.: Heimatkreis Lank e.V. Meerbusch 1993. S.136 – 170. (= Schriftenreihe des Heimatkreises Lank Nr. 4)
Aretz, Joseph: Brief Nr. 3. Abschrift und Einführung von Franz-Josef Radmacher. Meerbusch-Lank. (unveröffentlicht)
Briefe des Mathias Blommer 1871 – 1874. Abschrift von Franz Wankum, Emmerich. (unveröffentlicht)

Der Mord an Förster Kleinn
Peters, Hans Kurt: Förster Kleinn. In: Peters, Hans Kurt, Kirberg, Heinrich, Peters, Klaus: Monheim – Geschichte und Geschichten einer Bergischen Freiheit, Hrsg.: Heimatbund-Monheim, Monheim 1993. S. 274
Peters, Hans Kurt: Wilddiebe, ebd. S. 280
Verfasser unbekannt: Strafprozeß über die Ermordung des Försters Kleinn in Baumberg. Düsseldorfer Gerichtszeitung und Rheinische Criminalzeitung vom 24. 4. 1909

Die Gedenktafel für die „4th Cavalry Group" in Dormagen
Stadt Dormagen, (Hrsg.): Historisches Jahrbuch der Stadt Dormagen, Köln 1982
Pankalla, Heinz, (Hrsg.): 1945 – Das Kriegsende, Historische Schriftenreihe der Stadt Dormagen, Dormagen 1995
Sollbach-Papeler, Margrit: Kriegsende 1945 im Kreis Neuss, Veröffentlichungen des Kreisheimatbundes Neuss 6, Neuss 1995
Hügen, Ludwig: Der Krieg geht zu Ende, Niederrheinische Berichte zur Operation Grenade 1945, Kempen 1974, (Schriftenreihe des Kreises Kempen-Krefeld), Kempen 1974
Taylor, Eric und Niesse, Willy: „Frontstadt Köln" – Endkampf 1945 an Rhein und Ruhr, Düsseldorf 1980

Das Käsemädchen
Die Beherzte Pioniertat der Maria Reymer – Und ein neues genußvolles Kapitel der Niederrheiner Käsegeschichte. Hrsg.: Vereinigung Rheinischer Molkereien GmbH. Krefeld 1988. (Broschüre)
Diederichs, Alma: Von den Anfängen der Käsemacherei am Niederrhein. In: Heimatkalender für das Klever Land 1962. S. 98 – 104
Eck, Jan van und Fürtjes-Egbers, Martha: Butter- und Käsereien in der Düffel – Vom Bauernhof zur Molkerei: Hrsg.: Heimatkundeverein „Die Düffel" e.V., Millingen aan de Rijn 1993
Fürtjes-Egbers, Martha und Grafe, Wolfgang: Das Dorf Rindern und seine Bewohner. Rindern 1998
Matenaar, Franz: Die wirtschaftliche Entwicklung des Landkreises Kleve. In: 150 Jahre Landkreis Kleve. Hrsg.: Landkreis Kleve. Kleve 1966. S. 84 – 109
60 Jahre Griethausener Molkerei – Spar- und Darlehnskasse Griethausen. Mai 1956. (Festschrift / Broschüre)

Bildnachweis

AKG photo, Berlin: S. 13u. / Altner, Frieda, Kleve: S. 99u. / Archiv für Kunst und Geschichte, Berlin: S. 10, 12u. / Archäologischer Park Xanten: S. 69, 71 / Arend, Elisabeth, Trier: S. 127 / Das Nibelungenlied für die Jugend, Stuttgart 1886a: S. 11o.l. / van Dreveldt, Xanten: S. 11o.r. / Galerie Remmert & Barth, Düsseldorf: S. 73, 74 / Gemeente Roermond: S. 45, 46, 47 / „Germania" von Johannes Scherr, Stuttgart 1878a: S. 58, 61u., 108, 114, 115 / Goethe-Museum Düsseldorf: S. 84 / Hauptstaatsarchiv Düsseldorf: S. 87u.r. / Heimatverein Bislich: S. 21o. / Historisches Archiv Krupp: S. 102u., 103, 105 / Imperial War Museum, London: S. 21m., 21u. / Klein-Walbeck, Inge: S. 29, 117, 119u. / Kreisarchiv Neuss: S. 63 / Kreisarchiv Wesel: S. 87o., 97m.(E.Steiger), 98 / Kultur- und Stadthistorisches Museum Duisburg: S. 41 (Foto u.r.: Bernd Kirtz), 43 / Mannesmann-Archiv: S. 18o. / Mataré, Sonja: S. 101 / Mommartz, Lutz: S. 49 / Museum Kurhaus Kleve: S. 64, 83, 100, 110o., 110u.r. / Museum Kurhaus Kleve, Sammlung Robert Angerhausen: S. 35, 36, 107o. / National Archives, Washington D.C.: S. 128/129u., 131o. / Niederrheinisches Museum, Kevelaer: S. 76, 78 / Olfen, Gerd, Archiv: S. 81o.r. (Werner Böcking) / Rameil, Robert: S. 125o.r., 125m.r. / Rameil, Robert (Reproduktion): S. 125m.l., 125u. / Reinders, Clemens: S. 9, 12o., 16, 19, 22, 26, 30, 32/33, 34, 37o., 40, 44, 48, 52, 53, 57, 59, 61o., 62, 65o., 68, 70, 72, 77, 79, 82, 86o.r., 86o.l., 87u.l., 90, 94, 99o., 102o., 106, 107u., 109, 112, 116, 120, 121u., 123, 126, 132, 134/135o., u., 136 / Reinders, Clemens (Reproduktion): S. 56, 110u.l., 133, 135m. / Retzlaff, Erich: S. 81u.l., 81m.o. / Schopmanns, Helmut: S. 119o., 119m. / Stadtarchiv Dinslaken: S. 23, 25, 91, 93o.l., 93o.r., 93u. / Stadtarchiv Dormagen: S. 128, 129o., 131u. / Stadtarchiv Düsseldorf: S. 17, 18u., 75 / Stadtarchiv Duisburg: S. 27, 93m. / Stadtarchiv Emmerich: S. 65u., 66, 67, 81u.r., 85 / Stadtarchiv Kalkar: S. 60 / Stadtarchiv Kleve: S. 111 / Stadtarchiv Krefeld: S. 37u., 39o., 39u. / Stadtarchiv Langenfeld: S. 121o.l., 121m.l., 121o.r., 122 / Stadtarchiv Meerbusch: S. 123, 125o.l. / Stadtarchiv Moers: S. 95 (E. Steiger), 97u. / Stadtarchiv Straelen: S. 31 / Stadtarchiv Wesel: S. 13o., 15 / Stadtmuseum Düsseldorf: S. 88 / Stadt Wesel: S. 14 / Stadt Xanten: S. 11u. / Theatermuseum der Stadt Düsseldorf (Wilhelmi): S. 51 / Völker, Cornelius: S. 113 / Wilhelm-Fabry-Museum Hilden: S. 54, 55

Niederrhein-Bücher aus dem Mercator-Verlag

Hermann Jung

Die Vogelfreien der Bönninghardt

Räuber am Niederrhein

Wilhelm Brinkhoff, der „Schinderhannes vom Niederrhein", und andere lichtscheue Gestalten verunsicherten im vergangenen Jahrhundert die Bevölkerung mit ihren Untaten. Brinkhoff entfloh nach seiner Verurteilung zu sechzehn Jahren Zuchthaus und blieb später in Amerika verschollen.

208 Seiten, gebunden, mit Schutzumschlag, Format 12,5 x 23 cm, ISBN 3-87463-283-0

Hubert Brüggen

Vertraute Wege

Ein Dorf am Niederrhein

Ein Bauernhof und das benachbarte Dorf, irgendwann in den dreißiger Jahren, sind Schauplatz der Erinnerungen von Hubert Brüggen.

184 Seiten, gebunden, mit Schutzumschlag, Format 12,5 x 23 cm, ISBN 3-87463-284-9

Genno Fonk

Altbier im Alltag

Biergeschichte vom Niederrhein

Eine Kultur- und Sozialgeschichte des Altbieres ist dieses Buch, in dem neben der Herkunft des Bieres auch die Kunst des Bierbrauens gezeigt wird. Antworten auf Fragen wie z. B. warum ein angeschlagenes Faß schnell getrunken werden muß oder warum im vorigen Jahrhundert nicht jeder Brauvorgang gelang, werden ausführlich beantwortet. Auch die historische Verbindung mit dem Niederrhein wird unterhaltsam dargestellt. Ein Altbier-Glossar am Ende des Buches vermittelt die Bedeutung der wesentlichen brautechnischen Begriffe.

224 Seiten, gebunden, Format 17 x 24 cm, ISBN 3-87463-285-7

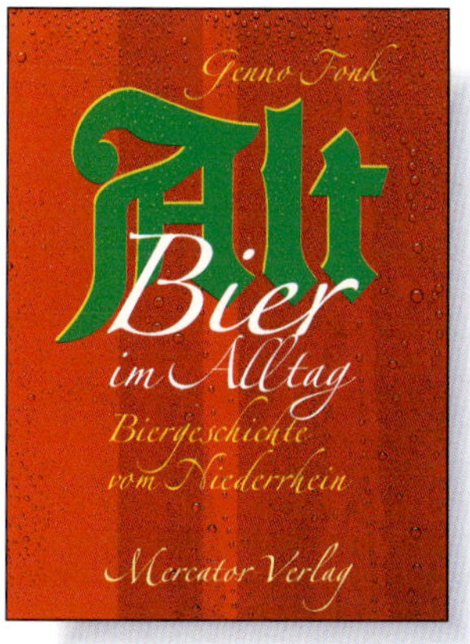

Holger Klaes

Wo der Niederrhein am schönsten ist

Mit einem Vorwort von Hanns Dieter Hüsch und einer Einleitung von Petra Herzog

Holger Klaes' Fotoreise beginnt in Düsseldorf, schwenkt rechtsrheinisch den Rhein entlang nach Norden bis nach Emmerich und Kleve, um danach im Süden den Naturpark Schwalm-Nette zu erreichen.

64 Seiten, 60 Farbfotos, Texte deutsch/englisch/französisch, Format 24 x 30 cm, gebunden, ISBN 3-87463-262-8

Rita Mielke

Niederrheinische Küche

Rezepte, Bilder und Geschichten aus Großmutters Zeit

In 14 Kapiteln widmet Rita Mielke sich unter anderem den Oberbegriffen Spargel, Kartoffeln, Niederrheinische Pfannkuchen, Fisch, Altbier, Süßspeisen, Muscheln, Niederrheinische Kaffeetafel …

2. Auflage 1999, 96 Seiten, viele Abbildungen, Zeichnungen und Vignetten, Duplex-Druck, Format 24 x 30 cm, gebunden mit farbigem Überzug, ISBN 3-87463-291-2

Erfolgsbücher von Hanns Dieter Hüsch

Hanns Dieter Hüsch

Überall ist Niederrhein

Mit Fotos von Hans Glader
und Aquarellen von Hein Driessen

Durch das Buch will Hanns Dieter Hüsch das Naturschutzgebiet „Die Hetter“ unterstützen. Von jedem verkauften Band wird ein Spendenanteil an die Hetter gegeben. In Zusammenarbeit mit dem Förderverein Nordrhein-Westfalen-Stiftung Naturschutz, Heimat- und Kulturpflege e.V., Düsseldorf

3. Auflage 1997 (im 27. Tausend), 108 Seiten, 12 Aquarelle, 48 Farbfotos, Format 24 x 30 cm, gebunden, ISBN 3-87463-263-6

Hanns Dieter Hüsch /Norbert Schinner

Tach zusammen

Geschichten und Bilder
vom Niederrhein

Mit einer Sammlung von unveröffentlichten Geschichten erweist sich Hanns Dieter Hüsch wieder einmal als genauer Beobachter der Menschen am Niederrhein, ihrer Sprache, ihrer Vorlieben und Abneigungen.

4. Auflage 1997 (im 33. Tausend)
124 Seiten, 88 farbige Abbildungen
Format 24 x 30 cm, gebunden
ISBN 3-87463-260-1

Hanns Dieter Hüsch/Norbert Schinner

Zuhause

Gedanken-Bilder vom Niederrhein

In 35 Gedichten zu 71 stimmungsvollen Bildern des bekannten Niederrhein-Fotografen Norbert Schinner führt Hanns Dieter Hüsch seine Leser durch den Niederrhein.

6. Auflage 1999 (im 37. Tausend)
72 Seiten, 71 farbige Abbildungen
Format 24 x 30 cm, gebunden
ISBN 3-87463-292-X

Hanns Dieter Hüsch

Ewig und drei Tage

Mein immerwährender
Kalender vom Niederrhein

Hanns Dieter Hüsch schrieb für das Kalenderbuch zwölf „Monatsabrechnungen“, in denen er sich heiter oder nachdenklich über die Bedeutung des Jahreslaufes für ihn ausläßt.

192 Seiten, viele Farbfotos, Format DIN A5, gebunden,ISBN 3-87463-274-1

Hanns Dieter Hüsch

Mein Traum vom Niederrhein

Zeichnungen von Hein Driessen

2. Auflage 1997 (im 18. Tausend), 72 Seiten, 21 Zeichnungen, Format 24 x 23 cm, gebunden, mit beiliegender Audio-CD, ISBN 3-87463-251-2